基于活页式教材的管理学理论与实践研究

胡雅娜　曹晨飞　樊敏帅　著

北方文艺出版社
·哈尔滨·

图书在版编目（CIP）数据

基于活页式教材的管理学理论与实践研究 / 胡雅娜，曹晨飞，樊敏帅著. -- 哈尔滨：北方文艺出版社，2024. 12. -- ISBN 978-7-5317-6456-4

Ⅰ．G642.33

中国国家版本馆CIP数据核字第20243DK528号

基于活页式教材的管理学理论与实践研究
JIYU HUOYESHI JIAOCAI DE GUANLIXUE LILUN YU SHIJIAN YANJIU

作　　者 / 胡雅娜　曹晨飞　樊敏帅	
责任编辑 / 邢　也	封面设计 / 琥珀视觉
出版发行 / 北方文艺出版社	邮　　编 / 150008
发行电话 /（0451）86825533	经　　销 / 新华书店
地　　址 / 哈尔滨市南岗区宣庆小区1号楼	网　　址 / www.bfwy.com
印　　刷 / 河北昌联印刷有限公司	开　　本 / 787mm×1092mm　1/16
字　　数 / 290千	印　　张 / 15.75
版　　次 / 2025年6月第1版	印　　次 / 2025年6月第1次印刷
书　　号 / ISBN 978-7-5317-6456-4	定　　价 / 85.00元

前　言

活页式教材是一种灵活、便于更新和扩展的教学资源管理模式，近年来在管理学理论与实践研究中得到了广泛应用。通过活页式教材，教师可以根据教学需要随时调整教材内容，使教学资源更加贴近实际需求，满足不同层次学生的学习要求。管理学作为一门不断发展的学科，其理论和实践都在持续更新。传统的教材更新周期较长，难以及时反映最新的研究成果和实践经验。而活页式教材则可以根据最新的研究成果和实践案例随时进行更新，确保学生获取到最前沿的知识。例如，当新的管理理论或工具被提出后，教师可以迅速将相关内容添加到教材中，帮助学生及时掌握最新的理论动态。

管理学的实践教学强调理论与实际相结合，通过案例分析、模拟实验等方式培养学生的实践能力和解决实际问题的能力。活页式教材可以灵活地加入最新的企业案例和管理实践经验，使学生能够接触到更多的实际应用场景。通过这些案例分析，学生不仅能够理解管理学理论的实际应用，还能培养分析问题、解决问题的能力。例如，教师可以根据当前热点问题或学生兴趣选择合适的案例，进行深入探讨，增强教学的针对性和实效性。活页式教材有助于个性化教学。在管理学教学中，学生的基础和兴趣存在差异，统一的教材难以满足所有学生的需求。活页式教材的灵活性使教师能够根据学生的实际情况，调整教学内容和进度，实施差异化教学。对于基础较弱的学生，教师可以选取难度适中的内容，帮助他们逐步提高；对于学习能力较强的学生，则可以提供更具挑战性的内容，激发他们的学习兴趣和潜力。

本书旨在系统地探讨活页式教材在管理学理论与实践中的应用与发展。活页式教材作为一种灵活、可更新、可定制的教学工具，在当今教育领域中日益受到重视与应用。通过对活页式教材的起源、设计制作、教学应用、管理概念与理论、市场营销与推广、法律与伦理、创新与发展、管理挑战与应对以及未来发展方向等方面的深入研究，本书旨在为教育管理者、教师、学生以及教育政策制定者提供全面的参考与指导。本书适用于教育管理、教学设计、教育技术等相关领域的从业者、研究者和学习者，也可供教育政策制定者和教育决策者参考。读者通过本书可以系统地了解活页式教材的相关理论与实践，并能够运用这些知识和经验解决实际教育管理中的问题，推动教育领域的发展与进步。

目　录

第一章　活页式教材的起源与演变 ………………………………………… 1
　第一节　活页式教材的定义与特点 ………………………………………… 1
　第二节　活页式教材的历史沿革 …………………………………………… 6
　第三节　活页式教材在教育领域中的应用 ………………………………… 11
　第四节　活页式教材的优势与劣势分析 …………………………………… 18

第二章　活页式教材设计与制作 ……………………………………………… 24
　第一节　活页式教材设计原则 ……………………………………………… 24
　第二节　活页式教材的制作流程 …………………………………………… 28
　第三节　活页式教材制作中的常见问题与解决方法 ……………………… 33
　第四节　活页式教材的印刷与装订技术 …………………………………… 37

第三章　活页式教材的教学应用 ……………………………………………… 44
　第一节　活页式教材在课堂教学中的应用 ………………………………… 44
　第二节　活页式教材在远程教育中的应用 ………………………………… 50
　第三节　活页式教材在自主学习中的应用 ………………………………… 55
　第四节　活页式教材在不同学科领域的应用案例分析 …………………… 57

第四章　活页式教材的管理概念与理论 ……………………………………… 67
　第一节　活页式教材管理的概念与范畴 …………………………………… 67
　第二节　活页式教材管理的基本原则 ……………………………………… 72
　第三节　活页式教材管理的相关理论探讨 ………………………………… 77
　第四节　活页式教材管理的国际比较与借鉴 ……………………………… 79

第五章　活页式教材管理的组织与规划 ……………………………………… 85
　第一节　活页式教材管理组织结构设计 …………………………………… 85
　第二节　活页式教材管理的流程规划与优化 ……………………………… 88
　第三节　活页式教材管理的人力资源配置与培训 ………………………… 94
　第四节　活页式教材管理的信息化建设与应用 …………………………… 98

第六章　活页式教材管理的质量与评估 ······ 102
第一节　活页式教材管理质量标准与指标体系 ······ 102
第二节　活页式教材管理评估方法与工具 ······ 106
第三节　活页式教材管理中的质量控制与改进 ······ 110
第四节　活页式教材管理的质量保障机制建设 ······ 116

第七章　活页式教材的市场营销与推广 ······ 122
第一节　活页式教材市场分析与定位 ······ 122
第二节　活页式教材品牌建设与推广策略 ······ 127
第三节　活页式教材销售渠道与渠道管理 ······ 133
第四节　活页式教材市场反馈与服务改进 ······ 141

第八章　活页式教材管理的法律与伦理 ······ 146
第一节　活页式教材版权保护与管理 ······ 146
第二节　活页式教材信息安全与保密管理 ······ 150
第三节　活页式教材管理中的伦理与责任 ······ 155
第四节　活页式教材管理中的法律风险防范与处理 ······ 157

第九章　活页式教材管理的创新与发展 ······ 163
第一节　活页式教材管理创新模式探索 ······ 163
第二节　活页式教材管理技术应用前景分析 ······ 168
第三节　活页式教材管理业务拓展与多元化发展 ······ 172
第四节　活页式教材管理行业未来趋势与展望 ······ 177

第十章　活页式教材管理的挑战与应对 ······ 181
第一节　活页式教材管理面临的挑战与问题 ······ 181
第二节　活页式教材管理的应对策略与措施 ······ 188
第三节　活页式教材管理的风险管理与应急预案 ······ 200
第四节　活页式教材管理的危机处理与品牌恢复 ······ 219

第十一章　活页式教材管理的未来发展方向 ······ 224
第一节　活页式教材管理的未来发展趋势预测 ······ 224
第二节　活页式教材管理的创新与转型策略 ······ 228
第三节　活页式教材管理的可持续发展路径探讨 ······ 231
第四节　活页式教材管理的社会责任与使命 ······ 238

参考文献 ······ 244

第一章 活页式教材的起源与演变

第一节 活页式教材的定义与特点

一、活页式教材的定义

（一）活页式教材的基本定义

活页式教材是一种灵活的教学资源，它通过模块化和可重组的方式满足不同学习需求。这种教材通常由单独的页或小册子组成，允许教师和学生根据具体课程进度和个人学习需求来选择和组合教材内容，从而提高学习效率和效果。

这种灵活性主要体现在教材的结构和使用方式上。不同于传统的固定教材，活页式教材的内容可以根据教学计划的需要进行调整。教师可以根据学生的理解能力和进度，自由地添加或删除某些章节，从而更好地适应课堂教学。这样一来，不仅可以避免教材内容过于死板，还能为教师提供更多的教学自由度。

每个学生的学习能力和兴趣各不相同，传统的统一教材往往难以满足所有学生的需求。而活页式教材则允许学生根据自己的学习进度和兴趣选择不同的学习模块。这种方式不仅可以提高学生的学习积极性，还能有效地提升学习效果。通过个性化的学习路径，学生可以更好地掌握知识，并在学习过程中建立自信心。

在教育资源有限的情况下，活页式教材的模块化设计可以大大提高资源的利用率。教师可以根据教学需要，选择最适合的模块进行教学，而不必整本教材都使用。这样，不仅节省了印刷和运输成本，还减少了资源浪费。活页式教材的更新也更加方便，只需更换部分模块即可，不需要整体更换，极大地提高了教材的可持续性。

由于其模块化的特性，教师们可以分享和交换不同的教学模块，从而实现资源共享。这种合作不仅可以丰富教学内容，还能激发教师们的创造力和教学热情。通过共同开发和使用活页式教材，教师们可以不断改进教学方法，提高教学质量。

随着数字化和互联网技术的普及，电子版的活页式教材变得越来越普及。这种数字化教材不仅便于存储和传输，还可以通过多媒体技术增强教学效果。学生可以通过网络随时随地访问教材内容，进行在线学习和交流，极大地方便了学习过程。

首先是教师的适应问题。许多教师习惯于使用传统的固定教材，对于活页式教材的灵活性和可重组性可能会感到不适应。为此，需要对教师进行相关的培训和支持，帮助他们掌握使用活页式教材的技巧和方法。其次是教材的质量控制问题。由于活页式教材的模块可以由不同的作者编写，如何保证各个模块的质量和一致性是一个重要问题。需要建立严格的审核和评价机制，确保教材的质量。

（二）活页式教材的组成结构

活页式教材作为一种教学辅助工具，在教育领域得到了广泛应用。它的组成结构包括内容、形式和功能，这三个方面相辅相成，共同构成了活页式教材的完整体系。

内容的丰富性和质量直接关系到教材的实用性和教学效果。活页式教材的内容应当包括所涉及学科的基本知识点、重点、难点，以及相关的案例分析、实例应用等。这些内容要求具备系统性、完整性和针对性，能够满足学生不同层次、不同需求的学习要求。在编写内容时，需要根据教学大纲和学科特点进行合理的安排和组织，确保内容的科学性和逻辑性。

形式的设计直接影响了教材的易用性和美观性。活页式教材的形式设计应当简洁明了、布局合理，便于学生查阅和理解。在形式上，通常采用分页、编码、标注等方式来区分不同的内容模块，方便学生快速定位所需信息。还可以通过插图、图表、表格等形式来辅助说明和展示内容，提高学生的学习兴趣和理解效果。形式的设计需要考虑到教材的实际使用情况和受众特点，力求简洁明了、符合学生的阅读习惯和心理预期。

功能的设计应当围绕教学目标和学生需求展开，旨在提高教学效率和学习效果。活页式教材的功能包括但不限于以下几个方面：一是信息传递功能，即通过文字、图表等形式向学生传递所需的知识信息；二是学习引导功能，即通过目录、索引、注释等方式引导学生进行有针对性的学习和复习；三是评价反馈功能，即通过习题、案例分析等形式对学生进行学习效果的评价和反馈，帮助他们及时发现和纠正错误，提高学习成绩。在功能设计上，需要充分考虑教学实际需求和学生的学习特点，尽可能提供多样化、个性化的功能模块，以满足不同学生的学习需求。

1. 模块化内容

每个模块通常围绕一个核心主题或知识点展开，包含相关的理论知识、实例分析、练习题和评估工具。这种结构使得教师可以根据学生的学习进度和兴趣进行灵活的调整，确保教学内容与学生的需求相匹配。在数学教材中，可以单独提供关于几何、代数或微积分的模块，教师可以根据课程安排和学生的掌握情况来选择和组合这些模块。

每个模块都能够独立成章，同时又与其他模块有机衔接。这种设计不仅方便教师在教学过程中进行取舍和调整，还能够促进学生的自主学习。学生可以根据自己的学习进度和兴趣选择学习的模块，从而实现个性化学习。模块化内容的这种特性，使得教材在面对不同层次学生的需求时更加灵活和有效。

活页式设计意味着教材的每个模块都是可以独立装订或更换的页面。这种设计使得教师可以随时更新和调整教材内容，保持教学材料的最新性和实用性。在快速变化的知识时代，活页式教材的这种优势尤为突出。在信息技术课程中，新技术和新工具不断涌现，活页式教材可以及时更新相关内容，确保学生掌握最前沿的知识。

学生可以根据自己的学习需要，灵活调整教材的使用顺序，甚至可以将重点模块进行复印和携带，方便随时学习和复习。活页式教材还可以与电子教材结合使用，形成纸质与数字相结合的混合式学习模式。这种模式不仅提高了学习的便利性和灵活性，还增强了学生对学习内容的掌握和记忆。

通过模块化的设计，教师可以更精确地评估学生在特定知识点上的掌握情况，并据此进行针对性的教学调整。在语言学习中，通过对不同语法模块的评估，教师可以发现学生在哪些方面存在不足，从而进行有针对性的补充和强化。这样的评估方式不仅提高了教学的针对性和有效性，还能够帮助学生明确自己的学习目标和方向。

教师可以根据实际教学需要，不断增加或调整教材的模块内容。这种适应性使得教材能够紧跟教育发展的步伐，适应不同教学阶段和不同教育目标的需求。在职业教育中，不同专业和行业的需求各异，模块化内容活页式教材可以根据具体行业的特点，灵活调整和更新教材内容，确保教学与行业发展同步。

2. 主题单元

标题应该清晰地反映主题单元的核心概念，引导学生理解和掌握所学知识。目标则明确了学生在学习主题单元后应该达到的能力水平，为教学提供了指导和评估的标准。教学内容包括了所涵盖的知识点、概念和技能，需要根据学生的学习需求和教学目标进行组织和安排。教学活动则是促进学生参与和实践的手段，可以包括课堂讨论、小组合作、实验、案例分析等多种形式。评估部分则用于检验学生对主题单元内容的理解和掌握程度，可以采用考试、作业、项目等形式进行。

首先是贴近学生实际需求，教材内容应该符合学生的学习水平和兴趣爱好，能够引发他们的学习动机和积极参与。其次是循序渐进，教材内容应该按照逻辑顺序进行组织，由浅入深、由易到难，帮助学生建立起扎实的知识体系。教材设计还应该注重多样化和灵活性，充分利用不同的教学资源和教学手段，以满足不同学生的学习需求和学习风格。

优势包括灵活性强，便于根据教学需要进行更新和定制；教学内容紧密结合学生的实际需求和教学目标，有利于提高学习效果；教师可以根据学生的学习情况和反馈及时调整教学策略，提高教学效率。主题单元活页式教材的设计和制作需要投入大量的时间和精力，而且可能存在教学资源和技术支持方面的限制，需要教师和教育机构共同努力解决。

二、活页式教材的特点

（一）灵活性

活页式教材作为现代教育工具的一种，逐渐引起了教育界的广泛关注。活页式教材最大的特点在于其内容的灵活性和模块化。与传统的纸质教材不同，活页式教材可以根据教学需要进行内容的增减和调整，从而更好地适应不同学生的学习需求和不同教师的教学风格。这种灵活性不仅体现在教材的内容上，还包括教材的更新和迭代速度。随着知识的不断更新，活页式教材能够迅速调整内容，确保教学内容的时效性和准确性。

活页式教材的模块化设计有助于提高教学效率和效果。由于教材内容可以按照教学大纲分解为若干独立的模块，教师可以根据具体的教学目标和学生的学习进度，自由选择和组合这些模块。这种教学方式不仅能够更好地满足学生的个性化学习需求，还可以使教学过程更加灵活和高效。在进行某一知识点的讲解时，教师可以选择与之相关的多个模块，形成一个完整的教学单元，从而使学生能够更全面地理解和掌握这一知识点。

活页式教材还具有较强的互动性和参与性。相比于传统教材的单向知识传递，活页式教材更强调师生之间、生生之间的互动。通过灵活的模块设计和丰富的教学资源，教师可以设计各种互动环节，激发学生的学习兴趣，增强学习的参与感和积极性。教师可以利用活页式教材中的练习题、讨论话题和项目任务，组织学生进行小组讨论和合作学习，从而促进学生之间的交流与合作。

活页式教材的个性化特点也是其重要优势之一。由于其内容可以根据学生的具体情况进行调整和定制，活页式教材能够更好地适应学生的个性化学习需求。每个学生的学习情况和学习能力都是不同的，活页式教材可以根据学生的实际情况，选择适合的教学内容和学习任务，从而实现因材施教。这不仅能够提高学生的学习效果，还可以增强学生的自信心和学习动力。

活页式教材的便携性和实用性也是其受到欢迎的重要原因之一。由于活页式教材采用活页夹形式，学生可以根据需要携带不同的模块，而无需携带整本教材。这不仅减轻了学生的负担，还提高了教材的使用效率。教师也可以根据教学需要，灵活地调整教学内容和顺序，而不受传统教材固定编排的限制，从而更好地实现教学目标。

经济性和环保性也是活页式教材的一个显著特点。由于活页式教材可以根据需要进行局部更新和更换，避免了整本教材的浪费，具有较高的经济效益和环保效益。特别是在当前提倡绿色环保的社会背景下，活页式教材的环保优势更加突出。学校和教育机构可以通过使用活页式教材，减少纸张的浪费，降低教育成本，实现教育资源的可持续利用。

在信息技术迅猛发展的今天，活页式教材还具有与数字化教学手段结合的优势。通过将活页式教材与电子书、在线资源和教育软件相结合，教师可以构建更加丰富和多样化的教学环境。这不仅有助于提高教学效果，还可以促进学生的信息素养和自主学习能力的发展。教师可以利用电子活页式教材中的多媒体资源和互动功能，设计丰富多彩的教学活动，激发学生的学习兴趣，增强学习的体验感。

（二）个性化

个性化活页式教材是指根据学生的个体差异和学习需求，针对性地设计和制作的教学材料。与传统的统一标准教材相比，个性化活页式教材具有更强的针对性、灵活性和适应性，能够更好地满足学生个性化学习的需求，提高教学效果。其特点主要体现在内容个性化、形式个性化和功能个性化三个方面。

内容的个性化主要体现在对学生学习需求的精准匹配上。通过对学生的学习水平、学科特长、学习风格等方面进行分析和评估，教师可以有针对性地选择和整合教材内容，确保内容贴近学生的实际需求，提高学习的针对性和效率。在语文教学中，针对不同学生的阅读能力和兴趣爱好，可以个性化地选取适合其水平的阅读材料，从而激发学生的学习兴趣，提高阅读能力。

形式的个性化主要体现在教材的布局、排版、插图等方面。个性化的形式设计能够使教材更加符合学生的审美需求和阅读习惯，增强学习的趣味性和亲和力。在数学教学中，可以通过增加生动形象的插图和图表，使抽象的数学概念更加形象化和易于理解，从而提高学生对数学知识的接受度和记忆效果。

功能的个性化主要体现在教材的交互性、反馈性和评价性上。个性化的功能设计能够更好地满足学生个性化学习的需求，提高学习的灵活性和效果。可以通过设置个性化的学习路径和练习题目，根据学生的学习进度和理解程度自动调整教学内容和难度，使学生能够更加自主地进行学习，提高学习的效率和成效。

（三）互动性

与传统教材相比，活页式教材更注重与学生之间的互动，通过丰富的图表、案例分析、实践操作等形式，引导学生积极参与到学习过程中来。在数学教材中，可以设计一些交互式的数学问题，让学生通过自主探索和解答，加深对数学概念的理解和记忆。这种设计不仅激发了学生的学习兴趣，还提高了他们的学习动机和参与度。

现代教学技术的发展使得教材不再局限于纸质书籍，而是可以结合电子设备和多媒体资源，实现更加生动、直观的学习体验。通过教学视频、交互式动画等形式，可以将抽象的知识呈现得更加具体和形象，激发学生的好奇心和探索欲。学生可以根据自己的学习节奏和方式，随时随地进行学习，提高了学习的便利性和效率。

活页式教材为教师提供了更多的灵活性和自主性，使得他们可以更好地根据学生的学习情况和反馈进行教学调整和指导。教师可以根据学生的学习进度和理解情况，选择性地强调某些重点内容，或者根据学生的需求提供额外的辅导和资源。这种个性化的教学方式有助于满足不同学生的学习需求，提高了教学的针对性和有效性。

互动性还可以通过学生之间的合作和讨论来实现。活页式教材可以设计一些小组讨论、团队项目等活动，让学生通过合作交流，共同探讨问题、解决难题，从而促进彼此之间的学习和成长。这种合作学习的模式不仅培养了学生的团队合作能力和沟通能力，还拓展了他们的思维和视野，使得学习过程更加丰富多彩。

可以设计一些在线测验、作业任务等形式，及时反馈学生的学习情况和表现，帮助他们发现问题、加强复习，及时调整学习策略。教师也可以根据学生的反馈和评价，调整教学内容和方法，不断改进教学效果，提高学生的学习体验和成绩。

第二节　活页式教材的历史沿革

一、活页式教材的起源

(一)20世纪初的尝试

活页式教材的起源可以追溯到19世纪末和20世纪初的教育改革运动。在这一时期，教育理念开始向以学生为中心的方向转变，注重培养学生的实际技能和能力。印刷技术的进步使得教材的制作和分发变得更加容易和便捷，为活页式教材的出现提供了技术基础。

在这些项目中，教育家们尝试使用活页式教材来实现个性化教学和差异化学习。他们将教材内容按照不同的学习水平和兴趣进行组织，以满足学生个性化的学习需求。这种尝试虽然在当时并没有得到广泛应用，但为后来活页式教材的发展奠定了基础。

一些先进的教育机构和教育家开始尝试使用活页式教材来改进教学方法和提高教学效果。他们认识到活页式教材的灵活性和个性化特点，能够更好地满足学生的学习需求，激发学生的学习兴趣和积极性。活页式教材逐渐成为当时教育改革的一个重要组成部分。

20世纪初，印刷技术的进步使得教材的制作成本大大降低，同时也提高了教材的质量和可读性。这为活页式教材的广泛应用提供了技术支持，促进了活页式教材在教育领域的发展和普及。

教育方法的创新和改进，使教学更加灵活多样化。活页式教材为个性化教学和差异化学习提供了有效手段，帮助教师更好地满足学生的学习需求。活页式教材也促进了教育资源的共享和交流，加强了教育改革的合作与交流。

（二）活页式教材的初步应用

活页式教材的初步应用标志着教育领域向数字化、个性化和灵活化发展的重要一步。传统的纸质教材虽然经久耐用，但内容固定，更新慢，无法适应现代快节奏的教学需求。而活页式教材采用活页夹形式，内容灵活可变，可以随时根据教学需要进行调整和更新，更好地满足了教师和学生的个性化学习需求。

活页式教材的初步应用促进了教育教学模式的创新和改革。活页式教材不仅改变了传统教材的固有形式，更重要的是，它为教师提供了更多的教学自主权和创造空间。教师可以根据自己的教学理念和教学目标，自由选择和组合教材内容，设计多样化的教学活动，创设丰富多彩的教学场景，从而激发学生的学习兴趣，提高教学效果。

随着信息技术的飞速发展，电子书、智能教学软件等数字化教学资源不断涌现，为活页式教材的应用提供了技术支持和保障。活页式教材可以与这些数字化教学资源相结合，形成更加丰富多样的教学内容和教学手段，提高了教学的多媒体化和互动化水平，推动了教育教学模式的信息化和智能化转型。

传统的纸质教材存在着印刷成本高、更新周期长等问题，而活页式教材的出现有效地解决了这些问题。教师可以根据教学需要，灵活调整和更新教材内容，使之保持与教学内容的实时同步，提高了教学资源的利用效率。活页式教材的多样化和个性化设计也有助于激发学生的学习兴趣，增强学习的积极性和主动性，从而提高了教学效果。

传统的纸质教材内容固定，学生在学习过程中往往需要翻阅大量的教材资料，费时费力。而活页式教材采用活页夹形式，内容可以根据学生的学习进度和兴趣进行调整，学生可以根据自己的需要选择学习内容，自主安排学习时间，提高了学习的效率和质量。

活页式教材的初步应用也为学生提供了更加多样化和丰富化的学习体验。传统的纸质教材形式单一，内容呈现方式单一，难以吸引学生的注意力和兴趣。而活页式教材可以结合电子书、多媒体资源等数字化教学手段，丰富教材内容，提供多样化的学习方式，增强了学生的学习体验和参与感，促进了学生的全面发展。

活页式教材的制作和更新需要耗费大量的人力、物力和财力，制约了其大规模推广和应用。活页式教材的技术支持和维护工作需要专业人才和技术手段，增加了教育教学管理的难度和成本。活页式教材的使用需要教师和学生具备一定的信息技术素养和操作能力，这对于一些教育资源相对匮乏的地区和学校来说，可能存在一定的困难。

1.20 世纪中叶的教育改革

20 世纪中叶是教育改革的重要时期，许多国家开始关注教育的质量和效率，积极探索教育改革的途径。在这一背景下，活页式教材作为一种新型的教学辅助工具开始逐渐被引入教育实践，并逐步得到应用和发展。活页式教材的初步应用在这一时期展现了其独特的优势和潜力，为教育改革提供了新的思路和方法。

在这一时期,许多国家开始关注教育的全面发展和素质提升,提出了一系列的教育改革措施和政策。活页式教材作为一种新型的教学辅助工具,具有灵活性、个性化和适应性等特点,在教育改革中受到了广泛关注。政府、学校和教育机构纷纷将活页式教材引入课堂教学,试图通过活页式教材的应用来提高教学效果和学习成果,推动教育的改革和发展。

传统的教学模式往往以教师为中心,注重知识的传授和灌输,学生的角色相对被动。而活页式教材的引入则为教育教学带来了新的变革和创新。活页式教材以学生为中心,强调个性化学习和自主学习,通过灵活的内容组织和形式设计,满足学生个性化的学习需求,激发其学习兴趣和主动性。这种基于活页式教材的教学模式不仅能够提高教学的灵活性和针对性,还能够激发学生的创造性思维和实践能力,促进其全面发展和成长。

尽管活页式教材具有诸多优势,但其在实际应用中仍然存在着一些困难和不足之处。活页式教材的制作和更新成本较高,需要投入大量的人力、物力和财力;活页式教材的使用技术要求较高,部分教师和学生可能存在使用障碍;活页式教材的内容质量和教学效果也需要不断改进和完善。如何克服这些问题,进一步推动活页式教材的发展和应用,成为教育界和学术界共同关注的焦点。

2. 项目教学法的影响

传统的教学模式往往以教师为中心,侧重于知识的传授和单向的信息传递。而项目教学法则更加注重学生的参与和实践,通过项目设计和实施,激发学生的学习兴趣和动力,培养其问题解决能力和创新思维。项目教学法的引入使得教学过程更加活跃和生动,激发了学生的学习兴趣和主动性,提高了教学效果。

活页式教材在项目教学法中发挥了重要作用。活页式教材具有灵活的模块设计和交互式的内容呈现,适合于项目教学法的实践需求。教师可以根据项目的主题和目标,选择和组合适当的教材模块,设计丰富多样的学习任务和活动,激发学生的学习兴趣和探索欲。在一门关于环境保护的项目中,教师可以选择与环境保护相关的模块,设计一系列案例分析、实地考察、小组讨论等活动,引导学生深入了解环境问题,并提出解决方案。

通过多媒体技术的应用,教师可以将教材内容呈现得更加生动、直观,激发学生的好奇心和探索欲。可以利用教学视频、交互式动画等形式,展示项目的实施过程和成果,帮助学生理解抽象概念和复杂问题。活页式教材还可以与在线资源和学习平台相结合,实现学生的自主学习和在线交流,提高了学习的便利性和效率。

教师可以随时根据项目的进展和学生的反馈,调整和更新教材内容,确保教学与实际需求相适应。在一个关于创业的项目中,教师可以根据学生的兴趣和专业方向,选择与创业相关的模块,引导学生进行市场调研、商业计划书撰写等实践活动。随着项目的深入,教师还可以根据学生的反馈和问题,及时更新教材内容,帮助学生解决困惑和难题,提高项目的实施效果。

二、活页式教材的发展与普及

(一)20世纪下半叶的推广

20世纪下半叶,活页式教材得到了各国政府和教育机构的重视和支持,成为教育改革的重要内容之一。在一些发达国家,政府通过制定教育政策和提供资金支持,推动活页式教材的研发和应用。一些教育机构和教育家也积极参与到活页式教材的推广工作中,倡导个性化教学和差异化学习,为活页式教材的普及创造了良好的环境。

在20世纪下半叶,信息技术的飞速发展为活页式教材的制作和分发提供了新的可能性。电脑和互联网的普及使得教材可以以电子形式呈现,并且可以随时随地进行更新和定制。这种便捷的形式不仅提高了教材的灵活性和可用性,也为学生提供了更加丰富和多样化的学习资源。

越来越多的教师开始尝试使用活页式教材来改进教学方法和提高教学效果。他们发现活页式教材能够更好地满足学生的学习需求,激发学生的学习兴趣和积极性,从而提高了教学质量和学生的学习成绩。这种积极的实践推动了活页式教材在教育领域的进一步普及和应用。

20世纪下半叶,活页式教材的普及对教育领域产生了深远影响。它促进了教育资源的共享和交流,加强了教育改革的合作与交流。活页式教材为个性化教学和差异化学习提供了有效手段,帮助教师更好地满足学生的学习需求。活页式教材也促进了教育技术的发展和应用,推动了教育领域的现代化进程。

(二)21世纪的创新与发展

活页式教材作为21世纪教育领域的一项创新,正逐渐受到广泛关注和应用。活页式教材的发展与普及标志着教育领域对于新技术的广泛接纳和应用。随着信息技术的不断发展,数字化教学资源已经成为教育改革和发展的重要趋势。活页式教材的出现,将传统纸质教材转变为数字化、个性化的教学工具,推动了教育教学模式的创新和变革,适应了学生个性化学习需求的增长。

传统的纸质教材受制于印刷和分发成本,教育资源无法实现充分的共享和利用。而活页式教材以电子化、网络化的形式存在,可以轻松实现教育资源的在线共享和传播。教师可以通过互联网平台发布和分享教材内容,学生可以通过网络获取和使用教材,促进了教育资源的共享和利用效率,提高了教育资源的可及性和可持续利用性。

每个学生的学习需求和学习能力都是不同的,传统纸质教材往往难以满足不同学生的个性化学习需求。而活页式教材的灵活性和可定制性使其能够根据学生的实际情况,灵活调整和更新教材内容,为学生提供个性化的学习支持和服务。教师可以根据学生的学习进度和兴趣,选择合适的教材内容和教学方法,开展个性化辅导和指导,提高了教学的针对性和有效性。

活页式教材的发展与普及还为教育教学的多样化和互动化提供了新的可能性。传统的纸质教材形式单一，内容呈现方式单一，难以激发学生的学习兴趣和主动性。而活页式教材采用多媒体、互动式的教学方式，丰富了教材内容和呈现形式，提供了更加多样化和生动的学习体验。学生可以通过电子书、视频、音频等多种媒体形式获取知识，参与各种互动活动，增强了学习的趣味性和参与感，促进了学生的综合发展。

教育信息化水平和技术支持能力的不足，制约了活页式教材的推广和应用。尤其是在一些经济欠发达地区和基础设施落后地区，学校和教育机构缺乏必要的硬件设备和网络资源，难以实现活页式教材的数字化应用。活页式教材的制作和维护成本较高，教师和学校可能面临着一定的经济压力。教育教学管理的规范和标准化程度不足，可能导致教材内容的质量参差不齐，影响教学效果和教育质量。

（三）未来展望

随着教育理念的转变和对学生个性化需求的重视，活页式教材将更加注重根据学生的学习特点和需求，提供个性化的学习内容和服务。未来的活页式教材将通过大数据、人工智能等技术手段，实现对学生学习行为和学习数据的实时监测和分析，从而根据学生的学习情况和需求，自动调整和优化教学内容和方式，实现个性化教学和个性化学习的目标。

未来的活页式教材将不仅包括文字、图片、图表等传统形式的内容，还将融合音视频、虚拟现实、增强现实等多种形式的媒体内容，为学生提供更加丰富多彩的学习体验和学习资源。活页式教材还将更加注重内容的创新性和前瞻性，引入跨学科、前沿科技等内容，激发学生的创造性思维和实践能力，培养学生的综合素质和创新能力。

活页式教材将以开放共享的理念，积极推动教育资源的共享和交流，促进教育资源的优化配置和合理利用。教育机构和教育从业者将通过开放式平台，共享优质的教学资源和教学内容，提高教学效率和教育质量。活页式教材的开放性还将促进教育资源的跨界融合和跨区域共享，推动教育的全球化发展和合作交流。

活页式教材将更加注重智能化和智慧化。未来的活页式教材将借助人工智能、大数据分析、云计算等技术手段，实现对教学内容和教学过程的智能化管理和智慧化服务。教师和学生将通过智能化的活页式教材，实现个性化学习路径的定制和智能化学习辅助的实现，提高学习效率和学习成果。活页式教材还将通过智能化技术，实现教学资源的智能推荐和个性化反馈，为学生提供更加个性化、智能化的学习体验和学习服务。

第三节　活页式教材在教育领域中的应用

一、活页式教材在基础教育中的应用

（一）小学教育

小学生的学习特点和兴趣多样，传统的教材往往难以满足不同学生的学习需求。而活页式教材的模块化设计和多样化内容，可以根据学生的年龄、能力和兴趣进行灵活调整，为教师提供了更多的选择余地。在语文教育中，教师可以根据学生的阅读水平和兴趣爱好，选择不同难度和题材的阅读材料，以激发学生的阅读兴趣和提高阅读能力。

小学生对于新鲜、生动的学习方式更具接受性，而活页式教材的交互式设计和多媒体内容可以使学习过程更加生动有趣。教师可以通过教学视频、动画、游戏等形式，将抽象的概念和知识呈现得更加具体和形象，吸引学生的注意力，激发学习兴趣。活页式教材还可以与在线资源和学习平台相结合，为学生提供更丰富、更便捷的学习资源，提高学习的效率和效果。

每个小学生的学习能力、学习方式和学习节奏都有所不同，传统的教材往往难以满足所有学生的需求。而活页式教材的灵活性和个性化设计，可以根据每个学生的特点和学习进度进行调整，为每个学生量身定制最适合的学习内容和学习方式。对于学习能力较强的学生，可以提供更深入、更广泛的知识内容和拓展活动；而对于学习能力较弱的学生，则可以提供更简单、更直观的教学材料和辅助资源，帮助他们理解和掌握知识。

活页式教材的更新和调整也符合小学教育的发展需要。小学生处于快速成长和发展的阶段，他们的学习需求和兴趣常常发生变化。传统的教材往往更新周期较长，无法及时跟上教育发展的步伐。而活页式教材的灵活更新机制，可以根据教育教学的最新要求和学生的实际情况，及时调整和更新教材内容，保持教学内容的新颖性和实用性。在一些新兴科技领域的教育中，教师可以根据最新的科技发展趋势和教学需求，选择更新和替换相应的教材模块，确保教学内容与时俱进。

1.灵活教学

教师可以根据学生的年龄、兴趣和学习水平，灵活地选择和组织教材内容，以满足学生的学习需求。比如，在语文课上，教师可以根据学生的阅读能力和兴趣爱好选择不同难度和题材的活页式阅读材料；在数学课上，教师可以设计不同类型的活页式数学练习，帮助学生巩固和提高数学技能。这种个性化的教学设计有助于激发学生的学习兴趣和积极性，提高学习效果。

由于活页式教材的灵活性和多样性，学生可以根据自己的学习节奏和学习方式进行

学习，提高学习的效率和质量。比如，一些学生可能更喜欢通过图文结合的方式学习知识，而另一些学生可能更喜欢通过实践操作来掌握技能。活页式教材的多样化形式可以满足不同学生的学习需求，帮助他们更好地理解和掌握所学内容。

传统上，教师在教学中扮演着知识的传授者和学习的引导者的角色。随着活页式教材的普及和应用，教师的角色逐渐从"灌输式"教学转变为"引导式"教学。教师不再是简单地向学生传授知识，而是通过设计和组织活页式教材，引导学生主动参与学习，培养他们的学习能力和自主学习的能力。这种教师角色的转变有助于激发学生的学习兴趣和创造力，提高教学效果。

由于活页式教材具有便捷性和灵活性，学生可以将教材带回家中进行复习和练习。家长可以通过与孩子一起使用活页式教材，了解孩子的学习情况，及时发现和解决学习中的问题。这种家校合作有助于加强学校和家庭之间的联系，促进学生的全面发展。

2. 动手实践

每个小学生的学习能力、学习风格和兴趣爱好都各不相同，传统的纸质教材往往难以满足不同学生的个性化学习需求。而活页式教材可以根据学生的实际情况进行定制和调整，选择适合的教学内容和教学方式，实现因材施教。对于学习能力较强的学生，教师可以通过活页式教材中的拓展模块，提供更加深入和复杂的知识内容；而对于学习能力较弱的学生，则可以通过活页式教材中的巩固模块，进行重点和难点知识的反复训练，帮助他们提高学习水平。

传统的纸质教材往往将不同学科的知识划分为独立的章节，学生学习时很难将知识进行联系和整合。而活页式教材往往以跨学科的方式呈现知识，将相关的学科内容融合在一起，帮助学生更好地理解知识的内在联系。在学习自然科学时，活页式教材可以结合数学、语言、艺术等多个学科的知识，进行综合性的探究和实践活动，提高学生的综合运用能力和创新思维能力。

小学生的好奇心和探索欲望较强，他们喜欢通过各种方式积极参与到教学活动中。而活页式教材往往结合了多媒体、互动式的教学手段，可以为学生提供更加丰富多彩的学习体验。教师可以利用活页式教材中的游戏、实验等形式，组织学生进行小组合作、角色扮演等活动，激发学生的学习兴趣，增强学习的趣味性和参与感。

教师对于活页式教材的使用技巧和方法可能存在一定的不足，需要进行专门的培训和指导。活页式教材的制作和更新周期较长，需要投入大量的人力、物力和财力，教师和学校可能面临一定的经济压力。家长和社会对于活页式教材的接受程度和认知水平可能存在差异，需要进行有效的宣传和推广工作，提高其应用的普及率和影响力。

（二）中学教育

在中学阶段，学生的学习水平、兴趣爱好、学习习惯等方面存在较大差异，传统的统一标准教材往往难以满足每个学生的个性化学习需求。而活页式教材则具有较强的个性化特点，可以根据学生的实际情况和需求，灵活调整教学内容和教学方式，满足不同学生的学习需求，提高学习的针对性和效果。

传统的教材往往以文字为主，缺乏丰富多彩的学习资源和学习方式，难以激发学生的学习兴趣和主动性。而活页式教材则可以融合文字、图片、图表、音频、视频等多种形式的学习内容，为学生提供更加生动形象、丰富多样的学习资源，激发其学习的兴趣和潜力，提高学习的趣味性和效果。

传统的教学方式往往以教师为中心，注重知识的传授和灌输，学生的角色相对被动。而活页式教材则可以通过设置问题、案例分析、练习题目等形式，引导学生进行主动学习和互动学习，培养其自主学习和合作学习的能力，提高学习的深度和广度。

随着人工智能、大数据分析等技术的不断发展，活页式教材可以通过分析学生的学习行为和学习数据，智能化地调整教学内容和教学方式，个性化地为学生提供学习支持和学习辅助，提高学习的效率和成效，实现教育教学的智慧化和个性化。

1. 学科整合

传统的中学教育往往以学科为单位进行教学，学生容易陷入学科之间的壁垒和单一学科思维。而活页式教材的模块化设计和多学科内容融合，可以帮助学生跨越学科界限，进行综合性的学习和思考。一本活页式教材中可以包含有关数学、科学、语言文学等多个学科的内容模块，教师可以根据学生的学习需求和教学目标，组合不同学科的模块，设计跨学科的综合性学习任务和项目，从而培养学生的综合能力和创新思维。

学科整合的教学往往需要结合不同学科的知识和技能，进行多样化的教学活动和任务。而活页式教材通过多媒体技术的应用，可以将不同学科的知识内容呈现得更加生动、直观，激发学生的兴趣和探索欲。可以利用教学视频、交互式动画等形式，展示跨学科的实践案例和问题解决过程，帮助学生理解和应用知识，培养他们的综合性思维和解决问题的能力。活页式教材还可以与在线资源和学习平台相结合，为学生提供更丰富、更便捷的学习资源，提高学习的效率和效果。

每个学生的学习能力、学习方式和学习兴趣都有所不同，传统的教材往往难以满足所有学生的需求。而活页式教材的灵活性和个性化设计，可以根据每个学生的特点和学习进度进行调整，为学生量身定制最适合的学习内容和学习方式。对于学习能力较强的学生，可以提供更深入、更广泛的跨学科内容和拓展活动；而对于学习能力较弱的学生，则可以提供更简单、更直观的教学材料和辅助资源，帮助他们理解和掌握知识。通过个性化和差异化设计，活页式教材可以更好地满足学生的学习需求，提高学习的效果和成效。

学科整合教育要求教师及时调整和更新教学内容和方法，以适应教育教学的最新要求和学生的实际情况。而活页式教材的灵活更新机制，可以根据教育教学的发展和学生的需求，及时调整和更新教材内容，保持教学内容的新颖性和实用性。在新兴科技领域的学科整合教育中，教师可以根据最新的科技发展趋势和教学需求，选择更新和替换相应的教材模块，以确保教学内容与时俱进。通过灵活的更新和调整，活页式教材可以更好地满足学科整合教育的发展需求，提高教学效果和教学质量。

2. 考试准备

中学教育中，活页式教材的应用体现在教学设计的灵活性和多样性上。教师可以根据学科特点和学生的学习需求，灵活选择和组织教材内容，设计各种形式的教学活动，以促进学生的学习效果。比如，在语文课上，教师可以设计各种形式的阅读材料和写作练习，帮助学生提高语言表达能力；在数学课上，教师可以设计不同难度的数学题目和解题方法，帮助学生掌握数学知识和解题技巧。这种个性化的教学设计有助于激发学生的学习兴趣和积极性，提高学习效果。

由于活页式教材的灵活性和多样性，学生可以根据自己的学习节奏和学习方式进行学习，提高学习的效率和质量。活页式教材可以提供丰富多样的学习资源，包括文字、图片、视频等形式，满足不同学生的学习需求。学生可以根据自己的学习情况和学科特点选择适合自己的教材内容和学习方法，提高学习的针对性和有效性。

通过使用活页式教材，学生可以逐步养成自主学习和自我管理的能力，提高学习的主动性和积极性。学生可以根据自己的学习进度和学科特点，制定学习计划和学习策略，有针对性地进行学习和复习。这种自主学习的过程有助于学生培养良好的学习方法和习惯，提高学习的效率和质量。

在备考方面，活页式教材的应用可以帮助学生更好地进行复习和巩固知识。通过活页式教材，学生可以及时查漏补缺，针对性地进行复习和练习，巩固所学知识和技能。活页式教材可以提供丰富多样的复习材料和练习题目，帮助学生全面复习和准备考试。活页式教材也可以帮助学生进行考试策略的培训和实践，提高应试能力和应对考试的信心。

二、活页式教材在高等教育与职业教育中的应用

（一）大学教育

在大学教育中，活页式教材作为一种新型的教学工具，正逐渐引起教育界的关注和应用。活页式教材的应用在大学教育中提供了更加灵活和多样化的教学方式。传统的纸质教材往往固定内容，难以满足不同学生的学习需求和教学目标。而活页式教材以数字化形式存在，内容可随时更新、定制和调整，教师可以根据具体的教学情况和学生的学习水平，灵活选择和组合教材内容，设计个性化的教学方案，提高了教学的针对性和有效性。

随着信息技术的不断进步，数字化教学资源已成为大学教育的重要组成部分。活页式教材以电子化、网络化的形式呈现，结合了多媒体、互动等技术手段，为教学提供了更加丰富和多样化的内容和形式。教师可以通过活页式教材中的视频、音频、动画等多媒体资源，增强教学内容的生动性和趣味性，激发学生的学习兴趣和积极性，提高了教学的互动性和效果。

大学生的学习需求和学习能力各不相同，他们在学习过程中往往呈现出较大的个体差异。而活页式教材可以根据学生的实际情况进行定制和调整，提供个性化的学习支持和服务。教师可以根据学生的学习情况和兴趣，选择适合的教材内容和教学方法，进行差异化的指导和辅导，帮助学生实现个性化的学习目标，提高了教学的灵活性和针对性。

传统的纸质教材往往将不同学科的知识划分为独立的章节，学生学习时很难将知识进行联系和整合。而活页式教材往往以跨学科的方式呈现知识，将相关的学科内容融合在一起，帮助学生更好地理解知识的内在联系。在学习跨学科课程时，活页式教材可以结合多个学科的知识，进行综合性的探究和实践活动，提高学生的综合运用能力和创新思维能力。

教师对于活页式教材的使用技巧和方法可能存在一定的不足，需要进行专门的培训和指导。活页式教材的制作和更新周期较长，需要投入大量的人力、物力和财力，教师和学校可能面临一定的经济压力。学生对于活页式教材的接受程度和认知水平可能存在差异，需要进行有效的宣传和推广工作，提高其应用的普及率和影响力。

1. 自主学习

大学教育注重培养学生的综合素质和创新能力，要求学生具备广泛的知识和灵活的思维。而传统的教材往往难以满足这一需求，内容单一、形式呆板。活页式教材则可以融合文字、图片、图表、音视频等多种形式的学习内容，为学生提供丰富多样的学习资源和学习方式，激发其学习的兴趣和潜力，促进其全面发展和创新能力的提升。

大学生具有不同的学习兴趣、学习习惯和学习能力，传统的统一标准教材往往难以满足每个学生的个性化学习需求。而活页式教材则具有较强的个性化特点，可以根据学生的实际情况和需求，灵活调整教学内容和教学方式，满足不同学生的学习需求，提高学习的针对性和效果。

大学教育强调学生的自主学习和自主思考，要求学生具备独立解决问题和团队合作的能力。而传统的教学方式往往以教师为中心，学生的角色相对被动。活页式教材则可以通过设置问题、案例分析、练习题目等形式，引导学生进行主动学习和互动学习，培养其自主学习和合作学习的能力，提高学习的深度和广度。

随着人工智能、大数据分析等技术的不断发展，活页式教材可以通过分析学生的学习行为和学习数据，智能化地调整教学内容和教学方式，个性化地为学生提供学习支持和学习辅助，提高学习的效率和成效，实现教育教学的智慧化和个性化。

2. 研究性学习

研究性学习强调学生的自主性和参与性，要求他们积极主动地探索和发现知识，而活页式教材的灵活性和多样性使得学生能够根据自己的学习需求和兴趣选择学习内容和学习方式。教师可以根据学生的研究方向和兴趣，选择并组合相应的教材模块，设计开放式的学习任务和项目，激发学生的学习兴趣和探索欲，培养他们的独立思考和问题解决能力。

研究性学习往往需要学生通过阅读文献、实验研究等方式获取信息和知识，而活页式教材通过多媒体技术的应用，可以将抽象的概念和知识呈现得更加生动、直观，提高学生的学习效率和学习体验。可以利用教学视频、交互式动画等形式，展示研究案例和实验过程，帮助学生理解和应用知识，培养他们的实验设计和数据分析能力。活页式教材还可以与在线资源和学习平台相结合，为学生提供更丰富、更便捷的学习资源，提高学习的效率和效果。

每个学生的学习能力、学习方式和学习兴趣都有所不同，传统的教材往往难以满足所有学生的需求。而活页式教材的灵活性和个性化设计，可以根据每个学生的特点和学习进度进行调整，为学生量身定制最适合的学习内容和学习方式。对于学习能力较强的学生，可以提供更深入、更广泛的研究内容和拓展活动；而对于学习能力较弱的学生，则可以提供更简单、更直观的教学材料和辅助资源，帮助他们理解和掌握知识。通过个性化和差异化设计，活页式教材可以更好地满足学生的学习需求，提高学习的效果和成效。

研究性学习强调学生通过实践和探索获取知识和经验，要求教师及时调整和更新教学内容和方法，以适应学生的学习需求和教育教学的最新要求。而活页式教材的灵活更新机制，可以根据教育教学的发展和学生的需求，及时调整和更新教材内容，保持教学内容的新颖性和实用性。

（二）职业教育

职业教育的特点是紧密结合实践，注重培养学生的职业技能和实践能力。教师可以根据不同专业的特点和学生的学习需求，灵活选择和组织教材内容，设计各种形式的教学活动，以促进学生的学习效果。比如，在电子商务专业的教学中，教师可以设计各种实践性的案例分析和项目实践，帮助学生掌握电子商务的相关知识和技能；在餐饮管理专业的教学中，教师可以设计各种实践性的厨艺培训和餐厅实习，帮助学生熟悉餐饮管理的工作流程和操作技巧。这种个性化的教学设计有助于激发学生的学习兴趣和积极性，提高学习效果。

由于活页式教材的灵活性和多样性，学生可以根据自己的学习节奏和学习方式进行学习，提高学习的效率和质量。活页式教材可以提供丰富多样的学习资源，包括文字、图片、视频等形式，满足不同学生的学习需求。学生可以根据自己的学习情况和职业发展方向选择适合自己的教材内容和学习方法，提高学习的针对性和有效性。

职业教育的目标是培养学生具备实用的职业技能和专业知识，能够适应社会和职业发展的需要。通过使用活页式教材，学生可以在实践中学习，在学习中实践，不断提高自己的实践能力和职业素养。活页式教材可以提供丰富多样的实践性教学资源，包括案例分析、项目实践、实习实训等形式，帮助学生积累工作经验，提升职业竞争力。

通过活页式教材，学生可以了解不同职业领域的发展趋势和就业需求，制定个性化的职业规划和发展路径。活页式教材可以提供丰富多样的职业指导资源，包括职业介绍、就业前景分析、职业技能培训等内容，帮助学生了解职业要求，提高就业竞争力。活页式教材还可以帮助学生准备职业技能认证和职业资格考试，为未来的职业发展打下坚实的基础。

1. 实践导向

在职业教育领域，活页式教材的应用呈现出实践导向的特点，为学生提供了更加贴近实际工作需求的学习体验和教学内容。活页式教材的实践导向在职业教育中体现为将理论知识与实际工作技能相结合。传统的纸质教材往往注重理论知识的传授，而活页式教材则更注重将理论知识与实际工作技能相结合，通过案例分析、职业实训等形式，帮助学生理解和应用所学知识。在学习汽车维修课程时，活页式教材可以通过图文并茂的方式介绍汽车零部件的结构和功能，同时结合实际的汽车维修案例，让学生通过实际操作，掌握汽车维修的基本技能，提高了教学的实用性和针对性。

职业教育的核心目标之一是培养学生具备实际工作需要的职业技能和能力。而活页式教材往往以图文并茂、实物模型等形式呈现，可以激发学生的学习兴趣，提高学习的积极性和主动性。通过实践操作、模拟实训等方式，学生可以在真实的工作场景中学习和应用所学知识，培养实际工作能力。在学习厨艺课程时，活页式教材可以结合厨房实训，让学生亲自动手制作各种菜肴，熟悉厨房操作流程和技巧，提高了学生的实际操作能力和职业素养。

每个学生的学习需求和学习能力都不尽相同，传统的纸质教材往往无法满足不同学生的个性化学习需求。而活页式教材以数字化形式存在，内容可灵活定制和调整，教师可以根据学生的实际情况，选择合适的教材内容和教学方法，开展个性化的教学活动。在学习电子商务课程时，教师可以根据学生的学习水平和兴趣，选择不同难度和风格的案例分析，提供个性化的学习支持和服务，满足不同学生的学习需求。

职业教育的目标之一是培养学生具备适应不同行业和职业发展需要的能力和素养。活页式教材往往以行业实践和职业导向为特点，通过案例分析、行业资讯等形式，向学生展示不同行业的发展趋势和职业发展路径，帮助学生了解行业需求，规划职业发展。在学习市场营销课程时，活页式教材可以结合实际的市场调查和分析，让学生了解市场营销的基本原理和实践技巧，为将来从事市场营销工作做好准备。

教师对于活页式教材的使用技巧和方法可能存在一定的不足，需要进行专门的培训和指导。活页式教材的制作和更新周期较长，需要投入大量的人力、物力和财力，教师和学校可能面临一定的经济压力。学生对于活页式教材的接受程度和认知水平可能存在差异，需要进行有效的宣传和推广工作，提高其应用的普及率和影响力。

2. 持续更新

职业教育注重学生的实践能力和职业素养的培养，要求教学内容与行业发展紧密结合，及时更新与实践相关的最新知识和技能。传统的教材更新周期较长，难以及时反映行业的变化和需求。而持续更新的活页式教材可以随时根据行业发展和教学需求进行内容更新和调整，为学生提供及时有效的学习资源，保持教学内容的新颖性和实用性。

职业教育的学生群体具有不同的学习背景、学习能力和职业目标，传统的统一标准教材往往难以满足每个学生的个性化学习需求。而持续更新的活页式教材可以根据学生的实际情况和需求，灵活调整教学内容和教学方式，满足不同学生的学习需求，提高学习的针对性和效果。

职业教育强调学生的实践操作和职业技能的培养，要求学生具备独立解决问题和团队合作的能力。而传统的教学方式往往以教师为中心，学生的角色相对被动。持续更新的活页式教材可以通过设置问题、案例分析、实践操作等形式，引导学生进行主动学习和互动学习，培养其实践能力和创新能力，提高学习的深度和广度。

随着人工智能、大数据分析等技术的不断发展，持续更新的活页式教材可以通过分析学生的学习行为和学习数据，智能化地调整教学内容和教学方式，个性化地为学生提供学习支持和学习辅助，提高学习的效率和成效，实现教育教学的智慧化和个性化。

第四节　活页式教材的优势与劣势分析

一、活页式教材的优势

（一）灵活性

传统的教材往往是按照固定的章节和顺序编排的，学生需要按部就班地学习，缺乏灵活性和个性化。而活页式教材的模块化设计可以将教学内容分解为不同的模块或单元，教师可以根据教学计划和学生需求，灵活地选择和组合教材模块，构建符合实际教学情境的教学内容和任务。在一节课程中，教师可以根据学生的学习进度和兴趣选择不同难度和题材的教材模块，为学生提供个性化的学习体验和挑战。

教育教学领域的知识和技术在不断发展和更新，传统的教材往往无法及时跟进最新的教学理念和实践需求。而活页式教材通过电子化的特性，可以随时随地进行内容更新和调整,及时反映教育教学的最新进展。教师可以根据最新的教学研究成果和学生的反馈意见,对教材内容进行修改和完善,保持教学内容的新鲜性和实用性。这种内容更新的灵活性,使得活页式教材能够更好地适应不断变化的教学需求和学生特点,提高教学效果和教学质量。

传统的教学方式往往以教师为中心,学生被动接受知识,缺乏交互和参与。而活页式教材的交互式设计,可以激发学生的学习兴趣和探索欲,提高学生的学习积极性和主动性。教师可以利用教材中的多媒体资源和在线学习平台,设计一些交互式的学习活动和任务,引导学生进行自主学习和合作探究,实现教学内容的多样化和个性化。这种灵活的教学方式,有助于激发学生的学习热情和创造力,提高教学效果和学生学习成效。

每个学生的学习能力、学习方式和学习兴趣都有所不同,传统的教材往往难以满足所有学生的需求。而活页式教材的个性化设计,可以根据每个学生的特点和学习进度进行调整,为学生量身定制最适合的学习内容和学习方式。教师可以根据学生的学习水平和兴趣爱好,选择并组合适当的教材模块,设计个性化的学习任务和项目,帮助学生发现和发展自己的学习潜能和特长。这种个性化的教学设计,有助于激发学生的学习动机和自信心,提高学习效果和学生综合素质。

(二)经济性

相比传统纸质教材,活页式教材的制作成本更低廉。传统纸质教材需要印刷、装订、运输等多道工序,而活页式教材可以通过电子形式呈现,无需印刷和运输,大大降低了制作成本。活页式教材的内容可以随时更新和调整,无需重新印刷,进一步降低了制作成本。活页式教材在经济性方面具有明显的优势,可以为教育机构节省大量资金。

活页式教材具有灵活性和多样性,可以根据教学需求随时更新和调整内容,保持教材与时俱进。教师可以根据学生的学习情况和教学进度灵活选择和组织教材内容,提高教学的针对性和有效性。活页式教材可以提供丰富多样的学习资源,包括文字、图片、视频等形式,满足不同学生的学习需求,激发学生的学习兴趣和积极性。活页式教材在提高教学效果方面具有显著的优势,可以有效提升学生的学习成绩和综合素质。

由于活页式教材可以通过电子形式呈现,学生可以随时随地进行学习,无需携带大量纸质教材,节省了教学资源和空间。活页式教材可以实现教育资源的共享和交流,教师可以将教材内容和教学资源分享给其他教师和学生,促进教育资源的共享和优化利用。活页式教材的电子形式可以避免大量纸张的使用,降低了对环境的影响,符合可持续发展的理念。活页式教材在资源共享和环境保护方面具有显著的优势,有助于推动教育资源的可持续利用和环境保护。

1.降低成本

活页式教材作为一种新型的教学工具,在降低教育成本方面具有独特的优势。活页式教材的数字化形式大大降低了教材制作和发行的成本。传统的纸质教材需要经过编写、排版、印刷、装订等多道工序，不仅耗费大量人力、物力和财力，而且制作周期长、成本高。而活页式教材以数字化形式存在，教材内容可以通过电子编辑软件进行制作，制作流程简单、灵活，节约了大量的制作成本。活页式教材可以通过互联网等数字平台进行在线发布和传播，省去了印刷和分发的成本，降低了教材的发行成本。活页式教材的数字化形式为教育部门节约了大量的经费，降低了教育成本，提高了教育资源的利用效率。

传统的纸质教材往往难以满足不同学生的学习需求和教学目标，教育机构需要购买大量的教材以应对不同的教学场景。而活页式教材具有灵活的编辑和更新功能，教师可以根据学生的实际情况进行定制和调整，选择适合的教材内容和教学方式，减少了教材的浪费和重复使用，降低了教育资源的浪费成本。活页式教材的数字化形式还可以实现教材内容的在线共享和传播，教育机构可以通过网络平台获取和共享教材资源，节约了大量的采购和分发成本，提高了教材的利用效率。

活页式教材的降低成本还体现在教学过程中对教师和学生的经济支持上。传统的纸质教材往往需要大量的教师手工批改作业和考试，耗费了大量的人力和时间。而活页式教材具有在线作业批改、自动评分等功能，可以大大减轻教师的工作负担，提高教学效率，节约了教师的人力成本。活页式教材的数字化形式还可以为学生提供更多的学习资源和服务，例如在线教学视频、电子书籍、网络课程等，降低了学生购买教材和参加培训的费用，提高了学习的经济性和可及性。

教育信息化水平和技术支持能力的不足，制约了活页式教材的推广和应用。尤其是在一些经济欠发达地区和基础设施落后地区，学校和教育机构缺乏必要的硬件设备和网络资源，难以实现活页式教材的数字化应用，增加了教育信息化的成本。活页式教材的制作和维护成本较高，教育机构可能面临着一定的经济压力。教育教学管理的规范和标准化程度不足，可能导致教材内容的质量参差不齐，影响教学效果和教育质量，增加了教育管理的成本。

2. 环保效益

传统的纸质教材需要消耗大量的木材资源，并伴随着大量的能源消耗和二氧化碳排放。而活页式教材采用数字化形式存储和传播教学内容，可以减少纸张的使用，降低对森林资源的砍伐压力，有利于保护生态环境，促进生态文明建设。

传统的纸质教材一般使用一次后就被废弃，产生大量的废纸垃圾，对环境造成了不可逆转的影响。而活页式教材可以通过数字化存储和在线更新的方式，实现教材内容的持续更新和重复利用，减少了教育资源的浪费和污染，有利于构建资源节约型和环境友好型的社会。

活页式教材的数字化形式使得教学内容更加灵活多样，有利于提高教学效率和质量。传统的纸质教材受限于版式和纸张容量，教学内容受到一定的限制，难以满足个性化学习需求。而活页式教材可以融合文字、图片、音频、视频等多种形式的教学资源，通过超链接、多媒体插入等方式实现教学内容的丰富多样，有利于激发学生的学习兴趣，提高学习效率和教学质量。

传统的纸质教材需要印刷、发放和更新，涉及大量的人力、物力和财力投入，并且更新周期较长，教学内容更新不及时。而活页式教材可以通过网络平台实现教学内容的在线管理和更新，教师可以根据教学需求随时更新教材内容，保持教学内容的新鲜性和实用性，有利于提高教学的灵活性和时效性。

二、活页式教材的劣势

（一）组织管理难度大

活页式教材的内容更新更加频繁和及时，需要教师不断查找、整理和编辑最新的教学资源和资料。这可能需要教师花费大量的时间和精力，导致其在备课和教学过程中面临较大的压力和挑战。尤其是对于教学资源的筛选和整合，需要教师具备较强的信息搜索和评估能力，否则可能会选择到质量不高或不适合教学的内容，影响教学效果。

活页式教材的灵活性和个性化设计是其优势之一，但也带来了组织管理的挑战。个性化设计需要教师根据学生的学习特点和需求进行针对性的设计和调整，但在实际操作中，教师可能面临如何平衡个性化和统一性的问题，以及如何有效地管理大量的个性化教学资源和信息。特别是对于教学过程中的个性化指导和评价，需要教师具备较高的教学技能和管理能力，否则可能会出现教学资源的浪费和学生学习效果的不稳定性。

活页式教材通常需要借助电子设备和网络平台进行教学应用，而这些设备和平台的维护和更新需要投入大量的人力、物力和财力。尤其是在教育技术不断发展和更新的情况下，教育机构可能需要不断购置和更新教学设备和软件，以保证活页式教材的正常运行和应用。这对于一些资源匮乏的学校和教育机构来说可能是一项较大的经济负担，可能会影响到教学资源的质量和教学效果。

随着互联网的普及和信息技术的发展，教学资源的获取变得更加容易，但同时也带来了版权保护和内容质量管理的问题。教师在选择和使用活页式教材时，需要注意确保教材内容的合法性和质量，避免侵权行为和低质量的教学资源对学生的不良影响。教师还需要培养学生正确使用和评价教学资源的能力，引导他们形成良好的学习习惯和信息素养，以应对信息化时代带来的挑战和风险。

（二）学习连贯性问题

传统纸质教材通常按照一定的章节和顺序组织内容，帮助学生建立起逻辑思维和知识体系。活页式教材的内容可以随时更新和调整，可能导致学习内容的碎片化，学生难以建立起系统的学习框架。在学习某一门课程时，学生可能会遇到多种不同形式的教材内容，如文字、图片、视频等，缺乏统一的学习路径和逻辑顺序，容易造成学习内容的分散和混乱，影响学习连贯性。

由于活页式教材可以提供丰富多样的学习资源，包括文字、图片、视频等形式，学生在学习过程中可能会遇到不同形式和风格的教材内容，导致学习体验的不一致性。在学习某一门课程时，学生可能会遇到不同风格和质量的教材内容，有些内容可能过于简单或复杂，有些内容可能与课程要求不符，这会给学生带来困惑和挫折，影响学习连贯性。

活页式教材的内容可以随时更新和调整，教师和学生需要不断关注教材内容的变化，及时调整学习计划和教学方法，以保持学习的连贯性。如果教材更新频率过高或管理方式不当，可能会导致学习过程中频繁变化的教材内容，使学生难以跟上学习节奏和进度，影响学习连贯性。教师和学生可能会因为教材内容的不稳定性而感到焦虑和不安，影响学习效果和学习体验。

由于活页式教材可以根据学生的学习需求和兴趣定制内容，不同学生可能会获得不同形式和质量的教材资源，导致学习资源的不对称性。一些学生可能会得到高质量和丰富多样的教材资源，而另一些学生可能会得到低质量和单一形式的教材资源，这会加剧学生之间的差异化学习体验，影响学习连贯性。教师也可能因为个性化定制的教材内容而面临教学管理和评估的挑战，进一步影响学习连贯性。

（三）技术依赖性

活页式教材作为一种新型的教学工具，尽管在许多方面具有显著的优势，但同时也存在技术依赖性带来的一些劣势。活页式教材的技术依赖性使其受制于电子设备和网络环境的稳定性。传统的纸质教材不受电子设备和网络环境的限制，学生可以随时随地进行学习。活页式教材需要依赖电子设备（如电脑、平板、手机等）和稳定的网络环境才能进行访问和使用，一旦电子设备损坏或网络故障，就会影响学生的学习进程。特别是在一些基础设施不完善的地区或网络信号不稳定的环境下，学生可能无法及时获取教材内容，导致学习受阻，这增加了教学的不确定性和风险。

活页式教材往往以数字化形式存在，教材内容存储在互联网或云端服务器上，可能面临网络黑客攻击、数据泄露等安全风险。一旦教材内容被非法获取或篡改，不仅会影响学生的学习体验和学习效果，还可能造成教学秩序混乱，严重影响教育教学的正常进行。活页式教材可能需要收集学生个人信息以提供个性化服务，但如果个人信息管理不当，可能导致学生隐私泄露，引发隐私安全问题，损害学生的合法权益。

尽管活页式教材的数字化形式可以减少印刷和分发成本，但同时也增加了教育机构和个人购买电子设备和维护网络设施的成本。特别是在一些经济欠发达地区或基础设施落后地区，学校和教育机构可能无法承担这样的成本，导致数字教育资源的不平衡和不公平。活页式教材的技术更新周期较短，新技术的不断推出和老技术的淘汰可能导致教育机构和个人需要频繁更新设备和软件，增加了经济负担和管理成本，影响了教育资源的长期稳定供给。

　　传统的纸质教材注重学生的独立思考和自主学习能力的培养，学生可以通过阅读、笔记等方式进行学习。活页式教材往往以多媒体、互动等形式呈现，学生可能更倾向于passively 接受信息，而缺乏主动探究和分析的能力。活页式教材的技术依赖性也增加了教师的教学负担，他们需要不断学习和掌握新技术，更新教学方法和内容，可能导致教学质量参差不齐，影响了教育教学的稳定性和持续性。

第二章 活页式教材设计与制作

第一节 活页式教材设计原则

一、活页式教材内容设计原则

（一）科学性

科学性活页式教材的内容设计应遵循信息组织的原则。信息的组织应该是逻辑和系统的，以便学生能够轻松理解和消化所学内容。可以按照知识的层次结构、主题相关性或学习顺序进行组织，确保内容之间的连贯性和连续性。

教材内容应基于权威来源和可靠数据。内容的准确性是科学性教材的核心要求之一，因此必须避免使用未经验证或不可靠的信息来源。作者应引用可信的研究、学术文献或权威机构的数据，以增强教材的可信度和科学性。

内容设计应注重多样化的信息呈现方式。学生具有不同的学习偏好和能力，因此教材应提供多种信息呈现方式，如文字、图表、图片、案例分析等。这样能够满足不同学生的学习需求，提高他们的学习效果和兴趣。

在教材内容设计中，还应考虑到内容的更新和时效性。科学知识不断更新和演进，因此教材应定期进行更新，确保内容与最新的研究成果和发展趋势保持一致。教材的内容设计应具有一定的灵活性，以应对未来可能出现的新知识和发现。

教材的内容设计应强调问题导向和实践应用。学生通过解决问题和应用所学知识来深化理解和掌握，因此教材内容应设计具有挑战性的问题和案例，引导学生进行思考和实践。这样能够培养学生的批判性思维和解决问题的能力。

教材内容的设计还应考虑到学生的学习需求和背景。教材应根据学生的年龄、学习水平、兴趣爱好等因素进行差异化设计，以提高教学效果和学习动机。教材内容应具有一定的灵活性，以便教师根据具体情况进行调整和定制化教学。

科学性活页式教材的内容设计应强调知识的系统性和整合性。教材内容应涵盖相关领域的基础知识和前沿发展，同时注重知识之间的关联和整合，帮助学生建立完整的知识体系和认知结构。

（二）实用性

实用性活页式教材的内容设计应注重具体性。教材内容应具体明确，避免模糊和抽象的描述，以便学生清晰理解和掌握所学知识。在解释概念或原理时，可以通过具体的案例、实例或应用场景进行说明，帮助学生将抽象的理论联系到具体的实践中。

教材内容应具有操作性。学生通过实际操作和练习来加深理解和掌握知识，因此教材应提供具体的操作指导和实践活动。这些实践活动可以是案例分析、问题解决、实验操作等形式，帮助学生将理论知识转化为实际技能和应用能力。

教材内容设计应强调应用性。教材内容应与学生的实际需求和职业发展紧密相连，具有实际应用的意义和价值。可以引入真实案例、行业资讯或职场技能培训等内容，帮助学生了解并应对现实生活和工作中的挑战和问题。

在教材内容设计中，还应注重与现实生活的连接。教材内容应该贴近学生的生活和经验，与他们的日常生活和兴趣爱好相联系，增强学习的相关性和吸引力。可以引入与学生生活息息相关的话题、案例或实践活动，激发学生的学习兴趣和积极性。

不同学生具有不同的学习需求、兴趣爱好和学习方式，因此教材应根据学生的特点进行差异化设计，满足不同学生的学习需求和教学目标。

教材内容应注重培养学生的实际应用能力和解决问题的能力，引导他们运用所学知识解决实际问题和面对挑战。这样能够提高学生的学习成效和职业竞争力。

实用性活页式教材的内容设计应注重知识的系统性和整合性。教材内容应涵盖相关领域的基础知识和前沿发展，同时注重知识之间的关联和整合，帮助学生建立完整的知识体系和认知结构，提高他们的学习效果和应用能力。

1. 贴近实际

活页式教材的内容应该与学习者的实际需求密切相关。这意味着内容应该与学习者的年龄、水平、学科背景等因素相匹配。针对不同年龄段的学生，内容的语言和难度应有所调整，以确保他们能够理解和吸收知识。教材的内容还应与学生所处的学习阶段相适应，既不能过于简单以至于无法满足学习者的需求，也不能过于复杂而使他们感到沮丧。

内容应该能够直接应用到学生的实际生活和学习中，帮助他们解决现实问题。这意味着教材内容应该具有一定的实践性和操作性，能够引导学生进行实践操作和探究活动，从而增强他们的学习兴趣和能力。在教授数学知识时，可以通过丰富多彩的例题和实践题来帮助学生巩固所学知识，并将其应用到解决实际问题中。

内容应该按照一定的逻辑顺序组织，从简单到复杂，由浅入深地展开，以便学生能够逐步建立起知识体系，形成系统的认识结构。这样不仅有助于学生更好地理解和掌握知识，还能够培养他们的逻辑思维能力和分析问题的能力。在设计教材内容时，应该根据知识的结构和内在逻辑关系来进行组织和安排，使学生能够更好地理解和掌握知识。

内容应该根据学生的特点和需求进行有针对性的设计，以确保教学效果的最大化。内容设计应具有一定的灵活性，能够根据不同学习环境和教学目标进行调整和改进。在教学中发现学生对某一部分内容理解困难，可以适时调整教学策略和内容设计，采用更加生动直观的教学手段和方法，帮助学生克服困难，提高学习效果。

活页式教材的内容设计应具有多样性和创新性。内容不应局限于传统的教学形式和内容结构，而应该积极探索多种教学手段和方法，创新教学内容和形式，以激发学生的学习兴趣和潜能。可以通过引入多媒体技术、互动式教学平台等手段，丰富教学内容，增加学生的参与度和互动性，从而提高教学效果。

2. 操作性强

活页式教材的内容设计应当注重结构的清晰性和逻辑性。内容应当按照学习的阶段和层次进行组织，以便学生能够逐步建立起知识体系。可以采用模块化的设计，将内容分为不同的主题或单元，并在每个单元内部设立清晰的小节和标题，以帮助学生更好地理解和掌握知识。

内容应当贴近学生的实际学习需求和教学实践，避免过多的理论概念和抽象内容。设计者可以通过案例分析、实例演练等方式，引导学生将所学知识应用于实际问题的解决中，从而增强他们的学习兴趣和动力。

除了文字说明之外，还可以通过插图、表格、图表等形式呈现信息，以增强学生的理解和记忆。设计者还可以引入多媒体资源，如音频、视频等，以丰富教材的表现形式，提升学习的趣味性和互动性。

不同学生具有不同的学习风格和学习需求，因此教材设计应当充分考虑到这一点。设计者可以为教材设置不同的学习路径或选择题型，以满足不同学生的学习习惯和水平。

随着教育教学理念和技术的不断发展，教材内容也需要与时俱进，保持与时代同步。设计者应当定期对教材进行评估和反馈，并根据实际需求进行更新和改进，以确保教材始终保持活力和实用性。

二、活页式教材形式设计原则

（一）易用性

合理的排版可以提高学习者的阅读效率和理解能力，减少学习负担。在设计过程中，应合理安排文字和图片的布局，保持页面整洁清晰，避免信息过载。通过合理的字体大小、行距和段落间距设置，确保文字易读性和舒适性，同时兼顾美观性，提升学习者的阅读体验。

内容组织的合理性可以降低学习者的认知负荷，有助于他们更好地理解和消化知识。设计者应该将教材内容按照主题或章节进行分组，确保各部分之间的逻辑关系清晰明了。在每个章节或主题下设置明确的标题和子标题，帮助学习者快速定位所需信息，提高学习效率。

良好的交互设计可以提高学习者的参与度和互动性，增强他们的学习体验。在设计交互元素时，应考虑学习者的操作习惯和心理需求，简化操作流程，降低学习门槛。可以通过设立目录、索引和链接等功能，方便学习者在教材中进行导航和跳转，快速找到所需内容，提升学习效率。

优秀的视觉设计可以吸引学习者的注意力，提高他们对教材的关注度和兴趣。在设计视觉元素时，应选择合适的配色方案和图像风格，保持统一和协调，避免视觉混乱和干扰。注意图文搭配，合理运用图片、图表和插图等视觉辅助手段，帮助学习者更直观地理解和记忆知识。

良好的反馈机制可以及时引导学习者，帮助他们纠正错误，提高学习效果。在设计反馈机制时，应考虑学习者的反馈渠道和形式，提供多样化的反馈方式，如文字提示、图像标注、练习题目等，以满足不同学习者的需求。及时准确地反馈学习者的表现，激发他们的学习动力和自信心，促进学习效果的持续提升。

（二）互动性

互动性活页式教材的形式设计应注重形式的多样化。教材形式可以包括文字、图片、图表、视频、音频等多种形式，以满足学生不同的学习需求和学习偏好。通过多样化的形式呈现教材内容，可以提高学生的学习兴趣和参与度，激发他们的学习动力。

教材形式设计应注重交互性。教材应提供丰富的交互性功能，如问题与回答、案例分析、思考题、练习题等，以促进学生与教材内容的互动和参与。通过参与式的学习活动，学生能够更深入地理解和掌握所学知识，提高学习效果。

教材可以根据学生的学习进度、兴趣爱好和学习方式进行个性化定制，提供定制化的学习内容和学习路径。个性化学习能够更好地满足学生的学习需求，提高其学习动力和学习效果。

在教材形式设计中，还应充分利用技术手段提供支持。现代技术如电子书、在线学习平台、虚拟实验室等可以为教材形式设计提供丰富的可能性，增强教学的互动性和趣味性。通过技术支持，教材可以更加生动、直观地呈现知识，吸引学生的注意力和参与度。

教材可以通过社交平台、在线讨论区、合作项目等形式，促进学生之间的互动和合作，共同探讨问题、交流经验、分享资源，从而丰富学习过程，提高学习效果。

教材应具有良好的用户界面设计和操作体验，方便学生浏览、搜索和使用教材内容。教材应支持多平台、多设备的访问，确保学生可以随时随地进行学习。

教材应提供及时的反馈和评估功能，帮助学生了解自己的学习进度和水平，及时调整学习策略和方法。通过反馈机制，学生可以更好地掌握学习情况，提高学习效果和学习动力。

（三）适应性

传统的教材常常是固定的版面设计，内容更新不便，而活页式教材则能够根据实际需要随时进行更新、修改。教师可以根据学生的反馈和学习进度，灵活地调整教材内容，使其更加贴近学生的学习需求，提高教学效果。

活页式教材形式具有个性化定制的特点。每个学生的学习习惯和水平不同，传统的教材往往无法满足所有学生的需求。而活页式教材可以根据学生的个性化需求进行定制，为不同水平和兴趣的学生提供个性化的学习内容和方法，促进其更好地理解和掌握知识。

传统的教材往往是由教师单独编写或选用，缺乏交流和共享的机制。而活页式教材可以通过网络平台进行共享，教师可以分享自己编写的教材，借鉴他人的教学经验和资源，丰富教学内容，提高教学质量。

活页式教材形式在不同学科和教育阶段都有着广泛的应用。在语言教育中，活页式教材可以根据学生的语言水平和学习目标进行定制，帮助学生系统地学习语言知识和提高语言表达能力。在 STEM 教育中，活页式教材可以结合实践操作，帮助学生理解抽象的科学原理和数学概念。在职业教育中，活页式教材可以根据不同职业领域的需求进行定制，培养学生实际应用能力和解决问题的能力。

未来，随着教育技术的不断发展和普及，活页式教材形式将更加智能化和个性化。基于大数据和人工智能技术，教师可以更加精准地分析学生的学习情况和需求，定制个性化的教学内容和方法。活页式教材还可以与虚拟现实、增强现实等新兴技术结合，提供更加丰富多样的学习体验，激发学生的学习兴趣和积极性。

第二节 活页式教材的制作流程

一、制作活页式教材的前期准备

（一）需求分析

需要对目标群体的需求进行深入分析。这包括了解目标群体的年龄段、学习习惯、学习水平以及学习需求。对于小学生而言，活页式教材可以采用丰富多彩、图文并茂的形式，以吸引他们的注意力和提高学习兴趣；而对于大学生而言，可以采用更加专业、深入的内容，以满足他们的学习需求和提高学习效果。

这包括确定教材的主题和范围，设计教学目标和教学内容，以及确定教材的结构和布局。在规划教材内容时，需要考虑到目标群体的特点和需求，确保教材内容与目标群体的实际学习情况相适应。

活页式教材可以采用纸质活页式、电子活页式或者混合形式。在选择教材形式时，需要考虑到目标群体的学习环境、学习习惯以及教学资源的供给情况，以确保教材形式与目标群体的学习需求相匹配。

需要充分考虑教材制作过程中可能遇到的挑战和解决方案。这包括教材制作的时间安排、人力资源的调配、制作工艺的选择以及质量控制等方面。在面对挑战时，需要及时调整制作计划，采取有效的措施，确保教材的质量和进度。

（二）内容策划

活页式教材的前期准备是教育教学过程中的重要环节，对于教材的质量和效果具有至关重要的影响。在进行内容策划和制作之前，需要进行系统全面的准备工作，以确保教材的设计符合教学目标和学生需求，同时具有足够的吸引力和实用性。

前期准备阶段需要明确教材的目标受众和使用场景。教材的受众可能包括不同年龄、不同学科背景的学生，也可能是特定行业或领域的从业人员。需要针对不同的受众群体确定教材的内容、难度和形式，确保教材能够满足他们的学习需求。

进行市场调研是十分必要的。通过调研可以了解目标受众的特点和需求，掌握教材市场的现状和发展趋势，从而为教材的内容策划和制作提供依据。市场调研的结果将有助于确定教材的主题和重点，选择合适的教学方法和媒体形式，以及制定营销推广策略。

制定教材的大纲和框架是非常关键的一步。大纲和框架将确定教材的整体结构和内容安排，包括各个章节的主题、目标、内容和顺序，以及教学活动和评估方式等。通过合理设计大纲和框架，可以确保教材的逻辑性和连贯性，使学生能够系统地学习和掌握知识。

进行教材内容的编写和整理。在编写教材内容时，需要根据大纲和框架确定每个章节的具体内容和细节，选择合适的教学资源和案例，设计生动、具有启发性的教学活动，以及编写清晰、易懂的文字和图表。还需要对教材内容进行审查和修订，确保内容的准确性和权威性。

进行教材的设计和制作。教材的设计包括文字、图片、图表、音频、视频等多种媒体形式的结合，以及版面设计和排版风格的确定。在制作过程中，需要选择合适的制作工具和软件，确保教材的制作质量和效率。还需要进行教材的测试和评估，以检验教材的实际效果和用户满意度，及时进行调整和改进。

1.大纲编写

大纲确定了教材的整体结构和内容框架，包括各章节的主题、内容和顺序，以及教学目标和要求。通过合理编写大纲,可以确保教材内容的连贯性和完整性,帮助教师系统地组织教学内容,提高教学效果。

在编写大纲的过程中,教师需要审视教材内容的质量和适用性,对不符合教学要求或过时的内容进行剔除或更新,从而确保教材与教学目标和要求相匹配,提高教学的针对性和实效性。

大纲中明确的教学目标和要求为教师提供了教学的指导方向和内容重点,有助于教师把握教学进度和重点,确保教学按照预期目标有序进行。

教学大纲中设定的教学目标和要求可以作为教学评价的标准,帮助教师和学生了解教学的要求和期望,促进教学质量的提高。

教师可以通过分享和交流自己编写的大纲,借鉴和吸收他人的经验和优点,共同提高教材设计和教学质量。

2. 素材收集

制作活页式教材前,首先需要进行需求分析。教材应根据教学内容、教学目标、教学对象的特点和需求等方面进行详细分析,以确定教材的整体框架和内容。

需求分析应充分考虑教材的实用性和针对性。教材内容应贴近实际教学需求,满足不同学生的学习需求,同时具有一定的灵活性和更新性。

在需求分析的基础上,制定教材的整体构思和设计方案。包括确定教材的总体风格、版面设计、插图和配色方案等,确保教材的视觉效果和使用体验。

制作活页式教材还需考虑教材的内容组织和结构。教材的内容应分门别类,层次清晰,便于学生理解和掌握。还应考虑教材的章节设置和章节之间的逻辑关系,确保教材内容的连贯性和完整性。

在教材内容确定后,需要进行教材素材的收集和整理工作。素材可以包括文字、图片、图表等多种形式,应根据教材的特点和需求进行筛选和归类,确保素材的质量和适用性。

教材素材的收集和整理需要耗费大量时间和精力,教育工作者应具备较强的信息搜集和处理能力,以及良好的组织和管理能力。

在收集和整理素材的过程中,还应注意版权和引用规范,确保教材内容的合法性和可信度。还应注意素材的质量和原创性,避免使用过时或不准确的信息。

制作活页式教材还需考虑教材的排版和印刷等工作。排版应合理布局,字体清晰,版面整洁,印刷质量好,确保教材的可读性和美观性。

二、制作活页式教材的制作实施

（一）内容编写

活页式教材是一种灵活实用的教学工具，其内容编写需要充分考虑教学目标和学生需求。从需求分析入手，内容编写应当围绕教学目标展开，注重信息的科学性和实用性，同时考虑到学生的接受能力和学习特点。

在进行需求分析时，首先需要明确教学目标。教材内容的编写应当与教学目标紧密结合，确保教学内容符合学生的实际需求。需要考虑学生的学习特点和接受能力，合理安排教学内容的难易程度和深度，确保教学效果。

在内容编写过程中，要注重信息的科学性和实用性。内容应当准确、全面地传达知识，同时注重知识的实际应用。还要考虑到教学方法和教学手段的多样性，使教材内容更具灵活性和针对性。

还需要注重教材的系统性和完整性。教材内容应当有机地组织起来，形成系统完整的知识体系，便于学生全面、系统地掌握知识。

（二）设计排版

要注意内容的组织和结构。教材内容应当按照教学大纲和课程要求进行组织，结构合理，层次清晰，便于学生理解和掌握。还要考虑到内容的连贯性和完整性，避免出现信息断层或重复，确保教材内容的完整性和系统性。

在活页式教材的设计排版中，要注重信息的传递效果。教材的排版应当简洁明了，信息传递清晰，避免排版过于繁杂或花哨，影响学生的阅读体验。可以通过合理设置标题、段落、标注和图表等方式，突出重点，强调重要信息，提高学生对教材内容的理解和记忆效果。

要考虑到教学目的和受众的需求。教材的设计应当紧密围绕教学目标和学生需求展开，根据不同学习阶段和能力水平的学生特点，合理选择教材内容和设计形式，提高教学的针对性和有效性。

要注重美观性和实用性的统一。教材的设计应当注重美感和艺术性，但不能忽视实用性和功能性。要根据教材的特点和使用环境，选择合适的设计风格和排版方式，使教材既具有美观性，又具有实用性，能够有效地传递知识，激发学生的学习兴趣和积极性。

（三）技术制作

需求分析是活页式教材技术制作的第一步。针对不同学科、不同年级和不同教学内容的特点，进行详细的需求调研，包括教学内容的结构、教学目标的明确性、学生的接受能力等。只有全面准确地了解需求，才能有效地制定制作方案。在需求分析的基础上，活页式教材的技术制作需要考虑到内容的编排和设计。内容编排要合理有序，遵循教学逻辑，突出重点，简洁明了；设计要符合教学内容的特点和学生的接受能力，包括文字、图片、图表等的搭配，以及版面的整体美观和易读性。

活页式教材的技术制作还包括印刷和装订两个环节。印刷要选择合适的印刷工艺和材料，保证印刷质量，包括文字清晰、色彩鲜艳、图片逼真等；装订要考虑到使用的便捷性和耐用性，选择合适的装订方式和材料，保证活页不易脱落，方便教师和学生的使用。

活页式教材的技术制作还需要考虑到教材的更新和维护。随着教学内容和教学方法的不断更新，活页式教材也需要及时更新，保持与教学同步。还需要建立完善的维护机制，保证教材的长期有效使用。

（四）测试和修改

活页式教材测试是教学过程中不可或缺的一环，它旨在评估学生对所学知识的理解和掌握程度。通过定期进行测试，教师可以及时发现学生的学习进度，从而有针对性地调整教学策略，帮助学生更好地掌握知识。测试还可以激发学生的学习兴趣，增强他们的学习动力，促进学习效果的提高。

测试并非是一成不变的。在活页式教材中，测试的内容和形式应与教学内容和学生的实际水平相适应，定期对测试进行修改和调整至关重要。通过不断修改测试内容，可以使之更贴近教学实际，更具针对性和灵活性，从而更好地满足学生的学习需求。

在对活页式教材测试进行修改时，需要考虑到多方面的因素。要确保测试内容与教学目标一致，既要考查学生对基础知识的掌握，也要培养他们的分析、判断和解决问题的能力。要注意测试的难度适宜，避免过于简单或过于困难，保证测试结果的准确性和可靠性。还要考虑到学生的兴趣和特点，尽量设计出吸引他们注意力的测试内容，激发他们的学习兴趣和积极性。

（五）印刷和发布

活页式教材的印刷和发布是一个涉及多方面的复杂过程，需要考虑到印刷技术、印刷质量、版面设计、发行渠道等多个方面的因素。在进行印刷和发布前，需要对教材内容进行细致的审核和修订，确保内容准确、完整、易于理解。

印刷是活页式教材制作的重要环节之一。在选择印刷技术时，需要考虑到教材的特点和要求。传统的平装印刷和数字印刷都可以适用于活页式教材的印刷，但需要根据实际情况选择合适的印刷方式。

印刷质量是保证教材效果的关键。印刷过程中要注意控制印刷质量，确保文字清晰、图表准确、色彩艳丽，以提高教材的可读性和吸引力。

版面设计是活页式教材印刷的重要环节。版面设计要简洁明了，符合教学要求，同时注意美观性和实用性，使教材更具吸引力和实用性。

在教材印刷完成后，需要进行包装和装订。包装要结实美观，便于携带和保存。装订方式可以选择钉装、胶装等方式，根据教材的实际情况选择合适的装订方式。

需要选择合适的发行渠道进行教材的发布。可以选择线上渠道和线下渠道相结合的方式，以便更好地推广教材并满足学生和教师的需求。

第三节 活页式教材制作中的常见问题与解决方法

一、活页式教材制作中的常见问题

（一）技术问题

随着教育的发展和信息技术的普及，传统的纸质教材逐渐向数字化教材转变，而活页式教材因其便携、易更新的特点备受关注。活页式教材的制作涉及多种技术问题，包括印刷技术、纸张选择、装订工艺等方面，本文将对这些技术问题进行深入探讨。

活页式教材的印刷技术是制作过程中的关键环节之一。传统的印刷技术包括凸版印刷、凹版印刷、平版印刷等，而数字印刷技术的发展为活页式教材的印刷提供了新的选择。数字印刷技术具有快速、灵活、适应性强的特点，能够满足个性化定制的需求，但其成本相对较高。在选择印刷技术时，需要根据教材的需求和预算来进行权衡。

纸张选择对活页式教材的质量和使用体验有着重要影响。常见的纸张类型包括铜版纸、胶版纸、双胶纸等，它们的光泽度、厚度、透气性等特性不同，适用于不同的教材类型和环境。对于需要频繁翻阅的教材，应选择耐磨损、不易变形的纸张，以提高使用寿命和用户体验。

传统的装订方式包括钉装、胶装、线装等，而活页式教材通常采用环装或螺旋装订的方式，以便于页面的替换和更新。环装和螺旋装订具有便捷、灵活的特点，但也存在易松动、易变形的缺点，因此在设计和选择装订方式时需要兼顾这些因素。

版面设计应符合教育理论和认知规律，以提高教学效果和学习体验；防水防污处理能够提高教材的耐用性和清洁度；而环保要求则是社会发展的趋势，制作过程中应尽量减少对环境的影响。

（二）设计排版问题

活页式教材制作中的设计排版问题，是一门涉及艺术与功能的综合学科。在这个领域，设计师需要以创造性的眼光思考如何将信息呈现得清晰易懂，同时保持美观和吸引人。排版设计是其中至关重要的一环，它直接影响着读者对教材内容的理解和接受程度。

一个好的排版设计不仅仅是文字和图像的摆放，更应该考虑到版面的整体结构、色彩搭配和视觉层次的呈现。

设计师需要考虑到教材的受众群体。不同年龄、不同教育背景的读者可能对排版布局有不同的偏好和习惯。设计师需要深入了解目标读者群体的特点和需求，从而选择合适的排版风格和布局结构。

排版设计应该注重信息的组织和呈现方式。文字、图像和表格等元素应该根据其重要性和相关性进行合理的安排和搭配，以便读者能够快速准确地获取所需信息。设计师还需要考虑到阅读的流畅性和连贯性，避免出现信息混乱或跳跃的情况。

排版设计也需要注意版面的美感和整体协调性。合适的字体、字号和行间距可以提升阅读体验，使读者感到舒适和愉悦。色彩的运用也是排版设计中的重要因素，可以用来突出重点信息或营造特定的氛围。

设计师还应该考虑到活页式教材的特殊性。与传统的固定版面不同，活页式教材具有灵活性和可替换性，因此在排版设计上需要更加注重元素之间的连接和转换，以确保内容的连贯性和完整性。

1. 版面杂乱

正是因为活页式教材的灵活性，版面杂乱的问题也就随之而来。由于可以随时添加、删除或更换内容，教材的版面往往难以保持统一和一致性。不同的内容可能采用不同的排版方式，字体大小、颜色、样式等可能不一致，给学习者阅读带来困扰。这种不一致的版面设计不仅影响了教材的美观性，还可能使得学习者难以理清内容结构和逻辑关系，降低了学习效率。

由于可以随时添加或删除内容，有时候可能会出现同样的内容被重复插入不同的页面中，或者原本应该在一起的内容被错位分开。这不仅会增加学习者的阅读负担，还可能导致学习者对知识点的理解出现偏差或遗漏，影响学习效果。

由于内容可以随时更换，教材的版本管理变得更加复杂。如果不及时更新或管理好教材的版本，就可能导致学习者使用过时或错误的内容，从而影响他们的学习成果。如果没有一个有效的更新和维护机制，教材的内容可能会变得混乱不堪，失去使用的意义。

针对活页式教材制作中的版面杂乱问题，我们可以采取一些措施来加以解决。需要建立统一的版面设计标准和排版规范，确保教材的版面设计统一、规范，便于学习者阅读和理解。应该加强对教材内容的审核和审查，避免内容重复或错位的问题的发生。建立健全的版本管理和更新机制，确保教材内容及时更新，保持与教学内容的同步。需要加强教师和编辑的培训，提高他们对活页式教材制作的技能和水平，从而更好地应对版面杂乱等问题。

2. 图文不协调

活页式教材制作中的图文不协调问题，是指教材中的图像与文字内容之间存在不匹配、不协调的情况。这种情况可能会导致读者对教材内容的理解产生困难，影响教学效果。解决这一问题需要从多个方面进行考虑和改进。

制作团队中的文字编辑和排版设计师应该密切合作，确保文字内容与配图相互匹配，相互强化。文字描述与图像内容应该一致，图像的选择和布局应该符合文字的逻辑结构和重点内容。

如果教材内容本身存在逻辑混乱、表述不清晰的情况，那么即使文字与图像在表面上看起来是匹配的，读者也很难理解和吸收其中的知识。文字编辑人员在撰写教材内容时应该尽可能清晰明了，避免使用模糊或含糊不清的表达方式；排版设计师在进行图像选取和布局设计时也应该注重突出教材内容的重点和逻辑结构，以帮助读者更好地理解和记忆。

有时候，教材制作过程中过于注重视觉效果而忽略了内容的核心，导致图像与文字之间出现了割裂感或不自然的联系。排版设计师在进行教材设计时应该注重整体的视觉呈现效果，同时也要考虑文字与图像之间的逻辑关系，避免过分追求华丽而忽略了教学效果。

二、活页式教材制作中问题的解决方法

（一）增强技术支持

传统教材的编排和印刷相对简单，而活页式教材要求能够灵活调整和更新内容。这就需要一个强大的内容管理系统来支持。这种系统不仅要能存储和管理大量的教学内容，还要具备强大的搜索、排序和分类功能，确保教师和学生能够方便快捷地找到所需材料。系统还需具备版本控制功能，能够记录和管理不同版本的教材，避免混乱和错误。

现代教学注重多感官参与，图片、音频、视频等多媒体资源的使用已成常态。这对技术支持提出了更高的要求，系统需要能够兼容和处理各种多媒体格式，确保这些资源能够顺利集成到教材中。为了达到这一目的，技术支持团队需要提供一套完整的多媒体处理工具，包括图像编辑、音频剪辑和视频制作等。系统还需具备强大的带宽和存储能力，能够支持大规模的多媒体资源存储和传输。

每个学生的学习需求和进度不同，活页式教材需要能够根据个体差异进行定制。这要求技术支持系统具备强大的数据分析能力，能够根据学生的学习数据，智能推荐适合的教材内容。系统还需具备灵活的模板设计功能，允许教师根据具体需求自由设计和调整教材模板，以满足不同教学情境的需要。

技术支持还需解决跨平台兼容性的问题。学生和教师使用的设备种类繁多，包括台式电脑、笔记本、平板电脑和智能手机等，系统必须能够在各种设备和操作系统上顺畅运行。这要求技术支持团队在系统设计和开发过程中，充分考虑不同平台的兼容性问题，确保无论用户使用何种设备，都能获得一致的使用体验。

作为教学资源，教材内容的版权保护和数据安全至关重要。技术支持系统需要具备完善的权限管理和数据加密功能，确保只有授权用户才能访问和编辑教材内容，防止未经授权的复制和传播。系统还需具备强大的备份和恢复功能，防止数据丢失和破坏。

为了应对以上挑战，技术支持团队需要具备多方面的专业知识和技能。从系统架构设计到多媒体处理，再到数据分析和安全防护，每一个环节都需要高度专业的技术支持。团队成员需不断学习和掌握最新的技术和工具，确保系统始终处于技术前沿。团队还需具备良好的沟通和协作能力，与教材开发者、教师和学生紧密合作，及时了解和响应他们的需求，提供针对性的技术支持。

（二）优化设计排版

为了达到这个目的，可以采用分栏布局，使得内容在页面上分割明确。合理运用标题和副标题来突出重点内容，让读者一目了然。

考虑到活页式教材的特点，我们需要保证每一页的内容都能够完整呈现，而不会因为翻页而造成信息的断裂。在设计排版时，需要避免将重要内容放置在页面的边缘或接近装订处，以免被割裂。

为了提升教材的可读性，可以考虑使用合适的字体和字号，确保文字清晰可辨。合理运用段落和行距，使得文本排布更加舒适，减少阅读时的视觉疲劳。

除此之外，还可以通过增加插图、表格和图表等辅助性元素来丰富页面内容，提升学习体验。这些图文并茂的设计不仅可以吸引学生的注意力，还能够更直观地传达信息，帮助学生更好地理解和记忆知识。

为了确保教材的质量，我们需要进行反复的校对和修改。在排版完成后，要认真审查每一页的内容，确保文字无错别字、格式规范。也要注意检查图片和表格的准确性和清晰度，以确保它们能够有效地辅助教学。

（三）提高内容质量

这意味着在制作活页式教材时，应该对所使用的内容进行严格的审查，确保其准确性、权威性和实用性。只有经过充分验证和确认的内容才能被纳入教材之中，这样才能保证教材的质量和可信度。

需要注重教材的组织和结构。活页式教材通常包含大量的信息，因此良好的组织结构至关重要。在制作教材时，应该根据内容的逻辑关系和学习难度，合理安排内容的顺序和布局，使学生能够更加容易地理解和消化所学知识。

活页式教材制作不应局限于传统的文字和图片，还可以利用视频、音频、互动模拟等多种形式来呈现内容，以满足不同学生的学习需求和学习风格。

及时更新和修订也是提高内容质量的关键。随着社会的发展和知识的更新，教材中的内容也需要随之调整和完善。制作活页式教材的过程中，应该建立起健全的更新机制，定期对教材进行审查和修订，以确保其与时俱进，保持内容的新鲜和有效。

需要重视教材的用户反馈和评估。用户的反馈是提高教材质量的重要依据，只有了解用户的需求和意见，才能更好地优化和改进教材。在制作活页式教材的过程中，应该积极收集和分析用户的反馈，不断改进和完善教材，以提升其质量和用户满意度。

第四节　活页式教材的印刷与装订技术

一、活页式教材的印刷技术

（一）数字印刷

数字印刷的核心特点在于其按需打印的能力。这种按需打印使得活页式教材可以根据具体的教学需求灵活调整内容，不必像传统印刷那样需要大量提前印制并存储。这种灵活性不仅节省了存储成本，还减少了因内容更新而带来的浪费。在一个学期内，如果教学大纲有所调整，活页式教材只需重新印制相关页数即可，极大地提高了教材的适应性和实用性。

数字印刷能够实现高度的个性化定制。现代教育越来越强调因材施教，传统的统一教材难以满足不同学生的个性化学习需求。通过数字印刷技术，教师可以根据每个学生的学习进度和兴趣，量身定制教材内容。具体而言，教师可以选择不同的章节、补充不同的资料，甚至在教材中加入学生的个人学习记录和反馈，使得每一本教材都独一无二。这种个性化的教材不仅能够更好地满足学生的学习需求，还能提高他们的学习兴趣和参与度。

在活页式教材的制作过程中，数字印刷的高效性和灵活性也是不可忽视的优势。传统印刷方式需要进行复杂的制版过程，耗时耗力，而数字印刷则省去了这一环节，直接从电子文件打印。这不仅大幅缩短了生产周期，还使得小批量、多频次的印制成为可能。对于活页式教材而言，这意味着教师可以更加灵活地调整教学内容，随时根据教学进度和学生反馈进行更新和补充，确保教材始终保持最新、最适用的状态。

数字印刷的环保性也是其重要的优势之一。传统印刷过程中，油墨、制版和废纸的处理对环境造成了较大负担，而数字印刷则相对环保。数字印刷使用的是干式墨粉或液体墨水，减少了有害化学品的排放，并且可以根据需求精确印刷，避免了大量的过剩印刷品。这对于追求可持续发展的现代教育而言，具有重要意义。

尽管数字印刷在活页式教材的制作中展现了诸多优势，但也面临一些挑战。首先是成本问题。虽然数字印刷在小批量印制时具有成本优势，但当印量较大时，其单位成本较传统印刷仍然偏高。为此，教育机构需要在成本控制和个性化需求之间找到平衡点，合理选择印刷方式。

其次是印刷质量问题。尽管数字印刷技术不断进步,但在色彩还原和细节表现方面,部分高要求的印刷任务仍然难以达到传统印刷的水准。尤其是对于涉及大量图片和图表的教材,这一问题尤为突出。为了解决这一问题,需要加强数字印刷设备的维护和调校,提高印刷质量的稳定性。

数字印刷的实施还需要强大的技术支持和管理体系。活页式教材的数字印刷不仅涉及教材内容的数字化处理,还包括印刷设备的管理和维护、印刷流程的监控和优化等。这要求教育机构拥有一支专业的技术团队,能够及时解决各种技术问题,确保数字印刷过程的顺利进行。

(二)印刷材料

印刷材料和活页式教材在现代教育中扮演着重要角色,它们不仅是知识传递的重要媒介,也是学生学习的有力工具。印刷材料因其物理存在而具有独特的优势,这使得它们在数字化时代依然不可或缺。书本、杂志、报纸等传统印刷品通过触觉、视觉等感官体验加强了信息的传递和记忆效果。印刷材料具有便携性和稳定性,便于学生在任何时间、任何地点进行学习,不受网络连接等外部因素的影响。

活页式教材则通过灵活性和模块化设计,迎合了现代教育对个性化和多样化的需求。活页式教材通常以分散的单元或章节形式存在,教师和学生可以根据实际需要自由组合、调整学习内容。这种灵活性不仅有助于教师在课堂上更有针对性地安排教学进度,也使学生能够按照自己的学习节奏进行复习和预习,从而提高学习效率。

印刷材料和活页式教材在知识传播和文化传承中起到了至关重要的作用。许多经典文学作品、历史文献和科学著作都通过印刷品的形式得以广泛传播和保存,成为文化积淀的重要组成部分。活页式教材则在此基础上,进一步推动了教育的现代化和多样化发展。通过活页式教材,学生不仅能够获取到最新、最前沿的知识,还能培养自主学习和批判性思维能力。

印刷材料的另一个显著特点是其权威性和可信度。相比于互联网上的信息,印刷材料通常经过严格的审校和出版程序,确保了内容的准确性和可靠性。学生在使用印刷材料进行学习时,更加放心和专注,不易受到错误信息的误导。活页式教材则在设计和内容编排上更加贴近学生的实际需求,强调互动性和实用性,使得学习过程更加生动有趣。

印刷材料和活页式教材在培养学生的阅读习惯和书写能力方面具有独特的优势。通过阅读印刷书籍,学生不仅能提升语言表达能力,还能培养逻辑思维和分析能力。活页式教材则通过丰富多样的练习和活动,鼓励学生动手操作、亲身实践,进一步增强了学习效果。

在环保方面,印刷材料和活页式教材也在不断改进和创新。随着环保意识的增强,越来越多的出版机构和教育部门开始采用环保纸张和环保印刷技术,减少对环境的影响。活页式教材由于其模块化设计，可以在不影响整体使用的情况下进行部分更新和更换，减少了资源浪费。

1. 纸张选择

纸张种类的选择尤为重要。常见的纸张种类包括胶版纸、铜版纸和环保再生纸等。胶版纸以其柔和的质感和适中的厚度，适合书写和印刷，而铜版纸则因其平滑和光泽的特点，常用于插图和图片较多的教材。近年来环保意识的增强使得再生纸逐渐受到青睐。再生纸不仅环保，而且在技术不断进步的情况下，其质量也大幅提升，足以满足教材印刷的需求。

纸张的质量直接影响到活页式教材的使用寿命和学习体验。纸张的厚度、硬度、平滑度等参数是评估其质量的重要指标。过薄的纸张容易撕裂，影响教材的耐用性；而过厚的纸张则增加了教材的重量，不利于携带。选择适中的厚度至关重要。纸张的平滑度也影响到书写的流畅性和阅读的舒适度。高质量的纸张不仅能提供良好的书写体验，还能确保印刷内容的清晰度和色彩还原度。

环保特性在纸张选择中扮演了越来越重要的角色。传统的造纸工艺往往伴随大量的资源消耗和环境污染，而再生纸和环保纸的使用则能够有效减少对自然资源的依赖，降低环境负担。许多教育机构在选择教材用纸时，越来越倾向于选择那些获得环保认证的纸张。这不仅体现了对环境的责任，也为学生树立了良好的环保意识。

除此之外，纸张的耐用性和抗皱性能也需考虑。活页式教材常常需要频繁翻阅，耐用的纸张能够有效延长教材的使用寿命，减少更换的频率。抗皱性能好的纸张在使用过程中不易变形，保持整洁美观，从而提高学习效率。

在纸张的颜色选择上，浅色和白色的纸张有助于提高阅读的舒适度和书写的对比度。浅色纸张柔和不刺眼，适合长时间阅读，而白色纸张则能够提供良好的对比度，提升书写的清晰度。不同颜色的纸张还可以用于区分不同科目或章节，方便学生快速查找所需内容。

结合以上各方面的考虑，选择适合的纸张对于活页式教材的编写和使用至关重要。每一种纸张都有其独特的优点和适用场景，教育机构在选购教材用纸时，应综合考虑纸张的种类、质量、环保特性和使用需求，以提供最佳的学习体验。通过科学合理的纸张选择，不仅可以提升教材的整体质量和使用效果，还能在潜移默化中增强学生的环保意识和责任感。

2. 墨水类型

墨水类型活页式教材在当今教育中的作用越来越显著。墨水类型的选择对学生书写体验和学习效果有直接影响。不同的墨水种类，如碳素墨水、染料墨水和颜料墨水等，因其流动性、颜色鲜艳度和耐水性等特性各不相同，可以根据课程需求和学生书写习惯进行合理选择。

活页式教材作为一种灵活的教学工具，能够根据学生的学习进度和兴趣进行个性化调整。活页的设计使得教材内容可以随时增减，更换顺序，避免传统教材的固有局限性。教师可以根据教学计划和学生反馈，及时调整教材内容，以更好地满足教学需求。

活页式教材的使用有助于培养学生的整理能力和自主学习能力。学生可以自行归纳和整理教材内容，提升其分类和整理的能力。活页式教材方便学生在学习过程中随时补充笔记和扩展知识，使得学习过程更加自主和灵活。

墨水类型与活页式教材的结合使用，能够大大提升教学效果。不同墨水在书写时的触感、流畅度和颜色变化，能够激发学生的书写兴趣和学习热情。活页式教材的灵活性又为教师提供了广阔的教学空间，使得教学过程更加生动和富有趣味。

在具体实施过程中，教师应根据课程特点和学生需求，合理选择墨水类型和设计活页式教材内容。教师应注意墨水的环保性和安全性，确保学生在使用过程中不会受到有害物质的影响。活页式教材的内容设计应结合现代教育理念，注重知识的系统性和实践性，使学生在学习过程中能够全面提升综合素质。

二、活页式教材的装订技术

（一）活页夹装订

传统教材的装订方式，如胶装、骑马钉等，虽然稳定性较好，但在教材内容更新和调整时存在很大的不便。而活页夹装订则可以轻松地增减页面，这使得教师可以根据教学需要随时调整教材内容。无论是补充新的学习资料，还是更新现有内容，活页夹装订都能快速响应。这种灵活性不仅提高了教材的使用效率，还减少了因内容更新而带来的浪费。

活页夹装订的技术优势体现在其简便性和高效性上。活页夹装订的操作相对简单，只需将打孔后的纸张插入活页夹中即可。这种方式不需要复杂的设备和技术支持，大大降低了制作成本和时间。对于教育机构和教师而言，活页夹装订的低门槛使其成为一种理想的教材装订方式。教师可以在短时间内完成教材的装订和更新，无需依赖外部专业服务，极大地提高了工作效率。

在实际操作中，活页夹装订的核心步骤包括打孔、排列和插页。纸张需要经过精确的打孔处理，确保每一页都能完美地与活页夹的孔位对齐。为此，可以使用专业的打孔机，以保证孔距的一致性和精确性。将打孔后的纸张按照既定顺序排列好，避免插页过程中出现混乱。将纸张依次插入活页夹中，并确保每页都能平整地放置。这一过程虽然看似简单，但需要一定的耐心和细心，尤其是在大批量制作时，更需严格控制每一个环节，确保教材的质量。

传统装订方式在多次翻阅和使用后，容易出现破损和松散，而活页夹由于采用坚固的夹子和耐用的材料，能够很好地保持教材的完整性。当教材内容需要大幅度调整时，活页夹中的页面可以轻松取出和替换，而活页夹本身可以重复使用，极大地降低了长期使用的成本。

首先是体积和便携性问题。由于活页夹通常比传统装订的书籍厚重，携带起来相对不便。这在一定程度上限制了其在某些场合的应用。学生在携带多个活页夹教材时，可能会感到负担较重。为了解决这一问题，可以采用轻量化的材料制作活页夹，并尽量优化页面布局，减轻不必要的重量。

尽管活页夹装订具有诸多功能性优势，但在外观和专业感上，仍然存在一些不足。尤其是在涉及正式场合或需要展示的教材时，活页夹装订的外观可能显得不够精致。为此，可以在活页夹的设计上下功夫，采用高质量的封面材料和印刷工艺，提升整体的美观度和专业感。

若纸张质量不过关，易在多次翻阅中撕裂，影响使用寿命。打孔精度不足则会导致页面无法对齐，影响阅读体验。在选材和加工过程中，必须严格把控每一个细节，确保最终产品的质量。

（二）环形装订

传统的装订方式，如胶装和线装，虽然稳定性较好，但在内容更新时操作复杂，难以适应活页式教材频繁调整的需求。而环形装订通过环形结构将页面固定在一起，既保证了装订的稳定性，又允许轻松拆卸和添加页面。这种设计使得教材内容可以根据教学需求进行灵活调整，极大地提高了教材的使用效率。

环形装订技术的优势首先体现在操作的简便性上。与其他复杂的装订方式不同，环形装订仅需将打孔后的页面插入环形夹中，然后扣合环形夹即可。整个过程无需专业设备和复杂工具，教师和学生都能轻松完成。这种操作的简便性不仅降低了教材制作和更新的难度，还减少了时间和成本投入，使得环形装订成为一种高效的装订方式。

在实际操作中，环形装订的关键步骤包括打孔、排列和装订。纸张需要精确打孔，以确保每页都能准确插入环形夹中。使用高质量的打孔设备可以保证孔距的一致性和精确性，避免页面错位。将打孔后的纸张按照既定顺序排列好，确保在装订过程中不会出现混乱。将纸张依次插入环形夹中，并扣合环形夹，完成装订。这一过程虽然看似简单，但在大批量制作时，需要严格控制每一个环节，确保教材的质量和美观。

环形装订在活页式教材中的应用，还体现出良好的耐用性和可重用性。环形夹通常采用坚固耐用的材料制成，能够承受频繁的翻阅和拆卸而不易损坏。当教材内容需要更新时，只需打开环形夹，添加或移除页面即可，而环形夹本身可以反复使用。这不仅延长了教材的使用寿命，还降低了长期的成本投入。

尽管环形装订在活页式教材中展现了诸多优势，但也面临一些挑战。首先是体积和便携性问题。环形装订的教材由于环形夹的结构，通常比传统装订方式的书籍更厚重，这在一定程度上影响了其便携性。为解决这一问题，可以采用轻量化材料制作环形夹，并优化页面设计，减少不必要的重量。

其次是外观和专业性问题。尽管环形装订功能性强，但在外观上可能不如传统装订方式那样精致和专业。这对于需要在正式场合展示的教材，可能会显得不足。为此，可以在环形夹的设计和材质上进行改进，采用高质量的封面材料和精美的印刷工艺，提高整体的美观度和专业感。

环形装订对纸张质量和打孔精度有较高要求。若纸张质量不过关，容易在频繁翻阅中撕裂，影响教材的使用寿命。打孔精度不足则会导致页面无法对齐，影响阅读体验。在选材和加工过程中，必须严格把控每一个细节，确保最终产品的质量。

为了充分发挥环形装订的优势，还需注意以下几个方面。选择合适的环形夹材料和尺寸。环形夹的材料直接影响其耐用性和美观度，常用的材料有塑料和金属，需根据具体需求选择。环形夹的尺寸也需适中，过大或过小都会影响使用效果。注意纸张的厚度和打孔位置。纸张过厚会增加环形夹的负担，过薄则容易撕裂，需选择适中的厚度。打孔位置需严格按照环形夹的孔位标准，以确保装订后的页面整齐美观。

环形装订的推广还需要加强用户培训和技术支持。尽管环形装订操作相对简便，但对于初次使用者仍可能存在一些不便。通过提供详细的操作指南和技术支持，可以帮助用户更好地掌握环形装订的操作技巧，充分发挥其优势。

（三）打孔技术

打孔技术通过在纸张边缘打孔，使得纸张可以轻松装订在活页夹中。打孔技术通常采用标准化的孔距和孔径，以确保不同来源的纸张都能兼容同一装订系统。打孔技术的标准化不仅简化了装订流程，还减少了因尺寸不一而导致的混乱。

在打孔技术的发展历程中，自动化设备的引入极大地提高了打孔效率和精度。现代打孔设备可以快速处理大量纸张，并保证每张纸孔的位置和大小一致。这对于大规模生产活页式教材尤其重要，能够显著减少人工操作的误差，提高生产效率。自动化打孔设备还可以根据不同需求调整孔距和孔径，满足多样化的装订需求。

活页夹是最常见的装订方式，它由一个带有活页装置的夹具和多个可开合的金属环组成。活页夹的金属环可以轻松打开和关闭，使得纸张可以方便地插入或取出。这种装订方式不仅便于内容的更新和调整，还使得学生可以根据个人学习进度和兴趣选择性地组合学习内容。

一些高强度的活页夹采用金属外壳和加厚的金属环，以增强耐用性和承载能力，适用于频繁使用和大容量装订需求。而一些轻便型的活页夹则采用塑料外壳和轻质材料，更适合学生日常携带使用。

教师可以根据不同课程的教学进度和学生的学习情况，随时调整教材的内容和顺序。活页式教材还便于增加补充材料和练习题，帮助学生更好地掌握所学知识。活页式教材的模块化设计也有助于教师在不同学期或不同班级间重复使用教材，节省了教育资源。

在学生使用方面，活页式教材的装订技术提供了便捷的学习体验。学生可以根据个人学习习惯和需要，自由地拆分和组合教材内容。这种自由度不仅提高了学习的积极性，还帮助学生培养了自主学习和时间管理能力。活页式教材还便于学生随时添加笔记和补充材料，形成个性化的学习档案。

随着教育技术的不断进步，活页式教材的装订技术也在不断演变和创新。近年来，电子化和数字化的活页式教材开始兴起，电子活页夹和数字打孔技术成为新趋势。这些技术不仅保留了传统活页式教材的灵活性，还结合了数字技术的优势，为教育带来了新的可能性。电子活页夹可以存储大量数字化教材和多媒体资源，学生可以通过平板电脑或电子阅读器随时访问和使用。

在未来，活页式教材的装订技术将继续与时俱进，不断优化和完善。我们可以预见，随着人工智能和物联网技术的发展，智能化的活页式教材和装订设备将会出现。智能活页夹可以自动识别教材内容，根据不同课程和学生的需求进行智能推荐和组合，提供个性化的学习方案。智能打孔设备可以与学校的教育管理系统对接，实现教材生产和使用的全流程智能化管理。

第三章 活页式教材的教学应用

第一节 活页式教材在课堂教学中的应用

一、活页式教材在课堂教学中的教学优势

（一）适应不同教学环境

活页式教材不再是一本固定内容的书，而是一套可以根据需要自由组合的教材模块。这种灵活性使得教师可以根据课程进度和教学目标，自由调整教材内容。在一学期的教学过程中，教师可以根据学生的学习进度和反馈，随时增减或调整教材内容，从而确保教学内容始终与学生的学习需求相匹配。活页式教材的灵活性还体现在它的更新速度上。传统教材一旦印刷成书，内容就固定下来，更新周期较长。而活页式教材则可以快速更新和补充最新的知识和信息，确保教材内容的时效性。

活页式教材支持个性化教学。不同的学生有不同的学习需求和兴趣点，传统的统一教材难以满足这些个性化需求。而活页式教材的模块化设计使得教师可以根据每个学生的具体情况，选择最适合的教学内容。对于学习能力较强的学生，教师可以为其提供更具挑战性的内容，而对于需要更多帮助的学生，则可以提供更多的基础知识和练习题。这种个性化的教学方式不仅能够提高学生的学习兴趣和积极性，还能显著提升教学效果。

互动性是活页式教材的另一大优势。传统教材主要以文字和图片为主，学生在学习过程中互动性较差。而活页式教材则可以结合多种互动形式，例如任务卡、讨论题、案例分析等，使学生在学习过程中能够积极参与和互动。教师可以设计各种互动活动，让学生在课堂上进行小组讨论、角色扮演、实地调查等，增加学习的趣味性和参与感。这种互动性不仅能够增强学生的理解和记忆，还能培养他们的团队合作和问题解决能力。

多媒体集成是活页式教材的重要特征之一。现代教育越来越依赖于多媒体技术的应用，图像、音频、视频等多种媒体形式的融合，能够极大地丰富教学内容，增强教学效果。活页式教材可以方便地集成各种多媒体资源，例如教学视频、音频讲解、动画演示等，使得教学内容更加生动直观。教师可以根据教学需要，随时插入或移除多媒体内容，

增强课堂的互动性和吸引力。多媒体的应用还能够满足不同学生的学习偏好，有助于提高整体的学习效果。

活页式教材在资源整合方面也具有显著优势。现代教学需要综合利用各种教学资源，而活页式教材的模块化设计使得各种资源的整合变得更加容易。教师可以将教材、练习册、参考资料、拓展阅读等各种资源有机地整合在一起，形成一个完整的教学体系。教师可以在某一主题教学时，除了提供基本的教材内容外，还可以附加相关的练习题、案例分析和拓展阅读材料，使学生能够全面深入地学习和掌握相关知识。这种资源整合不仅能够提高教学的系统性和连贯性，还能极大地提升教学效果。

活页式教材在不同的教学环境中也表现出了很强的适应性。在传统的课堂教学中，活页式教材可以帮助教师更加灵活地安排教学内容和进度，提高教学效率。在小组讨论、实验课、实地考察等活动中，教师可以根据需要选择和分发相应的教材内容，使学生能够有针对性地进行学习和实践。在进行某一实验课时，教师可以提前准备好相关的实验步骤和注意事项，以活页的形式分发给学生，使学生在实验过程中能够更加有序和高效地完成任务。

在远程教学和在线学习环境中，活页式教材也同样具有显著优势。随着信息技术的发展，远程教学和在线学习逐渐成为教育的重要组成部分。活页式教材可以方便地进行数字化和网络化，使得学生无论身处何地，都能够通过网络访问和使用教材内容。教师可以将活页式教材的内容制作成电子版，通过网络平台分发给学生，学生可以在家中或任何有网络的地方进行学习。活页式教材的多媒体集成特性，也使得在线教学内容更加丰富和生动，有助于提高学生的学习兴趣和效果。

活页式教材在跨学科教学和项目式学习中也展现了其独特的优势。现代教育越来越强调综合素质的培养和跨学科的学习能力，活页式教材的模块化设计和资源整合特性，使得它在跨学科教学中能够发挥重要作用。在进行一个跨学科项目时，教师可以根据项目的需要，将不同学科的内容整合在一起，形成一个系统的教学材料。学生在学习过程中，不仅能够掌握各学科的基本知识，还能培养综合运用知识解决实际问题的能力。

尽管活页式教材在课堂教学中具有诸多优势，但在实际应用中也面临一些挑战。首先是教材的编排和管理问题。由于活页式教材的模块化设计，需要对教材内容进行精细的编排和管理，确保各个模块之间的逻辑性和连贯性。这对教材编写者提出了较高的要求，需要具备较强的组织和协调能力。其次是教材的物理属性问题。由于活页式教材通常由多个模块组成，如何方便地携带和使用也是一个需要解决的问题。为此，可以采用一些辅助工具，如活页夹、文件夹等，来方便教材的管理和使用。

（二）即时更新和反馈

与传统的装订教材不同，活页式教材由独立的模块组成，这些模块可以根据教学进度和学生反馈进行自由组合和调整。在教授某个知识点时，教师可以根据学生的掌握情况添加或删除相关内容，使教学更加有针对性。这种灵活性不仅有助于教师根据不同班级的具体情况进行个性化教学，还可以在课程进度中途根据学生的反馈即时调整教学计划，从而提高课堂教学的有效性。

在快速变化的知识时代，教材内容的及时更新显得尤为重要。活页式教材可以通过更换或添加新模块的方式，迅速更新和补充最新的知识和信息。在科学课程中，教师可以随时引入最新的研究成果和科学发现，使学生能够学习到最新的知识。对于某些内容过时的模块，教师也可以及时移除，避免学生学习到不准确或不再适用的知识。这种即时更新功能使得活页式教材始终保持在知识的前沿，为学生提供最新、最前沿的学习内容。

每个学生的学习能力和兴趣点不同，传统教材往往无法满足所有学生的个性化需求。而活页式教材通过其模块化设计，使得学生可以根据自己的学习情况，自主选择和组合学习内容。对于某些掌握较好的知识点，学生可以选择跳过或快速浏览，而对于难以理解的部分，学生则可以通过反复学习和补充相关材料来加深理解。这种自主选择和调整的学习方式，有助于学生根据自己的学习节奏进行学习，提高学习效率和学习效果。

传统教材多为单向信息传递，学生被动接受知识，缺乏互动。而活页式教材通过设计各种互动环节，如练习题、讨论问题、实验操作等，鼓励学生主动参与到学习过程中来。在活页式科学教材中，教师可以通过设置实验操作模块，让学生亲自动手进行实验，加深对科学原理的理解。在语言学习中，活页式教材可以通过设计对话练习和写作任务，增强学生的语言表达能力。这种互动性不仅提高了课堂的参与度和活跃度，还能有效促进学生的思考和理解。

通过设置即时反馈机制，教师可以迅速了解学生的学习情况和存在的问题，并及时调整教学策略。通过课堂测试和小组讨论，教师可以迅速收集学生的学习反馈，了解哪些知识点学生掌握得较好，哪些知识点需要进一步讲解和练习。根据这些反馈，教师可以即时调整教学内容和方法，确保每个学生都能跟上教学进度，提高整体教学效果。学生通过即时反馈也可以更好地了解自己的学习情况，及时发现和解决学习中的问题，增强学习的主动性和积极性。

由于活页式教材可以通过更换模块的方式进行更新和调整，避免了整本教材的重复印刷和浪费，从而减少了纸张和资源的浪费。活页式教材的模块化设计也使得教材的重复利用成为可能，学生可以根据不同课程的需求，重复使用某些模块，减少了购买新教材的费用。

传统教材往往较厚重，学生携带不便。而活页式教材由于其模块化设计，学生可以根据当天的课程安排，携带所需的模块，减轻了学习负担。活页式教材的模块化设计也便于学生对学习内容进行整理和归纳，通过分门别类地整理教材模块，学生可以更清晰地梳理知识结构，方便复习和查阅。

1. 实时更新内容

传统的教材一旦印刷成书，内容便固定不变，若出现错误或需要更新内容，通常需要等待下一版的出版。活页式教材允许教师根据教学需要随时添加或删除内容。这种灵活性不仅可以保证教材内容的及时性和准确性，还能根据不同班级的教学进度进行个性化调整，极大地提升了教学效率。

随着科技的发展和知识的快速更新，许多学科的内容也在不断变化。活页式教材可以通过添加新资料和删除过时信息，确保学生学习到的知识始终是最新、最权威的。这一特点在科学、技术等快速发展的领域尤为重要，能够帮助学生掌握前沿知识，保持与时俱进。

教师可以根据课堂情况随时调整教学内容，添加与课程相关的最新案例和数据，甚至可以将学生的作业、实验报告等内容直接纳入教材中。这种互动性不仅增加了课堂的趣味性和参与度，还能让学生在实际操作中更好地理解和应用所学知识。

每个学生的学习能力和兴趣不同，教师可以根据学生的具体情况，灵活调整教材内容和难度。对于学习进度较快的学生，可以增加一些拓展内容，而对于需要更多帮助的学生，则可以适当简化或补充相关基础知识。这种因材施教的方式，有助于全面提升学生的学习效果。

从经济性角度来看，活页式教材也是一种高效的选择。传统教材一旦出版，其印刷成本和废弃率都较高，而活页式教材由于可以随时更新和重复使用，减少了不必要的浪费。尤其是在一些需要频繁更新内容的学科中，活页式教材的经济性优势更加明显。

学生可以根据当天的课程安排，灵活选择需要携带的教材内容，而不必携带整本书，从而减轻了书包的重量。活页式教材可以通过电子平台进行存储和分发，进一步提升了教材的便捷性和可访问性。

通过将教材内容电子化，教师可以在课堂上利用多媒体设备展示教材内容，结合图片、视频、动画等多种形式，增强教学效果。这种多感官的教学方式，不仅能激发学生的学习兴趣，还能帮助他们更直观地理解和掌握知识。

教师在使用活页式教材的过程中，需要不断更新和调整教学内容，这一过程本身就是一种专业提升的机会。通过不断学习和应用新知识，教师的专业素养和教学水平也会不断提高。

在教育公平性方面，活页式教材也有其独特的贡献。通过电子平台，偏远地区的学生也可以获得与城市学生同样的最新教材内容，缩小了教育资源的不均衡。活页式教材的低成本和高效性，也有助于减少教育费用，为更多家庭提供优质教育资源。

在疫情期间，传统教材的发行和更新受到影响，而活页式教材则可以通过电子形式实时更新和分发，确保教学活动的连续性和稳定性。教师可以根据实际情况，灵活调整教学内容和进度，保证学生在特殊时期仍能顺利完成学习任务。

2.快速响应学生需求

传统的教材往往内容固定，更新困难，无法及时反映最新的知识和教学需求。而活页式教材可以根据学生的实际学习情况和教师的教学计划进行灵活调整。教师可以随时添加或移除教材内容，使教学资源更加贴近学生的学习需求。

由于其可拆卸和重组的特性，学生可以根据自己的学习进度和兴趣爱好，自行安排学习内容。这样的自主性不仅有助于培养学生的自我管理能力，还能够激发他们的学习热情和主动性。活页式教材还便于学生做笔记和扩展阅读，进一步增强学习效果。

在课堂教学中，活页式教材还能促进师生之间的互动和交流。教师可以根据学生的反馈，及时调整教学内容和方法，确保每个学生都能跟上学习进度。活页式教材的使用还可以鼓励学生参与教材内容的选择和设计，使他们在学习过程中感受到被重视和尊重，从而增强他们的学习动力。

传统教材更新周期长，成本高，而活页式教材只需更新部分内容即可，大大降低了更新成本。活页式教材还可以重复使用，减少了资源浪费，具有很好的环保效益。在当前提倡绿色环保的社会背景下，活页式教材无疑是一种更加符合可持续发展理念的教学资源。

在实际教学中，活页式教材的使用也面临一些挑战。教师需要具备较强的教学设计能力和创新意识，能够灵活运用活页式教材进行教学。活页式教材的管理和维护也需要一定的时间和精力，教师需要在教学过程中不断总结经验，优化教材内容和使用方法。

为了充分发挥活页式教材的优势，教师应注重以下几点，要根据学生的学习需求和兴趣爱好，设计多样化的教学内容，确保教材内容的丰富性和趣味性；要加强与学生的沟通，及时了解他们的学习反馈，不断优化教材内容和教学方法；要注重教材的管理和维护，确保教材内容的准确性和及时性。

二、活页式教材的课堂应用策略

（一）模块化教学计划

模块化教学计划的核心在于将整个课程内容进行拆解，形成若干教学单元或模块。这种设计能够满足不同学习者的需求，提升教学的适应性和灵活性。模块化教学计划需要明确每个模块的教学目标，确保目标具体、可测量，并与总体课程目标相契合。教学内容要围绕这些目标进行合理组织，确保知识的系统性和逻辑性。教学活动和评估方式要多样化，以激发学生的学习兴趣和参与度。某数学课程可以按知识点分解成代数、几何、概率等模块，每个模块独立成章，学生可以根据自身情况选择学习路径。

在实施过程中，教师需要具备较强的教学设计能力和灵活调整教学计划的能力。教师可以根据学生的学习进度和反馈，及时调整模块内容和教学策略。在一个物理课程中，如果某些学生在力学模块遇到困难，教师可以适当延长该模块的教学时间，增加更多的练习和讲解。教师还应鼓励学生进行自主学习和探究学习，通过多种方式获取知识，培养学生的自主学习能力和创新思维。

（二）差异化教学方案

教师可以根据学生的学习水平和兴趣爱好，选择合适的教学模块进行教学。在英语课堂上，教师可以根据学生的英语水平，选择相应难度的阅读材料模块进行教学。对于学习成绩较好的学生，可以选择较高难度的材料模块，挑战他们的学习能力；对于学习成绩较差的学生，则可以选择较简单的材料模块，帮助他们提升学习信心。这种个性化选择和调整的教学方式，有助于满足不同学生的学习需求，提高教学效果。

教师可以根据学生的学习反馈和表现，及时调整教学内容和策略。在数学课堂上，教师可以通过课堂练习和小组讨论等方式，了解学生对某个知识点的理解程度和掌握情况。对于掌握较好的学生，可以进一步提供拓展练习和挑战性问题；对于掌握较差的学生，则可以针对性地进行补充讲解和辅导。通过及时的反馈和调整，教师可以更好地满足不同学生的学习需求，提高教学效果。

可以设计各种互动环节，如讨论问题、小组合作、实验操作等，鼓励学生主动参与到学习过程中来。在历史课堂上，教师可以设计角色扮演活动，让学生身临其境地体验历史事件，增强对历史知识的理解和记忆。在科学课堂上，教师可以通过实验操作模块，让学生亲自动手进行实验，增强对科学原理的理解和掌握。这种互动性不仅提高了学生的参与度和积极性，还能促进学生的思考和交流，有利于形成良好的学习氛围。

教师可以在活页式教材中嵌入多媒体资源，如音频、视频、动画等，丰富教学内容，提高学生的学习兴趣和参与度。在语言课堂上，教师可以通过播放英语歌曲或视频，帮助学生提高语感和听力水平；在科学课堂上，教师可以通过展示实验视频或模拟实验软件，让学生直观地理解科学现象和原理。这种多媒体资源的应用，不仅能够激发学生的学习兴趣，还能提高学生对知识的理解和记忆。

实现更加精准的个性化教学。个性化学习系统可以根据学生的学习情况和表现，智能地推荐适合其水平和需求的学习内容和资源。教师可以根据个性化学习系统的推荐，结合活页式教材，设计更加精准的差异化教学方案。系统可以根据学生的学习速度和理解程度，推荐适合其水平的练习题和拓展材料；还可以根据学生的兴趣爱好，推荐相关的学习资源和活动。这种个性化学习系统与活页式教材的结合，有助于实现更加精准和高效的差异化教学。

（三）小组合作学习

小组合作学习是活页式教材在课堂应用中的重要策略之一，通过合作学习的方式，能够充分发挥活页式教材的优势，促进学生的深度学习和合作能力的培养。

这种分工合作的方式可以提高学生对教材的深度理解和消化，每个小组成员都能够专注于某一方面的内容，从而更加全面地掌握知识。

在小组内，学生需要共同探讨问题、交流想法、合作解决问题，这样的互动过程既可以增强学生之间的友好关系，也能够培养学生的团队合作能力和沟通能力。通过相互合作和协作，学生可以更好地理解和应用教材内容。

每个小组成员都可以从不同的角度分析和理解教材内容，通过分享和讨论，可以获得更广泛的学习收获。可以设定一个小组负责理论框架的研究，另一个小组负责案例分析，再另一个小组负责实践应用，通过不同小组的合作，学生可以更全面地掌握知识。

小组合作学习还可以促进学生的自主学习和批判性思维。在小组合作学习过程中，学生需要自主选择研究方向、制订学习计划、解决问题，并对所学知识进行批判性思考和评价。这种自主学习的方式能够激发学生的学习兴趣和主动性，培养他们的独立思考能力和创新能力。

明确任务和目标，在开始小组合作学习之前，需要明确给出学习任务和学习目标，确保每个小组成员都清楚自己的责任和目标，以避免任务分配不均和目标模糊的情况。

制定合作规则和流程，设立合作规则和流程是保证小组合作学习有效进行的关键。规定每个小组需要定期开会讨论进展，制订学习计划和报告时间表等。

提供支持和指导，在小组合作学习过程中，教师需要及时提供支持和指导，解决学生在学习过程中遇到的问题，引导他们正确理解和应用教材内容。

鼓励积极参与和分享，教师可以通过奖励机制或表扬方式，鼓励学生积极参与小组合作学习，分享自己的想法和经验，促进学习氛围的积极性和活跃性。

进行评估和反馈，在小组合作学习结束后，需要对学生的学习成果进行评估和反馈。可以通过小组报告、讨论会、作品展示等形式，评估学生的学习水平和合作能力，并及时给予反馈和建议。

第二节 活页式教材在远程教育中的应用

一、活页式教材的优势与远程教育的需求匹配

（一）适应异地学习

近年来，随着社会的迅速变迁和教育形式的多样化，异地学习这一模式逐渐进入人们的视野。无论是出于职业发展的需要，还是为了追求更高质量的教育资源，越来越多的学生选择在异地完成学业。这一趋势不仅对学生的适应能力提出了新的要求，同时也对教材的形式和内容提出了新的挑战。在此背景下，活页式教材以其独特的优势，展现出了强大的适应性和实用性。

一、灵活性与模块化设计

  活页式教材的核心优势在于其极强的灵活性。传统的教材往往以整本书的形式呈现，内容固定且不易更改。而活页式教材则将课程内容拆分成独立的模块，每一个模块对应一个具体的知识点或技能。这种设计使得教材的更新和调整变得更加便捷。当某一章节的内容需要修订或补充时，只需替换相关的活页，而无需重新印刷整本教材。这不仅大大提高了教材的更新效率，也减少了资源的浪费。

  模块化的设计还能够根据学生的实际需求进行组合和调整。对于异地学习的学生而言，不同的地域可能对某些知识点有特殊的需求，或是某些课程内容需要根据当地的实际情况进行调整。活页式教材能够灵活地添加或移除模块，使得课程内容更加贴合学生的学习需求和实际情况。

  异地学习的学生往往需要在不同的环境中进行学习，从教室到图书馆，从家中到旅途。这就要求教材具有较高的便携性。传统的教材由于厚重和不便携带，给学生的日常学习带来了诸多不便。而活页式教材由于其模块化的特性，可以将需要的部分随时取出或放入文件夹中，极大地方便了学生的携带和使用。

  学生可以根据自己的学习进度和复习计划，自由地调整活页的顺序。需要重点复习的内容可以放在显眼的位置，而不太重要的部分则可以暂时放置一旁。这种操作方式不仅提高了学习的效率，还能培养学生的自主学习能力。

  活页式教材在设计上还可以融入更多的互动元素。每个活页可以设计成一个小的学习单元，包含理论知识、实例分析、练习题以及相关的参考资料。这种设计不仅能够让学生在学习过程中不断进行自我检测，还能通过互动的方式加深对知识的理解。

  异地学习的学生由于缺乏面对面的交流和指导，往往需要更多的个性化学习支持。活页式教材能够根据学生的学习情况，提供针对性的学习材料和练习题。对于某一知识点掌握较好的学生，可以提供更高难度的扩展练习；而对于某些基础较为薄弱的学生，则可以提供更多的基础练习和详细的解题步骤。这种个性化的学习支持，不仅能够提高学生的学习效果，还能增强其学习的主动性和积极性。

  传统教材的印刷和发行往往需要较高的成本，而活页式教材由于其模块化的设计，可以根据需要逐步印刷和更新。这不仅降低了出版成本，还减少了由于教材更新换代而造成的浪费。

  每一模块的独立性使得教材可以在较长时间内逐步更新和扩展，而不需要频繁地重新出版整本教材。这种方式不仅有利于环境保护，还能够为教育资源的长期使用提供保障。

  在全球化背景下，异地学习的学生不仅面临着语言和文化的差异，还需要适应不同的教育体系和教学方法。活页式教材由于其灵活性，可以更好地适应这种跨文化和多语种的学习需求。

对于不同语言的学生，可以分别提供不同语言版本的活页模块，而无需重新编写整本教材。这不仅提高了教材的可读性和适用性，还能够帮助学生更好地融入当地的学习环境。

活页式教材还可以根据不同国家和地区的教育标准，进行针对性的调整和优化。对于某些国家重点强调的学科内容，可以增加相应的活页模块；而对于其他国家不太重视的部分，则可以适当减少内容。这种方式不仅有助于学生更好地适应当地的教育体系，还能够促进跨文化的教育交流和合作。

（二）方便更新和修改

在当今信息化迅速发展的时代，知识的更迭速度前所未有，传统教材的更新和修改变得尤为重要。传统教材因其整体性和固定性，在内容更新和调整方面存在诸多不便。活页式教材以其独特的设计和优势，在教材的更新和修改方面展现出了显著的优势，成为现代教育中备受青睐的一种教材形式。

一、灵活的模块化结构

活页式教材的最大特点在于其模块化的设计。每一个知识点或单元都被独立成册，学生和教师可以根据需要自由添加、移除或调整这些模块。这种结构不仅使得教材的编排更加灵活，也为教材的更新和修改提供了极大的便利。

在知识更新迅速的学科领域，活页式教材的模块化设计显得尤为重要。计算机科学领域的新技术和新理论层出不穷，传统教材往往难以跟上其发展的步伐。而活页式教材可以随时替换过时的模块，添加最新的研究成果和技术应用，使得教材内容始终保持最新、最前沿的状态。

传统教材的更新通常需要重新编辑、排版和印刷整本书籍，这不仅费时费力，还需要投入大量的资金。而活页式教材由于其模块化的特性，只需对需要更新的部分进行编辑和印刷，大大降低了更新成本。

这种低成本的更新方式，不仅使得学校和教育机构能够更加频繁地更新教材内容，确保教学内容的及时性和准确性，还能够减轻学生和家长的经济负担。在当今教育资源日益紧张的情况下，活页式教材无疑提供了一种高效且经济的解决方案。

由于每个模块都是独立的，教师可以根据教学需要，对特定的模块进行修订或扩展，而不必对整本教材进行大规模的修改。

在某些学科领域，可能会有新的研究成果或政策法规的出台，教师可以迅速地将这些最新的信息编写成新的模块，添加到原有的教材中去。教师还可以根据学生的反馈和教学效果，对某些模块进行调整和优化，使得教学更加针对性和实效性。

二、活页式教材在远程教育中的应用

（一）教学设计

远程教育的学习者通常具有不同的学习背景和学习需求，需要个性化的学习路径和教学内容。活页式教材由独立的模块组成，教师可以根据学生的学习情况和需求，自由组合和调整教学模块，设计个性化的学习路线。在远程英语教育中，教师可以根据学生的英语水平和学习目标，选择合适难度的阅读材料模块进行教学；对于已掌握某些知识点的学生，可以直接跳过相关模块，节省学习时间。这种个性化的学习设计，有助于满足不同学生的学习需求，提高教学效果。

远程教育中，学生通常独立进行学习，教师无法及时观察学生的学习情况和表现。活页式教材可以通过设置即时反馈机制，收集学生的学习数据和表现，向教师提供实时的学习反馈。教师可以通过在线测试和作业提交系统，了解学生对知识点的理解情况和学习进度；可以通过在线讨论和问答平台，解答学生的疑问和困惑。这种及时的反馈和支持，有助于教师更好地指导学生的学习，提高学生的学习效果。

远程教育通常以文字、图像和视频等多媒体形式呈现教学内容，活页式教材可以结合多种教学资源和工具，增强教学的多样性和趣味性。在远程科学教育中，教师可以通过设置实验视频和模拟实验软件，让学生亲自动手进行实验操作，增强对科学原理的理解和掌握；可以通过多媒体展示科学实验过程和结果，激发学生的学习兴趣。在远程语言教育中，教师可以通过播放语音和视频材料，帮助学生提高语感和听力水平；可以通过多媒体展示语言实际运用场景，提高学生的语言表达能力。这种多媒体资源的应用，丰富了教学内容，增强了学习体验。

在线学习平台可以提供丰富的教学资源和学习工具，如课程视频、在线测验、讨论论坛等；个性化学习系统可以根据学生的学习情况和表现，智能地推荐适合其水平和需求的学习内容和资源。教师可以根据在线学习平台和个性化学习系统的支持，结合活页式教材，设计更加精准和个性化的远程教育方案。个性化学习系统可以根据学生的学习速度和理解程度，推荐适合其水平的教学模块；可以根据学生的学习习惯和喜好，推荐相关的学习内容。

（二）学习进度跟踪

在远程教育中，学习进度跟踪是至关重要的，特别是在使用活页式教材的情况下。活页式教材的灵活性为学生提供了更多自主学习的机会，但也带来了一些挑战。我们需要制定有效的应用策略来确保远程学习的有效性和学生的学习进度跟踪。

这个系统应当能够清晰地展示学生的学习进度，包括已完成的内容、正在进行的内容以及尚未开始的内容。这可以通过使用图表、列表或者其他可视化工具来实现，以帮助学生更好地了解自己的学习情况。

　　这可以通过设置学习目标和里程碑来实现，让学生自己设定并追踪自己的学习进度。教师也可以定期与学生进行沟通，帮助他们解决学习中遇到的问题，并对他们的学习进度进行评估和反馈。

　　可以利用学习管理系统（LMS）或者其他在线学习平台来记录学生的学习活动，包括已完成的作业、参与的讨论以及观看的视频等。这样不仅可以方便教师对学生的学习进度进行监控，还可以为学生提供个性化的学习建议和反馈。

　　这包括收集学生的反馈意见，了解他们对学习进度跟踪系统的看法和建议，以及定期评估和调整这个系统，确保它能够满足学生和教师的实际需求，提高远程教育的质量和效果。

（三）远程评估与反馈

　　活页式教材在远程评估中的应用策略之一是个性化评估。传统的评估方式往往采用统一的考试或作业，无法满足不同学生的个性化学习需求。而活页式教材可以根据学生的学习情况和兴趣爱好进行定制，提供个性化的评估内容和评价标准，使评估更加客观和准确。

　　远程教育中，学生往往需要独立完成学习任务，并进行自我评价和反思。活页式教材的设计可以引导学生对学习过程进行自主评估，发现和解决问题，并及时获取教师的反馈和指导，提高学习效果和学习动力。

　　远程教育的学生和教师之间缺乏面对面的交流和互动，评估和反馈往往受到限制。而活页式教材可以通过多媒体技术和互动设计，提供丰富的学习资源和评估工具，促进师生之间的互动和交流，增强评估的准确性和有效性。

　　传统的评估方式往往需要大量纸质材料和文件，不便于存储和管理。而活页式教材可以通过云端存储和在线共享，方便教师随时查阅学生的评估成绩和反馈意见，及时进行评估分析和教学调整。

　　在实际教学中，活页式教材的应用策略也面临一些挑战。教师需要具备一定的教学设计和评估技能，能够灵活运用活页式教材进行评估。学生需要具备一定的自主学习和评估能力，能够独立完成评估任务并进行反思和总结。

　　为了充分发挥活页式教材在远程评估中的优势，教师应注重以下几点：要设计多样化的评估内容和评价标准，激发学生的学习兴趣和积极性；要加强与学生的互动和交流，及时了解他们的学习反馈，不断优化评估内容和评价方法；要注重评估结果的分析和利用，及时进行教学调整和改进，提高评估的效果和价值。

第三节　活页式教材在自主学习中的应用

一、活页式教材与自主学习的关系

（一）活页式教材对自主学习的促进作用

学生可以根据学习进度和理解程度进行调整活页式教材。学生可以根据自己的学习情况自由地调整学习节奏和深度，不必受制于固定的课程安排。这种灵活性能够更好地满足学生的个性化学习需求，使他们能够更有效地掌握知识。

活页式教材通常包含丰富的多媒体资源和互动内容，如图表、案例分析、练习题等，能够帮助学生更好地理解和应用所学知识。这些多样化的学习资源能够激发学生的学习兴趣，提高他们的学习效果，并培养他们的创新能力和问题解决能力。

通过自主选择学习内容、自主安排学习时间、自主解决学习问题，学生能够逐渐培养出自主学习的习惯和能力，提高他们的学习自觉性和主动性。这种自主学习能力不仅能够帮助学生更好地应对学习任务，还能够在未来的学习和工作中受益匪浅。

（二）活页式教材与自主学习的契合度分析

自主学习强调学生根据自己的学习需求和兴趣选择学习内容和学习方式，而活页式教材的模块化设计正是为了满足这一需求。学生可以根据自己的学习进度和理解程度，选择适合自己的学习模块，并且可以根据需要随时调整学习计划。这种灵活性使得学生可以按照自己的学习节奏和方式进行学习，更加自主地掌握知识，提高学习效率。

而活页式教材可以根据学生的学习特点和兴趣爱好进行个性化的教学设计。教师可以根据学生的学习水平和学习目标，选择合适的教学模块和教学资源，设计个性化的学习任务和活动。在语言学习中，学生可以根据自己的兴趣选择学习文学、历史、商务等不同领域的模块，丰富学习内容，提高学习动力。这种个性化设计有助于激发学生的学习兴趣和主动性，促进学生的全面发展。

自主学习强调学生参与学习过程，通过思考、探索和交流来构建知识体系，而活页式教材可以通过设置各种互动环节，如练习题、讨论问题、实验操作等，鼓励学生主动参与到学习中来。在科学教育中，学生可以通过实验操作模块，亲自动手进行实验，探索科学现象，增强对科学原理的理解。在语言学习中，学生可以通过对话练习和写作任务，提高语言表达能力。这种互动性有助于激发学生的思考和探索欲望，促进学生的学习深度和广度。

而活页式教材可以通过设置即时反馈机制，收集学生的学习数据和表现，向教师提供实时的学习反馈。教师可以根据学生的学习情况和表现，及时调整教学内容和策略，帮助学生解决学习困难，促进学生的进步和发展。在数学学习中，教师可以通过在线测试和作业提交系统，了解学生对知识点的理解情况和学习进度；可以通过在线讨论和问答平台，解答学生的疑问和困惑。这种及时的反馈和调整有助于提高学生的学习效果和自主学习能力。

二、活页式教材在自主学习中的应用

（一）利用活页式教材进行目标制定和规划

使用活页式教材进行目标制定和规划是一种有效的方法，它允许学生根据自己的学习节奏和需求来安排学习计划。活页式教材的灵活性使得学习过程更加个性化和自主。学生可以根据自己的学习目标和时间安排自定义的学习计划。通过将教材分割成不同的单元或章节，学生可以根据自己的学习进度来决定每次学习的内容和时长。这种灵活性有助于学生更好地掌握学习节奏，避免了统一教学进度可能带来的压力和焦虑。

学生可以通过将学习目标分解成小的任务或里程碑来更好地管理学习进度。他们可以将长期目标分解成每周或每日的学习任务，并在教材上做出相应的标记或记录。这种分解目标的方法有助于学生更好地了解自己的学习进度和达成目标的进展，同时也能够及时调整学习计划以应对可能的挑战和障碍。

学生可以通过添加笔记、标注和练习题等方式来个性化地定制教材，以满足自己的学习需求和兴趣。这种互动性不仅能够增强学生对学习内容的理解和记忆，还能够促进他们的自主学习和批判性思维能力的发展。

（二）活页式教材在知识获取和整合中的应用

由于活页式教材可拆卸和重组的特性，学生可以根据自己的学习进度和兴趣爱好，自行安排学习内容，并进行深入探究和思考。这种自主性不仅有助于培养学生的自我管理能力，还能够激发他们的学习热情和创造力，提高知识获取的效率和质量。

传统的教材往往按学科划分，知识点之间缺乏联系和整合。而活页式教材可以根据学科内容和知识结构进行组合和整合，提供跨学科的学习资源和学习任务，促进学生对知识的全面理解和应用能力的培养。

活页式教材的多媒体和互动设计也能够丰富知识获取的方式和手段。传统的教材往往以文字和图片为主，缺乏足够的视听体验和互动性。而活页式教材可以通过多媒体技术和互动设计，提供丰富的学习资源和学习工具，如视频、音频、互动演示等，使知识获取更加生动和具体。

在实际教学中，活页式教材的应用也面临一些挑战。教师需要具备一定的教学设计和技术操作能力，能够灵活运用活页式教材进行教学。学生需要具备一定的自主学习和探究能力，能够独立完成学习任务并进行思考和总结。

为了充分发挥活页式教材在知识获取和整合中的应用优势，教师应注重以下几点，要设计多样化的学习内容和学习任务，激发学生的学习兴趣和积极性；要加强与学生的互动和交流，及时了解他们的学习反馈，不断优化教学内容和教学方法；要注重知识的整合和应用，引导学生将所学知识进行跨学科整合和创新应用，提高知识获取的深度和广度。

（三）活页式教材在学习过程中的反馈和调整

活页式教材作为一种创新的教学工具，已经在教育领域引起了广泛的关注和应用。其与传统教材的最大不同之处在于其可持续性和灵活性。活页式教材的设计理念是将内容分割成小片段，并将这些小片段组合成可单独取出或更换的页面。在学习过程中，活页式教材为学生提供了更多的自主选择和个性化学习的机会。要实现活页式教材的有效利用，需要进行持续的反馈和调整。

学生可以根据自己的学习需求和学习进度，提出对教材内容的意见和建议。他们可以指出某些内容难以理解，或者希望添加更多的例子来帮助理解概念。教师可以通过收集学生的反馈，及时调整教材的内容和组织结构，使其更加符合学生的学习需求。

教师可以根据学生的学习表现和反馈情况，对教材进行评估，并对其中的内容和难度进行调整。如果教师发现学生普遍对某一主题理解困难，可以重新设计相关的页面或添加更多的辅助材料来帮助学生理解。通过教师的专业知识和经验，活页式教材可以更好地满足学生的学习需求。

随着教育理念和教学方法的不断发展，教材内容也需要不断更新和改进。教师可以定期审查教材的内容，检查其中的信息是否仍然准确和新颖，是否符合学生的学习需求。如果需要，可以对教材进行更新或改版，以保持其与时俱进的特性。

第四节 活页式教材在不同学科领域的应用案例分析

一、活页式教材在语言学科领域的应用案例分析

（一）英语学科

在一所中学的英语教学中，教师使用了一套活页式教材，该教材按照不同的英语水平和学习目标划分了不同的单元。对于初学者，教材提供了基础的词汇和语法知识，并通过简单的对话和练习帮助他们建立起基本的英语交流能力；对于中级学生，教材则涵盖了更多的语言技能和语境，如听力、口语、阅读和写作等，以帮助他们进一步提高英语水平。通过这种个性化的教学方式，学生可以根据自己的实际情况选择适合自己的学习内容和学习进度，从而更加有效地提高英语能力。

在一所大学的英语教学中，教师使用了一套活页式教材，该教材包括了各种类型的学习资源，如英语电影片段、英文歌曲、英语演讲视频等。通过这些多样化的学习资源，学生不仅可以通过不同的语言形式和语境来提高自己的听力和口语能力，还可以了解到英语在不同文化背景下的应用和表达方式，从而更加全面地掌握英语语言。

在一所语言培训机构的英语课堂中，教师使用了一套活页式教材，该教材设计了各种互动性强的活动和任务，如小组讨论、角色扮演、游戏竞赛等。通过这些互动性强的学习活动，学生不仅可以积极参与到课堂中来，提高自己的英语表达能力和沟通能力，还可以与同学们进行合作学习，共同解决问题，促进彼此之间的合作和交流。

在一所在线英语学习平台中，学生可以根据自己的学习进度和需求选择适合自己的活页式教材，并通过在线学习平台随时随地进行学习。通过活页式教材，学生可以更加高效地获取和管理学习资源，随时随地进行学习，提高学习的效率和质量。

1. 利用活页式教材进行英语单词和语法知识的整理与复习

在英语学习中，单词和语法是两个基础且关键的部分。对于单词的学习，活页式教材可以帮助学生更好地进行分类和记忆。可以将单词按照词性、主题、难度等进行分类，每类单词分别置于不同的活页中。这样一来，学生可以根据自己的学习进度和需要，灵活选择和复习某一类单词，避免了传统教材中由于内容固定而导致的学习效率低下的问题。

具体来说，学生可以将常用单词、较难单词以及需要重点记忆的单词分别整理在不同的活页中。将形容词、动词和名词分别置于不同的活页中，并在每个活页中按照字母顺序或语义关系进行排列。这样做不仅有助于单词的分类记忆，还能在复习时更加高效地查找和回顾特定类别的单词。

语法知识点繁多且相对独立，学生可以将不同的语法点分别整理在不同的活页中。将时态、句型、从句等不同语法知识点分开整理，并在每个活页中详细列出该知识点的定义、规则及例句。这样一来，学生在复习时可以有针对性地选择需要复习的语法点，避免了传统教材中语法知识点杂乱无章、难以系统复习的弊端。

在学习过程中，学生可以随时将新的单词或语法知识点添加到相应的活页中，形成一个动态更新的知识库。比如，当学生在阅读中遇到新的单词或复杂的语法结构时，可以立即将其记录在活页中，并进行详细的分析和整理。通过这种方式，学生可以不断完善和丰富自己的知识体系，确保学习的连续性和完整性。

学生可以根据需要携带部分活页进行复习，而不必携带整本教材。在上学途中、等车时或课余时间，学生可以随身携带一些重点单词或语法点的活页，利用零散时间进行复习。这种学习方式不仅提高了学习效率，还增强了学习的灵活性和自主性。

首先是活页的管理和维护问题。由于活页数量较多且易于拆分，学生需要花费一定的时间和精力进行整理和归类，否则容易造成资料的混乱和丢失。对此，学生可以使用活页夹、索引标签等工具，帮助进行分类和管理，确保每个活页都能被妥善保管和使用。

由于活页式教材强调个性化和自主学习，学生需要具备较强的自我管理能力和学习动机，主动进行知识的整理和复习。如果学生缺乏自律性，可能会导致活页材料积压、复习计划松散，从而影响学习效果。对此，学生可以制订详细的学习计划，定期进行自我检查和调整，确保学习任务按时完成。

学生在初始阶段可能需要花费较多的时间进行活页的整理和分类，但随着学习的深入和习惯的养成，这一过程将变得更加高效和顺畅。学生还可以借助一些现成的活页式教材或在线资源，减少初始制作的时间成本，提高学习效率。

2. 活页式教材在英语听力和阅读理解训练中的应用

传统的听力教材往往局限于录音和听力材料的选择，缺乏足够的多样性和灵活性。而活页式教材可以根据学生的听力水平和兴趣爱好提供不同难度和类型的听力素材，如新闻报道、音乐节目、对话对白等，使学生在听力训练中接触到更加丰富和真实的语言环境，提高听力理解的准确性和效率。

传统的阅读教材往往局限于课文和阅读材料的选择，缺乏足够的互动性和挑战性。而活页式教材可以通过多媒体技术和互动设计提供丰富的阅读资源和任务，如阅读理解题、填空练习、语义搭配等，引导学生运用各种阅读技能和策略进行阅读理解，提高阅读理解的深度和广度。

英语听力和阅读理解是相互关联的语言技能，需要综合训练和应用。活页式教材可以设计综合性的听力和阅读理解任务，如听力材料配图练习、阅读材料配音练习等，使学生在综合性的语言环境中进行听说读写训练，提高语言综合能力和应用能力。

在实际教学中，活页式教材的应用策略也面临一些挑战。教师需要具备一定的教学设计和技术操作能力，能够灵活运用活页式教材进行听力和阅读理解训练。学生需要具备一定的学习策略和自主学习能力，能够独立完成听力和阅读任务，并进行反思和总结。

为了充分发挥活页式教材在英语听力和阅读理解训练中的应用优势，教师应注重以下几点：要设计多样化的听力和阅读理解任务，激发学生的学习兴趣和积极性；要加强与学生的互动和交流，及时了解他们的学习反馈，不断优化教学内容和教学方法；要注重听力和阅读策略的培养，引导学生运用各种听力和阅读策略进行有效学习和应用。

（二）汉语学科

汉语词汇量大，包含成语、俗语、专有名词等，学生在学习过程中常常面临记忆难、分类乱的问题。活页式教材可以通过分类和分层次的方式帮助学生更好地掌握词汇。可以将词汇按照词性（名词、动词、形容词等）、使用频率（常用词、次常用词、少用词）或主题（食物、交通、自然等）进行分类，每类词汇分别置于不同的活页中。这样的分类有助于学生有针对性地进行记忆和复习。一位学习汉语的学生将成语、俗语和现代词汇分别整理在不同的活页中,并在每个活页中附上词义解释、例句和使用情境。这种方式不仅提高了词汇的记忆效率,还方便学生在不同情境下快速查找和使用相关词汇。

活页式教材在汉语语法学习中的应用。汉语语法包括句法、词法、语用等多个方面,内容复杂且规则多样。活页式教材可以将不同的语法点分开整理,使学生能够逐个击破。将时态、体态、虚词、从句等不同的语法知识点分开整理,每个活页中详细列出该语法点的定义、规则、例句及练习题。一位学习汉语的外国学生通过活页式教材,将汉语中的助词(如"的、地、得")、复句类型(如因果复句、转折复句)等分别整理在不同的活页中,便于分类复习和针对性练习。学生可以根据自身掌握情况,选择需要强化的语法点进行重点复习,有效提高语法学习效率。

活页式教材在汉语阅读理解中的应用也十分显著。阅读理解是汉语学习的重要组成部分,要求学生不仅要理解文章的内容,还要掌握文章的结构、作者的意图及文化背景等。活页式教材可以将不同类型的文章(如新闻报道、散文、小说等)分开整理,并附上相关的阅读理解问题和分析。一位学习汉语的学生在使用活页式教材时,将不同类型的文章分别整理在不同的活页中,每篇文章后附上词汇注释、重点句型解析及阅读理解题目。这样做不仅有助于学生逐步提升阅读能力,还可以通过反复练习和归纳总结,提高对不同文章类型的理解和分析能力。

写作是汉语学习中的一个难点,尤其对于非母语学习者来说,更需要系统的训练和持续的积累。活页式教材在写作训练中的应用,可以通过分类整理范文、写作技巧及练习题,帮助学生逐步提高写作水平。将不同类型的作文(如记叙文、议论文、说明文等)及其写作要点和范文分别整理在不同的活页中,并附上相关的写作练习题。一位汉语学习者通过活页式教材,将常见作文题目及其范文整理在活页中,每篇范文后附上结构分析、语言特色及写作技巧解析,并根据范文进行模仿和练习。这种方式不仅有助于学生掌握不同文体的写作方法,还能通过不断练习提高写作能力。

文化知识是汉语学习中的一个重要方面,尤其对于外国学生来说,了解中国文化背景对语言学习和实际交流具有重要意义。活页式教材在文化知识学习中的应用,可以通过分类整理不同的文化主题(如节日习俗、历史人物、传统艺术等),帮助学生系统了解中国文化。将不同的文化主题分别整理在不同的活页中,每个活页中详细介绍该主题的背景知识、重要内容及相关的语言表达。一位汉语学习者通过活页式教材,将中国传统节日(如春节、中秋节)及其相关的文化习俗、历史典故整理在活页中,并附上相关的汉语表达和例句。通过这种方式,学生不仅能够学习语言,还能深入了解中国文化,提高语言学习的实际应用能力。

学生可以根据自身的学习需求,随时添加新的内容或调整学习计划。当学生在阅读或交流中遇到新的词汇或语法点时,可以立即将其记录在相应的活页中,并进行详细的分析和整理。这样一来,活页式教材成为一个动态更新的知识库,帮助学生不断完善和丰富自己的学习内容。活页式教材的便携性使学生可以随时随地进行复习和巩固，充分利用零散时间进行学习，提高学习效率。

1. 活页式教材在汉字书写和语法学习中的作用

汉字书写是汉语学习中的基础，也是学生们在日常生活中必须掌握的技能。通过活页式教材，学生可以根据自己的学习进度和需求选择适合自己的汉字书写练习内容。对于初学者来说，可以选择一些简单的汉字书写练习，如基本的笔画练习和常用汉字的书写练习；对于中高级学生来说，可以选择一些更加复杂和具有挑战性的汉字书写练习，如成语书写练习和古诗词书写练习等。通过这种个性化的汉字书写练习，学生可以更加有效地提高自己的汉字书写水平，从而更加流利地阅读和书写汉字。

语法是汉语学习中的难点之一，对于学生来说，掌握良好的语法知识是提高汉语水平的关键。通过活页式教材，教师可以根据学生的学习需求和水平，设计各种类型的语法练习和活动，帮助学生巩固和提高自己的语法知识。在一所语言培训机构的汉语课堂中，教师使用了一套活页式教材，该教材设计了各种类型的语法练习，如填空练习、改错练习、造句练习等。通过这些语法练习，学生不仅可以加深对语法知识的理解和掌握，还可以提高自己的语言运用能力，从而更加自信地进行汉语交流。

在一所中学的汉语课堂中，教师使用了一套活页式教材，该教材包括了各种类型的学习资源，如汉语课文、汉语视频、汉语练习册等。通过这些多样化的学习资源，学生不仅可以在课堂上进行听力和阅读练习，还可以在课后进行复习和巩固，从而全面提高自己的汉语水平。

在一所小学的汉语课堂中，教师使用了一套活页式教材，该教材设计了各种互动性强的学习活动，如小组讨论、角色扮演、游戏竞赛等。通过这些互动性强的学习活动，学生不仅可以积极参与到课堂中来，还可以与同学们进行合作学习，共同解决问题，促进彼此之间的交流和合作。通过互动和合作学习，学生不仅可以提高自己的学习兴趣和动力，还可以培养自己的团队合作能力和沟通能力，从而更加有效地提高汉语水平。

2. 利用活页式教材进行中国文化和历史知识的学习

中国文化包括了丰富的传统文化、历史文化、民间文化等多个方面，而传统的教学资源往往难以覆盖这些多样化的内容。而活页式教材可以根据不同主题和内容提供丰富多彩的学习资源，如图文资料、音频视频、互动游戏等，使学生在学习中国文化和历史知识时能够获得全面和多元的学习体验。

活页式教材可以促进学生对中国文化和历史的深入理解和探究。中国文化和历史知识庞杂而深奥，传统的教学方式往往只能提供基础性的知识点，难以引发学生对文化内涵和历史背景的深入思考。而活页式教材可以通过多媒体技术和互动设计，提供丰富的学习资源和任务，如思维导图、知识梳理、问题探究等，引导学生深入研究和思考中国文化和历史的内涵和意义，培养他们的批判性思维和创新能力。

中国文化和历史不仅是抽象的知识，更是生动的实践和体验。传统的教学方式往往难以提供真实的文化体验和历史感悟，而活页式教材可以通过虚拟实境技术和情景再现，为学生创造丰富多样的文化体验和历史感悟，如模拟实景、角色扮演、文化展示等，使学生在体验中感悟文化魅力和历史厚重，增强对中国文化和历史的认同感和自豪感。

在实际教学中，活页式教材的应用也面临一些挑战。教师需要具备一定的教学设计和技术操作能力，能够灵活运用活页式教材进行文化和历史知识的学习。学生需要具备一定的学习兴趣和自主学习能力，能够积极参与文化和历史学习活动，并进行思考和总结。

为了充分发挥活页式教材在中国文化和历史知识学习中的应用优势，教师应注重以下几点：要设计多样化的学习资源和任务，激发学生的学习兴趣和积极性；要加强与学生的互动和交流，及时了解他们的学习反馈，不断优化教学内容和教学方法；要注重文化体验和历史感悟，引导学生在体验中感悟文化内涵和历史意义，增强对中国文化和历史的理解和认同。

二、活页式教材在科学学科领域的应用案例分析

（一）数学学科

数学学科知识点众多，包括代数、几何、概率与统计、微积分等各个领域。通过活页式教材，学生可以将这些不同的知识模块分开整理。可以将代数中的方程、不等式、函数等内容分别整理在不同的活页中；将几何中的平面几何、立体几何、解析几何等内容分别整理在不同的活页中。这种分类整理的方式，有助于学生清晰地掌握每一类知识的结构和内容，从而更有针对性地进行学习和复习。

具体来说，学生可以将各个知识点细化并详细记录在不同的活页中。在代数部分，可以将一次方程、二次方程、多项式及其运算等分别列出，并附上相关的定义、公式、例题及解题步骤。一位学生在学习代数时，将不同类型的方程和函数分别整理在活页中，每个活页中不仅包括公式和定理，还附有典型例题和详细解答过程。这种方法有助于学生系统地复习和巩固各个知识点，提高学习效果。

活页式教材在概念理解与应用方面也具有显著的作用。数学中的许多概念和定理需要深刻理解和灵活应用。通过活页式教材，学生可以将这些概念和定理分别记录并进行详细的解释和分析。将不同的几何定理（如勾股定理、圆的性质）分别整理在活页中，并附上相关的图示和例题。一位学生在学习几何时，将各个定理的定义、推导过程及应用场景详细记录在活页中，并通过图示帮助理解。这种方法不仅有助于概念的记忆，还能通过具体例题加深理解和应用。

在题型训练与巩固方面，活页式教材也具有独特的优势。数学学习离不开大量的练

习和题型训练。活页式教材可以将不同类型的题目分类整理，帮助学生有针对性地进行练习。可以将代数题、几何题、应用题等分别整理在不同的活页中，并附上详细的解题步骤和方法。一位学生在准备数学考试时，将历年真题及常见题型按照题目类型和难度分别整理在活页中，每道题目后附上详细的解题思路和步骤。通过这种方式，学生可以有针对性地进行题型训练，提高解题能力和考试成绩。

活页式教材的便携性和易操作性，使其在数学学习中的应用更加灵活和高效。学生可以根据需要携带部分活页进行复习，而不必携带整本教材。在课余时间或考试前，学生可以随身携带一些重点知识点或典型题型的活页，利用零散时间进行复习。这种学习方式不仅提高了学习效率，还增强了学习的灵活性和自主性。

具体案例方面，一些学校和教师已经开始在数学教学中应用活页式教材。在一些高级中学，数学教师将课程内容按照知识点进行拆分，每个知识点制作成独立的活页，发给学生。学生可以根据自身的学习进度和需求，自由选择和调整活页内容。一位教师在教授微积分时，将微积分的基本概念、公式推导、典型例题及习题分别整理在不同的活页中，学生可以根据自己的掌握情况进行有针对性的复习和练习。这种教学方式不仅帮助学生系统掌握知识，还提高了课堂教学的灵活性和针对性。

1. 活页式教材对于数学公式和问题解决方法的整理与归纳

数学知识包括了各种各样的公式和解题方法，传统的教学方式往往只能提供有限的学习资源，难以满足学生对多样化数学知识的学习需求。而活页式教材可以根据不同的数学主题和内容提供丰富多样的学习资源，如图文资料、实例分析、解题步骤等，使学生在学习数学公式和问题解决方法时能够获得全面和多元的学习体验。

数学知识繁多而复杂，学生往往需要将零散的知识点整理和归纳，建立起系统的知识体系。传统的教学方式往往只能提供有限的整理和归纳内容，难以满足学生对系统性知识整合的需求。而活页式教材可以通过思维导图、知识结构图、归纳总结等方式，引导学生对数学知识进行整理和归纳，建立起系统性的知识框架，提高知识的内化和应用能力。

数学学习不仅需要掌握数学公式和解题方法，还需要运用合适的学习方法和策略进行学习和解题。传统的教学方式往往只能提供基础性的学习方法和策略，难以满足学生对多样化学习方法和策略的需求。而活页式教材可以通过案例分析、问题解析、学习策略分享等方式，引导学生探索和运用合适的学习方法和策略，提高学习效率和解题能力。

在实际教学中，活页式教材的应用也面临一些挑战。教师需要具备一定的教学设计和技术操作能力，能够灵活运用活页式教材进行数学知识的整理和归纳教学。学生需要具备一定的学习兴趣和自主学习能力，能够积极参与数学知识整理和归纳活动，并进行反思和总结。

2.利用活页式教材进行数学题目的练习和答案整理

与传统的数学练习册相比，活页式教材更加灵活，便于个性化学习。在数学题目练习和答案整理方面，活页式教材可以帮助学生更好地进行分类和归纳。学生可以将不同类型的数学题（如代数、几何、概率与统计等）分别整理在不同的活页中，每个活页中包含一类题目的多个例题及对应的答案。

在题目练习区，学生可以编排各种不同类型的数学题目，如选择题、填空题、计算题等，每道题目后留有足够的空白区域供学生作答。而在答案整理区，学生可以将每道题目的答案详细地列出，包括解题步骤、中间过程和最终结果。这样的设计有利于学生对自己的练习成果进行及时审查和整理，发现错误并及时纠正，提高解题的准确性和效率。

在进行题目练习时，学生可以根据自己的学习进度和需要，灵活选择和调整活页内容。可以按照题目的难易程度、题型的重要性或学习重点进行排列，保证每个活页的题目数量和类型都能满足学生的需求。学生还可以根据老师的教学安排和考试要求，及时更新活页内容，确保练习题目的及时性和实用性。

学生可以根据自己的学习进度和需求，随时调整和更新活页内容，确保每个活页都能与学习目标和课程进度相匹配。活页式教材还便于学生进行错题整理和重点复习。在答案整理区，学生可以将自己做错的题目及时记录下来，并标注出错误原因和改正方法。这样一来，学生可以有针对性地进行错题复习，加强薄弱环节，提高解题能力。

学生可以随时随地携带活页进行练习，利用零散时间进行学习，提高学习效率。与传统的纸质练习册相比，活页式教材还具有易于更新和修改的优势。学生可以随时添加新的题目或更新答案，确保活页内容的及时性和准确性。

（二）物理学科

在物理学科的教学中，不同学生的学习能力和学习需求存在差异，有些学生可能对某些概念理解较快，而有些学生可能需要更多的时间来掌握。通过活页式教材，教师可以根据学生的实际情况，为他们提供个性化的学习内容和学习任务。在一所高中的物理课堂中，教师使用了一套活页式教材，该教材根据不同难度和题型划分了不同的章节和单元，学生可以根据自己的学习进度和需求选择适合自己的学习内容，从而更加有效地提高物理学习的效率和质量。

学生不仅需要掌握基本的理论知识，还需要进行实验和观察，以加深对物理现象的理解和认识。通过活页式教材，教师可以为学生提供丰富多样的学习资源，如实验视频、模拟实验软件、物理模型等，以帮助学生更加直观地理解物理现象。在一所中学的物理课堂中，教师使用了一套活页式教材，该教材包括了各种类型的实验视频和模拟实验软件，学生可以通过观看视频和进行模拟实验，加深对物理现象的理解，从而更加全面地掌握物理知识。

在物理学科的教学中，学生往往需要通过讨论和合作来解决复杂的物理问题，以培养他们的团队合作能力和创新精神。通过活页式教材，教师可以设计各种互动性强的学习活动和任务，如小组讨论、问题解决、项目设计等，以促进学生之间的互动和合作。在一所大学的物理课堂中，教师使用了一套活页式教材，该教材设计了各种案例分析和实践项目，学生可以在小组中合作完成，从而加深对物理知识的理解，提高解决问题的能力。

在物理学科的教学中，学生往往需要大量的时间来整理和归纳教材内容，以加深对物理知识的理解和掌握。通过活页式教材，学生可以更加高效地获取和管理学习资源，随时随地进行学习，提高学习的效率和质量。在一所在线物理学习平台中，学生可以根据自己的学习进度和需求选择适合自己的活页式教材，并通过在线学习平台进行学习和练习，随时随地掌握物理知识，提高学习的效率和质量。

1. 活页式教材在物理理论和实验方法的学习中的应用

物理学作为一门基础科学，涵盖了广泛的理论知识和实验方法。对于学生来说，学习物理不仅需要掌握抽象的理论，还需要进行实际的实验操作。传统教材在系统性和完整性方面具有优势，但在灵活性和个性化方面存在不足。活页式教材作为一种灵活、可定制的教学资源，可以在物理理论和实验方法的学习中发挥重要作用。

物理理论往往抽象复杂，学生在学习过程中容易产生理解困难。活页式教材可以通过模块化的设计，将复杂的理论知识分解为多个小单元，每个单元集中讲解一个具体概念或定律。在学习牛顿力学时，教师可以将教材分为多个活页单元，分别介绍牛顿三大定律、运动学公式、能量守恒等内容。学生可以根据自己的学习进度和理解能力，灵活选择学习顺序和深度，从而避免一次性接受过多信息带来的负担。

传统教材通常以文字和图表为主，而活页式教材可以包含更多元化的内容形式，如动画、视频、模拟软件等。在讲解电磁学时，教师可以提供电场和磁场的三维动画演示，帮助学生直观理解场的分布和变化规律。通过这些丰富的多媒体资源，学生不仅能够加深对理论知识的理解，还能够提高学习兴趣和参与度。

物理实验是验证和探索物理规律的重要途径，通过实验学习，学生可以培养科学探究能力和实践操作技能。传统实验教材往往提供固定的实验步骤和方法，而活页式教材则可以提供更多的实验选择和创新空间。在学习光学实验时，教师可以设计多个实验活页，分别介绍不同的实验装置和方法，如光的反射和折射实验、光的干涉和衍射实验等。学生可以根据自己的兴趣和实验条件，选择不同的实验活页进行学习和操作，从而提高实验学习的自主性和灵活性。

在物理实验教学中，合作学习和探究性学习是重要的教学方法，通过团队合作和问题探究，学生可以培养协作能力和创新思维。教师可以设计一些需要团队合作完成的实验任务和探究性项目，并将这些任务和项目作为活页式教材的一部分。在学习热力学实验时，教师可以设计一个小组合作实验，要求学生测量不同物质的比热容，并分析实验数据得出结论。学生通过分工合作和讨论交流，不仅可以提高实验操作技能，还可以加深对物理概念的理解和应用能力。

在物理学科的学习中，学生需要进行大量的练习和复习，以巩固所学知识和技能。传统教材在练习和复习方面的灵活性较差，而活页式教材可以根据学生的学习需求和进度，提供个性化的练习和复习材料。在学习完一个物理单元后，教师可以根据学生的掌握情况，提供针对性的习题活页和复习活页，帮助学生查漏补缺，巩固所学知识。通过这种个性化的练习和复习，学生可以更加高效地掌握物理知识，提高学习效果。

传统教材通常是固定的，更新和调整较为困难，而活页式教材可以根据教学需求和学生反馈，灵活调整内容和结构。在一个学期的教学过程中，教师可以根据学生的学习情况和反馈意见，随时调整和补充活页内容，确保教学资源的时效性和针对性。通过这种灵活的资源管理，教师可以更好地满足学生的学习需求，提高教学效果。

2. 活页式教材在物理实验数据记录和分析中的作用

传统的实验记录和数据分析往往需要学生手写或使用固定格式的表格，缺乏灵活性和多样性。而活页式教材可以根据不同的实验要求和数据特点提供各种类型的实验记录表和数据分析模板，如图表记录、数值记录、曲线分析等，使学生能够根据实验需要灵活选择和使用记录和分析方式，提高数据记录和分析的效率和质量。

物理实验所产生的数据往往庞杂而复杂，需要学生对数据进行整理和归纳，提取出有用的信息和规律。传统的实验数据处理方式往往依赖于教师提供的固定模板或指导，难以培养学生独立处理数据的能力。而活页式教材可以通过思维导图、数据整理表、实验总结等方式，引导学生对实验数据进行整理和归纳，建立起系统性的数据框架，提高数据处理和分析的能力。

物理实验不仅需要学生记录数据和得出结果，更需要他们对实验结果进行分析和解释，探索其中的物理原理和规律。传统的实验报告往往只能提供有限的分析空间，难以满足学生对实验结果深入思考和探索的需求。而活页式教材可以通过实验数据图表、实验结果分析、物理原理解释等方式，引导学生对实验结果进行深入分析和思考，培养他们的科学思维和批判性思维能力。

教师需要具备一定的教学设计和技术操作能力，能够灵活运用活页式教材进行物理实验数据记录和分析教学。学生需要具备一定的实验操作和数据处理能力，能够独立完成实验数据记录和分析任务，并进行思考和总结。

要设计多样化的实验记录表和数据分析模板，激发学生的学习兴趣和积极性；要加强与学生的互动和交流，及时了解他们在实验数据记录和分析过程中的困难和问题，不断优化教学内容和教学方法；要注重实验结果的深入分析和思考，引导学生运用物理知识和科学方法对实验结果进行解释和评价。

第四章 活页式教材的管理概念与理论

第一节 活页式教材管理的概念与范畴

一、活页式教材管理的概念

（一）活页式教材管理的基本概念

随着学习的进行，教材内容可能需要不断更新和补充，以保持与教学内容的同步和一致。学生需要定期检查和更新活页内容，及时补充新的知识点、练习题或笔记。在学习过程中遇到新的数学定理或解题方法，学生可以将其记录在对应的活页中，并进行详细解释和归纳，以便于后续的学习和复习。

学生需要根据自己的学习目标和时间安排，制定合理的活页使用计划，确保每个活页都能得到充分利用。学生可以根据教学进度和考试时间，合理安排各个知识点和题型的学习和复习时间，保证每个活页都能在适当的时候进行复习和巩固。

在实际应用中，活页式教材管理需要学生具备一定的自我管理能力和学习技巧。学生需要学会对教材内容进行有效的分类和整理，建立起一个清晰、有序的学习体系。学生还需要保持教材内容的及时更新和维护，不断充实和完善自己的活页内容。学生还需要根据自己的学习进度和需求，制定合理的学习计划和策略，保证活页内容的有效利用和学习效果的最大化。

在教育教学实践中，活页式教材管理也可以成为教师和学校管理者的重要工具。教师可以根据课程内容和学生的学习特点，设计和制作相应的活页教材，为学生提供个性化、针对性的学习资源。学校管理者可以通过活页式教材管理，实现教学资源的有效整合和共享，提高教学效率和质量。

（二）活页式教材管理的重要性

教材是教学内容的重要载体，其科学性和系统性直接关系到教学质量和学生的学习效果。活页式教材由于其灵活性，容易被随意增删内容，如果没有有效的管理，可能会导致教学内容的零散和不系统。通过科学的管理，可以建立系统的教材编排和审核机制，确保教材内容的逻辑性和连贯性。在物理学科中，可以通过管理，按照知识点和难度层次，将教材内容合理分模块，使学生能够逐步掌握从基础到复杂的物理知识。

在教育资源有限的情况下，如何充分利用现有资源，提高教学效果，是教学管理的重要课题。通过有效的活页式教材管理，可以实现教材资源的优化配置。学校可以建立活页式教材资源库，将不同教师编写的优秀教材进行分类整理，方便其他教师选用。管理还可以确保教材的更新和维护，及时剔除陈旧或错误的内容，补充最新的科学研究成果和教学资源，提高教材的实效性和前沿性。

现代教育强调以学生为中心，注重学生的个性化发展。活页式教材的灵活性使其非常适合个性化教学，但同时也增加了管理的难度。通过有效的管理，可以根据不同学生的学习情况，提供个性化的教材内容和学习方案。在一所中学的数学课堂上，通过活页式教材管理系统，教师可以为不同学习水平的学生推送相应的学习材料，使每个学生都能在适合自己的难度范围内进行学习，促进个性化教学的实施。

教师在教学过程中，除了备课和授课，还需要不断更新和调整教材内容。没有有效的管理，教师可能会花费大量时间在教材的整理和调整上，影响教学效率。通过管理，可以建立标准化的教材编写和更新流程，减轻教师的负担。可以通过管理平台，提供模板和示例，指导教师编写和调整教材内容，提高教材编写的效率和质量。管理平台还可以提供数据分析和反馈，帮助教师了解学生的学习情况，及时调整教学策略，提高教学质量。

教学资源的共享和交流是提高教学质量的重要途径。通过活页式教材管理平台，教师可以分享自己编写的教材，借鉴其他教师的优秀教材，促进资源共享和教学经验交流。在一个学科教研组内，教师可以通过平台共享自己编写的活页教材，并相互评价和讨论，形成良好的教研氛围，促进教学水平的整体提高。

在现代教育中，培养学生的自主学习能力是一个重要目标。活页式教材的灵活性为学生的自主学习提供了良好的条件，但需要有效的管理来实现这一目标。通过管理，可以建立科学的学习指导和评价机制，帮助学生合理安排学习内容和进度。可以通过平台提供学习计划和任务清单，指导学生自主选择和学习不同模块的教材内容，并通过在线测试和作业，及时评价学生的学习效果，帮助学生形成良好的学习习惯，提高自主学习能力。

1.活页式教材管理能够提高教材的使用效率和便捷性

传统的教材往往是统一印刷、固定内容的，难以满足不同教学需求和学生特点。而活页式教材管理可以根据教学目标和学生特点提供个性化的教学资源和服务，如定制教材内容、灵活调整教材结构、提供在线资源等，使教学更加贴合实际需求，提高教学效果。

教学内容的多样化是教学效果提高的关键之一，而传统教材往往内容单一、形式固定，难以激发学生学习兴趣和积极性。而活页式教材管理可以通过多媒体技术、互动设计、在线资源等方式，提供丰富多样的教学内容和形式，如图文并茂、音视频资料、互动游戏等，使学习过程更加生动有趣，提高学习效率和效果。

教学内容的更新和反馈是教学不断优化和提升的重要手段，而传统教材更新周期长、反馈效果差，难以及时跟进教学进展和学生反馈。而活页式教材管理可以实现教材内容的实时更新和反馈机制，如在线更新、学生反馈系统、教师评价系统等，使教学内容与时俱进，更加贴近教学实际，提高教学效率和质量。

教师需要具备一定的教学设计和技术操作能力，能够灵活运用活页式教材进行教学管理。学生需要具备一定的学习习惯和自主学习能力，能够独立使用活页式教材进行学习和反馈。

为了充分发挥活页式教材管理在提高教材使用效率和便捷性方面的作用，教师和学生可以共同努力，注重以下几点：教师要加强对活页式教材的管理和运用培训，提高教师的教学设计和技术操作能力；学生要培养良好的学习习惯和自主学习能力，能够独立使用活页式教材进行学习和反馈；教育机构要加大对活页式教材管理平台的投入和支持，提供更加便捷和高效的教学管理服务。

2. 活页式教材管理有助于保持教材内容的更新和完整性

随着知识的不断发展和学科内容的更新，教材内容可能会过时或不完整。通过活页式教材管理，学生可以根据最新的教学内容和知识点，随时更新活页内容。在学习过程中遇到新的概念、定理或解题方法，学生可以将其记录在对应的活页中，并进行详细解释和整理。这样一来，教材内容就能够与最新的教学要求和知识体系保持一致，确保学生获取到的是最新、最准确的知识。

在传统的教材中，由于篇幅和排版的限制，某些知识点可能被简化或省略，导致教材内容的不完整性。而活页式教材可以根据需要灵活增减内容，确保每个知识点都能够得到充分的阐述和解释。学生可以将某个知识点的多个相关概念或定理整理在同一个活页中，以便于对比学习和综合理解。这样一来，教材内容就能够更加全面和详尽，有助于学生对知识的深入理解和掌握。

每个学生的学习需求和水平都有所不同，传统的教材可能无法满足所有学生的需求。而活页式教材可以根据学生的学习进度和兴趣爱好进行定制，帮助学生建立起个性化的学习体系。学生可以根据自己的学科偏好和学习目标，选择性地整理和补充活页内容，形成适合自己的学习资源。这样一来，教材内容就能够更加贴近学生的实际需求和学习特点，提高学习的针对性和有效性。

学生需要定期检查和更新活页内容，确保教材内容的及时更新和完整性。学生还需要根据自己的学习进度和需求，合理安排和利用活页内容，确保每个知识点都能够得到充分的学习和应用。

二、活页式教材管理的范畴

（一）活页式教材的分类与整理

按学科分类，这是最常见的一种分类方法。根据不同的学科领域，将活页式教材分为语文、数学、物理、化学、生物、历史、地理等多个类别。这种分类方法有助于教师和学生快速找到所需的教学资源，方便进行有针对性的教学和学习。

按年级分类，根据不同的年级段，将活页式教材分为小学、初中、高中和大学等多个类别。每个年级段内的教材内容又可以进一步细分为具体的年级和学期。小学一年级、初二第一学期等。这种分类方法有助于教师根据学生的学习阶段，选择适合的教材内容，进行分层教学。

按难度分类，根据教材内容的难度，将活页式教材分为基础、中等和高级等多个类别。这种分类方法有助于教师根据学生的学习水平，选择合适的教材内容，进行个性化教学。在数学教学中，可以将教材分为基础运算、应用题和高阶思维训练等不同难度层次，满足不同学习能力学生的需求。

按知识点分类，根据具体的知识点，将活页式教材分为不同的模块。在物理学科中，可以将教材分为力学、热学、电学、光学等多个模块，每个模块又可以进一步细分为具体的知识点。这种分类方法有助于教师和学生针对性地进行知识点的学习和巩固，提高学习效率。

按教学形式分类，根据教材的呈现形式和教学活动的类型，将活页式教材分为讲解式、实验式、练习式、讨论式等多个类别。讲解式教材主要用于知识的传授，实验式教材主要用于实验操作，练习式教材主要用于知识的巩固和练习，讨论式教材主要用于学生之间的互动和交流。这种分类方法有助于教师根据教学目标，选择合适的教材形式，设计多样化的教学活动。

建立教材目录和索引，通过建立详细的教材目录和索引，帮助教师和学生快速查找所需的教材内容。可以按照学科、年级、难度、知识点和教学形式等不同维度，建立多层次的目录结构，并在每个目录项下提供详细的教材信息和使用说明。这种方法有助于提高教材查找的效率，便于教师进行教学设计和学生进行自主学习。

数字化管理，将活页式教材进行数字化处理，通过电子文件和数据库进行管理。可以将教材内容扫描或录入电子文档，存储在数据库中，并通过计算机系统进行管理和检索。数字化管理不仅有助于教材的保存和查找，还可以方便地进行教材的更新和共享，提高教材的利用率。

分类标签和标记，在教材的每个活页上添加分类标签和标记，方便进行分类和整理。可以在活页的顶部或侧边添加学科、年级、难度和知识点等标签，并使用不同颜色或符号进行标记。这种方法有助于快速识别和分类教材内容，便于教师和学生进行查找和使用。

定期更新和维护，活页式教材需要根据教学需求和学生反馈，进行定期的更新和维护。可以定期对教材内容进行审核和评估，剔除陈旧或不适用的内容，补充新的教学资源和材料。可以根据教学实践中的问题和建议，进行教材内容的调整和优化，提高教材的实效性和针对性。

教材共享和交流，建立教材共享和交流机制，促进教师之间的资源共享和经验交流。可以通过学校内部的教材库或在线平台，教师之间可以共享自己编写的活页式教材，借鉴和学习其他教师的优秀教材内容。可以组织定期的教研活动，交流教材使用中的经验和问题，共同探讨教材内容的改进和优化。

（二）活页式教材的存储方式与管理系统建设

传统的教材存储方式主要依赖于纸质版本或电子文档，存在使用受限、查找不便等问题。而活页式教材的存储方式可以采用云存储、数据库存储等技术，实现教材内容的集中存储和管理，使教师和学生可以随时随地访问和利用教材资源，提高教学效率和便捷性。

传统的教材管理方式主要依赖于手工管理或简单的文档管理系统，存在数据安全性不高、管理效率低等问题。而活页式教材的管理系统可以结合权限控制、版本管理、数据备份等技术，实现教材资源的安全存储和有效管理，保护教材内容不受损坏或丢失，提高管理效率和质量。

教育资源的共享和协作是教育信息化的重要目标，而传统的教材存储和管理方式往往存在资源孤岛、信息割裂等问题。而活页式教材的存储方式可以建立教材资源库和共享平台，实现教师和学生之间的资源共享和协作，促进教学资源的共建共享，提高教学效果和质量。

在实际应用中，活页式教材的存储方式与管理系统建设面临一些挑战。教育机构需要投入足够的资金和技术支持，建设完善的教材存储和管理系统，满足教学需求和安全要求。教师和学生需要接受新的教学管理方式，提高信息化素养和使用能力，才能充分发挥活页式教材管理系统的优势。

要加强对教师和学生的信息化培训，提高他们的信息化素养和使用能力；要建立完善的教材存储和管理系统，结合云计算、大数据等技术，实现教材资源的集中存储、安全管理和共享协作；要加强对教材内容的更新和优化，保持教材的时效性和适用性，提高教学效果和质量。

（三）活页式教材的更新策略与周期

更新策略的制定是活页式教材更新的重要环节。更新策略应当根据教学要求、知识更新情况、学生需求和教学反馈等因素综合考虑，制定合理的更新计划和策略。可以根据学科知识点的重要性和更新频率，将教材内容分为核心内容和辅助内容，优先更新核心内容，适时调整辅助内容。还可以结合教学实践和学生反馈，及时调整更新策略，确保教材内容的质量和有效性。

更新周期的确定是活页式教材更新的关键。更新周期应当根据教学进度、知识更新情况和学生反馈等因素灵活确定，以确保教材内容始终保持最新和完整。一般来说，可以根据学科特点和知识更新速度，确定不同的更新周期。对于知识点更新频率较快的学科，如科技、医学等领域，可以采取较短的更新周期，如每学期或每年进行一次更新；对于知识点更新频率较慢的学科，如历史、文学等领域，可以采取较长的更新周期，如每两年或每三年进行一次更新。

在确定更新周期时，还应考虑到教学资源和时间成本等因素。过于频繁的更新可能会增加教材制作和管理的成本，影响教学资源的有效利用；而更新周期过长则可能导致教材内容过时或不完整，影响教学效果。需要综合考虑各种因素，确定合适的更新周期，以实现教材内容的及时更新和有效利用。

更新内容的选择是活页式教材更新的关键环节。更新内容应当根据教学要求、知识更新情况和学生需求等因素进行综合考虑和筛选，确保更新内容的质量和有效性。可以优先更新最新的知识点、研究成果或教学方法，删除过时的内容或调整不合适的内容。还可以根据学生的学习需求和反馈，适时增加或调整一些辅助性内容，以提高教材的实用性和适用性。

要保持教材内容的连贯性和完整性。更新内容应当与原有内容相衔接，避免出现断裂或矛盾。要确保更新内容的准确性和权威性。更新内容应当经过严格审核和验证，确保其符合学科知识体系和教学要求。要及时通知学生和教师更新的内容和变化，提供相应的指导和支持。学生和教师应当及时了解更新内容，并根据需要进行调整和应用。要定期评估和反馈更新效果，收集学生和教师的意见和建议，不断改进和完善更新策略和周期。

第二节　活页式教材管理的基本原则

一、活页式教材管理的基本原则

（一）灵活性原则

活页式教材管理的灵活性原则在教育领域中具有重要意义。这种管理方式着眼于教育资源的更新、个性化定制以及适应性调整，旨在满足不同学生和教师的需求，提高教学质量和效率。

在传统的教育模式中，教材通常是固定的，难以满足不同学生的学习需求。而活页式教材则具有较高的灵活性，可以根据学生的学习水平、兴趣爱好和学科特点进行定制。对于一些学习能力较强的学生，可以提供更深入、更复杂的内容；而对于学习能力较弱的学生，则可以提供更简单、更易理解的内容。这种个性化学习的特点，有助于激发学生的学习兴趣，提高学习效果。

随着知识的不断更新和教学方法的不断变革，传统的教材往往很快就会过时。而活页式教材采用了动态更新的方式，可以及时调整教材内容，保持其与时俱进。一些新出现的学科研究成果、教学实践经验和行业发展动态，都可以被及时地整合到教材中，使其保持最新、最有效的状态。这种时效性更新的特点，有助于提高教材的实用性和可靠性。

传统的教材往往以文字为主，缺乏多样化的表现形式。而活页式教材则可以通过融合文字、图片、音频、视频等多种形式的学习资源，丰富教学内容，提高学习体验。通过添加图片和视频，可以使抽象的概念更具体、更生动；通过添加音频，可以提供更多的听觉信息，有助于学生的理解和记忆。这种多媒体融合的特点，有助于提高教材的吸引力和趣味性，激发学生的学习兴趣。

教学过程中，学生和教师都会对教材的内容和形式提出不同的意见和建议。而活页式教材通过建立反馈机制，可以及时收集和分析这些意见和建议，从而不断改进和完善教材。可以通过调查问卷、小组讨论、在线平台等方式，收集学生和教师的反馈信息；根据这些信息，对教材内容进行调整和优化。这种反馈机制的建立，有助于提高教材的质量和适用性，促进教学的持续改进。

（二）更新性原则

活页式教材管理的更新性原则是指在活页式教材的设计、制作和管理过程中，注重及时更新教材内容、结构和形式，保持教材的时效性、适用性和吸引力，以满足教学需求和促进教学效果。

随着科学技术的发展和社会进步，知识和信息不断更新和演进，传统的教材往往难以及时反映最新的发展和变化。而活页式教材管理的更新性原则要求教材内容能够随时更新和完善，包括新增知识点、修订错误内容、优化教学资源等，保持教材的时效性和科学性，使教学内容与时俱进，符合学生学习需求和教学要求。

传统的教材结构和形式往往单一、呆板，难以激发学生的学习兴趣和积极性。而活页式教材管理的更新性原则要求教材结构和形式能够灵活多样，包括图文并茂、多媒体融合、互动设计等，使教材更具吸引力和趣味性，提高学生学习动力和效果。

传统的教材使用和反馈机制往往简单粗暴，难以及时了解学生学习情况和需求。而活页式教材管理的更新性原则要求建立有效的教材使用和反馈机制，包括学习跟踪系统、在线评估系统、个性化学习建议等，使教师和学生能够及时获取学习反馈，调整教学策略和方法，提高教学效果和质量。

在实际应用中，活页式教材管理的更新性原则面临一些挑战。教材更新需要投入大量的人力、物力和财力，制作和更新成本较高；教材更新需要具备一定的技术和专业知识，涉及教材设计、编辑、制作、测试等环节，难以保证更新的及时性和质量性；教师和学生需要接受新的教材形式和使用方式，适应教材更新和管理的要求。

加强对教材更新的投入和支持，提高教材制作和更新的效率和质量；建立完善的教材更新机制和流程，包括教材设计、审核、发布等环节，保证更新的及时性和科学性；加强对教师和学生的教育培训，提高他们对活页式教材管理的理解和应用能力，推动教材更新和管理的创新和发展。

（三）准确性原则

准确性原则在活页式教材管理中的重要性不言而喻。教材内容的准确性直接关系到学生对知识的理解和掌握，影响着学生的学习效果和学术成就。如果教材内容存在错误或不准确的情况，将会给学生造成误导和困惑，甚至影响其对学科的兴趣和信心。在活页式教材管理中，必须始终坚持准确性原则，确保教材内容的准确性和权威性，为学生提供可靠的学习资源。

实施准确性原则需要采取一系列措施和方法。要加强教材内容的审核和审定。教材内容应当经过专业人员的审核和审定，确保其符合学科知识体系和教学要求。要及时更新和修订教材内容。要加强教材内容的质量监控和管理。学校和教育机构应当建立健全的教材管理制度和机制，加强对教材内容的质量监控和管理，确保教材内容的准确性和权威性。要加强学生和教师的培训和指导。学生和教师应当加强对教材内容的学习和理解，提高对知识的准确把握和理解，以确保教材内容的正确应用和有效利用。

教材内容应当来源于权威的学术机构、教育机构或专业团体，经过严格的学术审定和评估，确保其准确性和可信度。要注重教材内容的审定和审核。教材内容应当经过专业人员的审核和审定，确保其与学科知识体系和教学要求相一致。要注重教材内容的更新和修订。随着知识的不断更新和发展，教材内容可能会过时或不完整，需要定期进行更新和修订，保持其与最新的教学要求和知识体系保持一致。

二、活页式教材管理的实施方法

（一）教材开发

活页式教材管理在教材开发中的意义体现在以下几个方面。它强调了教材的灵活性和适应性，可以根据不同学习需求和教学环境进行调整和定制，更好地满足教学实践的需要。它注重了教材的时效性和更新性，可以及时整合最新的学术研究成果、教学实践经验和行业动态，保持教材的有效性和实用性。它倡导了多媒体融合的教学模式，可以通过多种形式的学习资源丰富教学内容，提高学习效果和体验。它建立了有效的反馈机制，可以及时收集和分析学生和教师的反馈意见，促进教材的不断改进和完善。

个性化学习原则强调根据学生的学习水平、兴趣爱好和学科特点进行定制，提供多样化的学习资源和个性化的学习路径。时效性更新原则强调及时调整教材内容，保持其与时俱进，整合最新的学术研究成果和教学实践经验。多媒体融合原则强调通过多种形式的学习资源丰富教学内容，提高学习效果和体验。反馈机制原则强调建立有效的反馈机制，及时收集和分析学生和教师的反馈意见，促进教材的不断改进和完善。

教材编写者应该结合学科特点和教学实践，设计和编写具有个性化特色的教材内容，满足不同学生的学习需求。教材出版者应该建立健全的教材更新机制，及时调整教材内容，保持其与时俱进。教材开发者应该采用多种形式的学习资源，如文字、图片、音频、视频等，丰富教学内容，提高学习效果和体验。教材使用者应该建立有效的反馈机制，及时反馈教材的使用情况和效果，促进教材的不断改进和完善。

（二）教材使用

教材使用涉及教师和学生之间的互动与合作。教师在教学过程中要根据教学目标和学生需求选择合适的教材，指导学生正确使用教材进行学习和实践。而活页式教材管理通过提供个性化、多样化的教学资源，以及实时更新和反馈机制，能够帮助教师更好地指导学生使用教材，促进师生互动与合作，提高教学效果。

传统的教材往往内容呆板、形式单一，难以引起学生的兴趣和注意力。而活页式教材管理则可以通过多媒体技术、互动设计等方式，使教材内容更加生动有趣，形式更加多样化，激发学生的学习兴趣和主动性，促进他们积极参与课堂学习和实践活动。

不同学生有着不同的学习方式、学习节奏和学习需求，传统的教材往往难以满足这种个性化学习的需求。而活页式教材管理则可以根据学生的个性化学习需求和能力水平，提供定制化的教学资源和服务，如不同难度的教材版本、个性化学习建议等，帮助学生更好地理解和掌握知识，提高学习效果。

教材不仅可以在课堂教学中使用，还可以作为自主学习的重要参考资料。活页式教材管理通过提供在线资源、互动学习平台等方式，使教材可以随时随地访问和利用，满足学生自主学习的需求，扩大教材的应用范围，提高教材的使用率和价值。

强调学生的主动参与和积极学习。教师可以通过课堂讨论、小组合作、实践活动等方式，激发学生的学习兴趣和主动性，引导他们积极使用活页式教材进行学习和实践。

提供多样化的教学资源和服务。活页式教材管理应该注重提供多样化、个性化的教学资源，包括图文并茂的教材内容、多媒体资源、在线互动平台等，以满足不同学生的学习需求和学习方式。

建立有效的教材使用和反馈机制。教师可以通过在线评估、学习跟踪系统等方式，及时了解学生对教材的使用情况和反馈意见，调整教学策略和方法，提高教学效果。

加强教师的培训和支持。教师是教材使用的关键，需要具备一定的教学设计和技术操作能力，能够灵活运用活页式教材进行教学管理。教育机构可以加强对教师的培训和支持，提高他们对活页式教材管理的理解和应用能力。

（三）建立评估机制

建立评估机制的意义与目的在于全面了解和评价活页式教材管理的效果和影响，为教学改革和教学质量提升提供科学依据和参考。通过评估机制，可以发现教材内容的不足与缺陷，探索管理方法的优势与不足，及时发现和解决问题，提高教材管理工作的科学化、规范化和精细化水平。评估机制的目的在于为教师和学生提供一个客观、公正、可靠的评价体系，激励教师改进教学方法，激发学生学习动力，提高学习效果和教学质量。

评估内容包括教材内容的准确性、教材管理的效果以及学生学习成果等方面。教材内容的准确性评估主要针对教材内容的科学性、权威性和时效性，通过专家评审、学生反馈等方式，检验教材内容的准确度和可信度。教材管理的效果评估主要包括教材更新的及时性、教材使用的合理性和教材管理的规范性等方面，通过调查问卷、访谈调查等方式，评估教材管理工作的效果和影响。学生学习成果评估主要包括学生学习态度、学习动力和学习成绩等方面，通过考试成绩、作业表现、学生调查等方式，评估学生对教材内容的掌握和应用情况。

评估方法与周期是建立评估机制的重要环节。评估方法可以采用定量分析和定性分析相结合的方式，既包括客观数据的统计分析，也包括主观感受的访谈调查，以全面了解教材管理的实际情况和效果。评估周期可以根据教学要求、学科特点和学校管理需要等因素确定，一般可以分为短期评估、中期评估和长期评估。短期评估一般每学期进行一次，主要评估教材更新情况和学生学习成果；中期评估一般每学年进行一次，主要评估教材管理的效果和影响；长期评估一般每两年或三年进行一次，主要评估教材管理的长期效果和趋势。

评估结果的利用是评估机制的最终目标。评估结果应当及时反馈给相关教师和管理者，以促进教材管理工作的改进和完善。教师可以根据评估结果调整教学方法、更新教材内容，提高教学效果和学生学习成果；管理者可以根据评估结果优化管理机制、完善管理政策，提高教材管理的科学化、规范化和精细化水平。评估结果也可以作为教学改革和教学质量评估的重要参考，为教学改进和教学质量提升提供科学依据和参考。

第三节　活页式教材管理的相关理论探讨

一、信息管理理论与活页式教材管理的关系

（一）信息管理理论概述

信息管理可以被定义为对信息资源进行系统化、有组织的管理和运用的过程。这包括了对信息的收集、分类、存储、检索、传递、分析和利用等环节。信息管理的目标是实现信息资源的最大化利用，提高组织的工作效率和决策质量。

随着信息技术的发展和信息化程度的提高，信息已成为组织的重要资产和竞争优势。而信息管理的有效实施，可以帮助组织更好地利用信息资源，提高组织的竞争力和创新能力。信息管理还可以提高组织的决策效率和精准度，促进组织的持续发展和创新。

信息全面性指的是信息管理应该涵盖组织内外的各种信息资源，包括结构化信息和非结构化信息；准确性指的是信息管理应该确保信息的真实、准确和完整；及时性指的是信息管理应该及时收集、处理和传递信息，以满足组织的实时需求；可靠性指的是信息管理应该确保信息的可信度和可靠性，防止信息的失真和篡改；安全性指的是信息管理应该采取各种措施保护信息资源的安全，防止信息的泄露和损坏。

信息技术的应用包括了云计算、大数据、人工智能、物联网等新兴技术，它们为信息管理提供了更加高效和智能的工具和平台；知识管理的兴起强调了对知识资源的管理和共享，以促进组织的学习和创新；数据驱动决策强调了通过数据分析和挖掘实现决策的科学化和精准化；信息安全的重视强调了保护信息资源的安全和隐私，防止信息泄露和被恶意利用。

（二）信息管理理论在活页式教材管理中的应用

在活页式教材管理中，教材内容被组织成不同的主题或模块，并通过标签、目录等方式进行分类。这种分类使教师和学生能够快速定位所需的信息，提高了教学效率。信息管理理论还注重信息的结构化和标准化，活页式教材通常采用统一的格式和布局，使得教材内容更易于理解和使用。

信息管理理论强调信息的存储和检索。活页式教材采用数字化技术，将教材内容存储在电子设备或云端平台上，使得教材可以随时随地进行访问和管理。活页式教材通常配备了强大的检索功能，用户可以通过关键词、标签等方式快速检索到所需的内容，节省了大量的时间和精力。

活页式教材可以轻松地与他人分享，教师可以将教材内容分享给学生或其他教师，学生也可以将自己制作的教材分享给同学。这种信息的分享和交流促进了教学资源的共

享和合作，提高了教学质量和效率。

活页式教材的制作和管理需要一定的技术和资源投入，教师和学生需要掌握相关的数字化技能和工具。活页式教材的更新和维护也需要耗费大量的时间和精力，特别是在教材内容频繁更新或修改的情况下。活页式教材的安全性和隐私保护也是一个重要的问题，需要采取有效的措施保护教材内容不被非法获取或篡改。

二、学习理论与活页式教材管理的结合

（一）学习理论的主要流派与观点

行为主义是学习理论中的一个重要流派，强调学习是一种可观察的行为变化，主要代表人物有巴甫洛夫、沃森和斯金纳等。行为主义认为，学习是在刺激和反应之间建立联系的过程，学习的关键在于外部刺激和反应之间的关系。巴甫洛夫提出了条件反射的概念，认为通过刺激与反应的重复联系，可以形成条件反射，从而改变行为。沃森则提出了行为主义心理学的理论框架，认为心理学应该研究可观察的行为，而不是内部心理过程。斯金纳提出了操作性条件反射的概念，认为通过对行为的控制和塑造，可以达到预期的学习效果。

认知主义是学习理论中的另一个重要流派，强调学习是一种内部的认知过程，主要代表人物有皮亚杰、维果茨基和澳斯汀等。认知主义认为，学习是通过对信息的处理和组织来实现的，学习的关键在于个体对信息的理解和加工。皮亚杰提出了认知发展理论，认为儿童的认知发展是一个由简单到复杂、由具体到抽象的过程。维果茨基提出了社会文化理论，认为人类的认知活动受到社会文化环境的影响，学习是在社会交往中实现的。澳斯汀提出了问题解决的认知理论，认为学习是一种主动的、目标导向的认知活动，个体通过解决问题来实现学习。

社会文化理论是学习理论中的另一个重要流派，强调学习是一种社会实践，主要代表人物有维果茨基和伯努狄。社会文化理论认为，学习是在社会交往和文化传承中实现的，个体通过参与社会活动和文化实践来获得知识和经验。维果茨基提出了文化历史理论，认为人类的认知活动是在社会交往和文化传承中逐步形成的，个体的思维和语言能力是在社会交往中发展起来的。伯努狄提出了社会认知理论，认为学习是一种社会实践，个体通过参与社会活动和文化实践来获得知识和技能。

构造主义是学习理论中的另一个重要流派，强调学习是一种个体建构知识的过程，主要代表人物有皮亚杰和巴尔迪。构造主义认为，学习是一种主动的、个体建构的过程，个体通过与环境的互动来建构知识和理解。皮亚杰提出了建构主义的认知发展理论，认为儿童的认知发展是通过与环境的积极互动和建构来实现的。巴尔迪提出了建构主义的教育理论，认为学习是一种个体建构的过程，教育应该重视学生的个性差异和主动参与，激发学生的学习兴趣和创造力。

（二）学习理论在活页式教材管理中的指导作用

行为主义理论强调学习是对外部刺激的被动反应，注重学习的结果和行为改变。在活页式教材管理中，可以通过及时反馈和奖励机制，激励学生积极参与学习，并根据学生的学习表现调整教材内容和学习任务，以提高学习效果。教师可以根据学生的学习进度和理解程度，及时调整教材内容的难易程度，使学生能够逐步提高自己的学习能力和成绩水平。

认知主义理论强调学习是一个主动的、意义构建的过程，注重学习者的思维活动和认知结构。在活页式教材管理中，可以通过提供多样化的学习资源和个性化的学习路径，满足学生不同的认知需求和学习风格。教材可以提供多种形式的学习资源，如文字、图片、音频、视频等，以满足学生不同的感知方式和学习偏好；教材也可以提供个性化的学习路径，根据学生的学习目标和兴趣爱好，定制学习内容和任务，使学生更加主动地参与学习。

建构主义理论强调学习是社会交往和合作建构的过程，注重学习者在社会环境中的互动和共同构建意义。在活页式教材管理中，可以通过提供社交化的学习环境和合作学习机会，促进学生之间的互动和合作，共同构建知识和意义。教材可以提供在线讨论平台和团队项目任务，让学生之间进行互动和合作，共同解决问题和探索知识。

连接主义理论强调学习是基于经验的、自组织的过程，注重学习者与环境的互动和适应。在活页式教材管理中，可以通过个性化学习路径和自主学习环境，促进学生的自主学习和自我调节。教材可以根据学生的学习历史和兴趣爱好，推荐个性化的学习资源和学习路径，帮助学生更好地适应学习环境和提高学习效果。

第四节　活页式教材管理的国际比较与借鉴

一、国内活页式教材管理现状分析

（一）国内活页式教材的发展现状

活页式教材在国内教育领域的发展现状既反映了教育教学的需求变化，也受到技术发展的影响。随着信息技术的普及和应用，国内教育界对于教材形式的需求日益多样化，传统的纸质教材已经不能完全满足教学的需求。活页式教材作为一种灵活、可更新、可定制的教学资源，逐渐受到教育界的重视与青睐。互联网技术的发展为活页式教材的制作、发布和更新提供了更为便捷的途径，使得教材内容能够及时更新、动态调整，更加贴近教学实践和学生需求。在这样的背景下，活页式教材在国内教育领域的发展呈现出以下几个主要特点：

传统的纸质教材具有固定的内容和格式，难以灵活调整和个性化定制。而活页式教材通过数字化技术，可以根据不同学科、年级、教学目标等因素进行定制，使得教学内容更加贴合实际教学需求，满足不同学生的学习特点和能力水平。针对不同学科的活页式教材可以根据课程标准和教学大纲进行内容设置，使得教学内容更加系统和完整；教师还可以根据学生的学习情况和反馈，及时调整和更新教材内容，保持教学内容的新颖性和有效性。

随着移动互联网的普及和智能终端设备的普及，学生们对于教学资源的获取方式和使用习惯也发生了改变。活页式教材通过数字化技术，可以实现多媒体教学资源的集成，包括文字、图片、音频、视频等形式，使得教学内容更加生动直观，更具吸引力和感染力。活页式教材还可以与在线学习平台和教学管理系统相结合，实现教学资源的共享和管理，方便教师进行教学设计和评估，提高教学效率和质量。

传统的纸质教材受到版权和印刷等因素的限制，难以实现教学资源的共享和开放。而活页式教材通过数字化技术，可以实现教学资源的在线发布和共享，包括教材内容、教学设计、教学案例等，为教师提供了更丰富的教学资源和教学工具，也为学生提供了更广阔的学习空间和学习资源，促进了教育资源的共享和共建。活页式教材还可以通过开放式平台和社区，实现教师和学生之间的互动和交流，促进教学经验和教学成果的共享和传播，提高教学的效率和质量。

随着教育信息化的推进和教学改革的深入，教育评价的理念和方法也在不断创新和完善。活页式教材通过数字化技术，可以实现教学内容和学习过程的记录和分析，为教师提供了更为科学和准确的教学评估手段，帮助教师了解学生的学习情况和学习进度，及时调整教学策略和教学方法，提高教学效果和学习效率。活页式教材还可以通过数据分析和挖掘，探索教学规律和学习规律，为教育教学改革提供理论支持和实践参考，推动教育信息化和教学质量的提升。

（二）国内活页式教材管理存在的问题

在国内，活页式教材管理存在着一系列问题，这些问题不仅影响着教育教学的有效性，也影响着学生的学习体验和学习成果。活页式教材的管理缺乏规范化和标准化。由于缺乏统一的管理标准和规范，各个学校、教育机构对活页式教材的管理方式各不相同，甚至存在着一些混乱的情况。有的学校对活页式教材实行严格的管理和监管，而有的学校可能过于宽松，导致活页式教材的使用和管理不够有效。这种缺乏规范化的管理方式容易导致教育资源的浪费，也给学生带来了不便。

随着信息技术的发展，教育信息化已经成为了教育发展的趋势，但是在活页式教材管理方面，信息化程度相对较低。许多学校和教育机构仍然采用传统的手工管理方式，如手工记录借阅情况、手工维护教材库存等，这不仅效率低下，还容易出现错误和漏洞。缺乏信息化的管理方式也难以适应现代教育的需要，无法满足学生和教师对教育资源信息化管理的需求。

活页式教材的特点是可以随时拆卸、更换，这就为管理带来了一定的困难。一方面，学生可能会私自更换或损坏活页式教材，导致教材管理混乱；另一方面，教师可能会因为疏忽或管理不善而造成活页式教材的丢失或遗漏，给教学秩序和教育质量带来隐患。特别是在大型学校或教育机构中，活页式教材的管理更加复杂，容易出现安全隐患，这需要加强管理和监管。

1. 教材内容更新不及时

教材内容的及时更新对于学生的学习至关重要。随着科技的发展和社会的变化，知识更新的速度越来越快，旧版教材可能已经无法反映最新的科学发现和社会现实。如果教材内容滞后，学生就会失去获取最新知识的机会，导致其知识结构滞后于时代发展，影响其综合素质的提升。

国内活页式教材更新不及时的问题也是存在的。一方面，教材更新涉及大量的资源投入，包括人力、财力和时间等，而这些资源在现实中常常受到限制，导致教材更新的周期拉长。另一方面，教材编写和审定的程序烦琐，需要经过多个环节的审查和讨论，这也使得更新过程变得缓慢。一些教育主管部门对于教材内容的审核审查过于严格，导致教材更新的速度不够敏捷。

针对国内活页式教材更新不及时的问题，可以采取一系列的对策来加以解决。教育部门可以加大对教材更新的支持力度，增加更新的经费投入，提高更新的效率。可以简化教材编写和审定的程序，减少不必要的环节，加快更新的速度。可以建立更加灵活的教材审查机制，既保证教材的质量，又能够提高更新的速度。

2. 教材质量不稳定

有些教材内容陈旧，与时代发展脱节，缺乏实用性和针对性，难以满足学生的学习需求。另一些教材则过分迎合考试要求，内容单一，缺乏足够的知识深度和广度，导致学生缺乏全面的知识体系。更有甚者，一些教材存在着明显的错误和疏漏，给学生的学习带来了困扰和误导。

一些教材在教学设计上缺乏差异化和个性化，未能考虑到学生的实际水平和学习风格，导致了教学效果的降低。一些教材的教学方法单一，缺乏趣味性和互动性，难以激发学生的学习兴趣和积极性，使得学习过程显得枯燥乏味。

一些教材印刷粗糙，纸张质量不佳，图文排版混乱，影响了学生的阅读体验和理解效果。而另一些教材则存在着错版、漏页等问题，严重影响了教学的正常进行。

二、活页式教材管理的国际借鉴与发展建议

(一)美国活页式教材管理模式

美国各级教育机构和学校普遍建立了教育资源共享平台和在线学习社区,为教师和学生提供了丰富的教学资源和教学工具。这些平台和社区不仅包括教材内容和教学设计,还包括教学视频、教学游戏、教学评价等,形成了一套完整的教学资源体系,为教育教学的开放和共享提供了有力支持。

美国教师普遍采用个性化教学设计的方法,根据学生的学习特点和能力水平,灵活调整和定制教学内容和教学方式,使得教学更加贴近学生的需求和实际情况。美国教育机构和学校还鼓励教师进行教学研究和实践探索,不断创新教学方法和教学手段,促进教育教学的个性化和差异化发展。

美国活页式教材管理模式注重教学评价和反馈机制的建立。美国教育机构和学校建立了科学的教学评价体系和教学反馈机制,通过定期的教学评估和学生反馈,及时了解教学效果和学习情况,为教学改进和教学优化提供依据和支持。美国教育机构和学校还鼓励教师进行教学反思和专业发展,提供各种培训和支持措施,促进教师的教学能力和教学水平不断提高。

美国教育机构和学校普遍推行教育信息化和在线学习,采用各种教学技术和教学工具,如虚拟实验室、在线课堂、智能教室等,丰富教学手段和教学资源,提高教学效果和学习质量。美国教育机构和学校还注重教学技术的研究和创新,推动教育技术的发展和应用,为教育教学的改革和创新提供技术支持和保障。

(二)对国内活页式教材管理的借鉴意义

活页式教材管理在国内教育领域一直备受争议。虽然一些教育机构试图推行这种灵活的教材形式,但由于管理不善、资源分配不均等问题,其效果并不理想。针对这一情况,国内可以借鉴外国的经验,特别是一些先进国家在活页式教材管理方面的做法,以期在我国教育改革中找到更加有效的路径。

美国的教育部门设立了专门的部门负责审查、审核和管理活页式教材,确保其质量和合规性。这一严格的管理制度可以为国内活页式教材管理提供有益参考。我们可以借鉴其建立统一的管理标准和评估体系,确保教材内容的准确性、权威性和教育性。

一些发达国家的教育机构会邀请专业的教育学者、学科专家和教师团队参与教材的编写和修订,确保其与教学内容、教学方法的紧密衔接。他们还倡导开放式的教材编写模式,鼓励教师和学生参与教材的制作,以满足不同学习需求和教学场景。这种开放式的协作模式值得国内借鉴,可以促进教材的更新迭代,使之更加符合时代潮流和教育需求。

如利用信息技术手段推动教材的数字化、网络化，提高教材的可访问性和可持续利用性；他们还注重教师培训和教育宣传，帮助教师更好地理解和应用活页式教材，提升教学效果。这种多管齐下的推广策略可以为国内活页式教材的推广提供借鉴，帮助我们更好地利用现代技术手段，提升教育资源的利用效率和教学水平。

他们会定期组织教师和学生参与教材的试用和评估，收集反馈意见，及时调整和完善教材内容和形式。这种实践性的管理模式有助于及时发现和解决问题，提高教材的质量和适用性。国内可以借鉴这种实践导向的管理理念，鼓励教师和学生积极参与教材的改进和优化，促进教材与教学实践的紧密结合。

1. 引入国外管理经验

随着全球化的不断发展，各国之间的经济、文化交流日益频繁，借鉴国外成功的管理经验可以帮助我们更好地应对日益复杂多变的市场环境。西方国家在人力资源管理、创新管理和市场营销等方面积累了丰富的经验，我们可以通过学习其先进的管理理念和方法，提升自身的管理水平和竞争力。

这包括但不限于学习国外成功企业的案例、借鉴其管理模式和流程、邀请国外管理专家进行培训等。值得注意的是，选择适合本土实际的管理经验进行引入是至关重要的，我们需要根据自身的发展阶段、行业特点和组织文化来灵活运用外部经验，并结合本土实际进行创新和改进。

首先是文化差异带来的障碍。不同国家、不同地区的文化背景和价值观差异巨大，直接复制外国管理经验往往会遇到文化冲突和组织不适应的问题。我们需要在引入管理经验的过程中注意尊重和融合本土文化，避免简单照搬外部模式而导致的管理失误。

市场环境的差异也是一个挑战。国外管理经验所适用的市场环境可能与国内存在较大差异，比如法律法规、消费习惯、竞争格局等方面的不同。在引入国外管理经验时，我们需要进行适度的调整和改进，以适应本土市场的需求和特点。

2. 加强教材质量监控

在当今教育体系中，教材质量监控是至关重要的一环。随着社会的发展和教育观念的更新，对教材质量的要求也越来越高。加强教材质量监控显得尤为紧迫和必要。教材质量直接关系到学生的学习效果和发展。一本好的教材可以有效地引导学生，激发他们的学习兴趣，提升他们的学习效率。相反，如果教材质量不佳，可能会导致学生学习兴趣的降低，甚至影响他们的学业成绩和未来发展。加强教材质量监控是为了保障学生的学习权益，提高教育质量。

教材质量监控也是保障教育公平的重要手段。优质的教材可以为所有学生提供公平的学习机会，不论他们所处的地域、背景或学校条件如何。而如果教材质量参差不齐，甚至存在严重的问题，就会导致教育资源的不均衡分配，加剧教育的二元化现象，造成教育公平的严重损害。加强教材质量监控可以有效地保障教育的公平性，实现教育的普惠。

随着信息技术的不断发展，教材的形式也日益多样化。传统的纸质教材逐渐被数字化教材所替代，这为教材质量监控带来了新的挑战。数字化教材的更新速度更快，内容更加丰富多样，但同时也存在着质量参差不齐、版权保护等问题。加强教材质量监控不仅需要关注传统教材的编写审定过程，还需要结合信息技术手段，建立健全数字教材质量监控机制，确保数字化教育的可持续发展。

在加强教材质量监控的过程中，政府、教育机构、教师以及家长等各方都应发挥积极作用。政府应加强立法和监管，建立健全教材质量评估体系，制定相关标准和规范，严格把关教材的编写审定过程。教育机构应加强对教材的选用和使用管理，确保教材质量符合教学需要和学生实际情况。教师应在教学过程中对教材进行有效的引导和运用，发挥其在教育教学中的主体作用。家长应关注学生的学习情况，积极配合学校和教师，共同关心和监督教材质量，为学生提供良好的学习环境和条件。

第五章　活页式教材管理的组织与规划

第一节　活页式教材管理组织结构设计

一、活页式教材管理组织结构的设计原则

（一）灵活性原则

灵活性原则在活页式教材管理组织结构的设计中具有至关重要的作用。活页式教材的特点决定了其管理组织结构必须具备一定的灵活性，以适应不断变化的教学需求和内容更新的要求。

这意味着教材内容可以被分割成不同的模块或单元，每个模块都是相对独立的，可以根据实际需要进行添加、删除或修改。这样的设计使得教材的内容结构更加灵活，可以根据不同教学场景和学生需求进行个性化组合和调整，提高了教学的针对性和实用性。

随着教学内容和方法的不断更新和变化，教材内容需要及时进行调整和更新。管理组织结构应具备快速响应的机制，可以迅速对教材内容进行修改和更新，确保教学内容的及时性和准确性。这可能涉及教材编辑团队的组织结构设计，例如设立专门的内容更新小组，负责监测教学需求和最新研究进展，及时对教材内容进行修订和更新。

教材的编写和管理不应该是一个封闭的过程，而应该与教学实践和学生反馈形成一个开放的循环。管理组织结构应该鼓励教师和学生参与到教材的制作和管理中来，例如通过建立在线平台或社区，让教师和学生能够分享教学资源、提出意见和建议，促进教材内容的不断完善和更新。

（二）效率性原则

通过建立清晰的工作流程和良好的沟通机制，可以确保教材管理的各个环节能够有序进行，避免资源浪费和重复劳动。可以采用信息化技术来实现教材的数字化管理，提高教材的存储、检索和更新效率。通过建立跨部门的协作机制，将各个环节的资源整合起来，实现资源共享和优化利用，进一步提高管理效率。

人力资源是教材管理的重要组成部分，其素质和能力直接影响着管理工作的效率和

质量。在组织结构设计中应当合理配置各个岗位的人员，确保每个岗位都能得到有效的配备和支持。还应当重视员工的培训和发展，提高其专业素养和管理能力，以适应教材管理工作的不断变化和发展需求。

信息化技术在教材管理中发挥着越来越重要的作用，可以极大地提高管理效率和服务质量。在组织结构设计中应当充分利用信息化技术，建立起完善的教材管理信息系统，实现教材的全生命周期管理。还应当注重技术支持和人机协同，提高教材管理的自动化水平，减少人为操作和错误率，进一步提高管理效率和效果。

教材管理是一个动态的过程，需要不断地进行评估和调整，以适应环境变化和需求变化。在组织结构设计中应当建立起有效的评估机制，及时收集反馈信息，发现问题和不足，进行持续改进和优化。只有不断地完善和提升管理水平，才能更好地实现教材管理的效率和效果。

（三）适应性原则

设计活页式教材管理组织结构时，适应性原则是至关重要的。适应性原则指的是组织结构应当能够灵活地适应外部环境和内部变化，以满足组织的发展需要。在教育领域，特别是在活页式教材管理中，这一原则更是必不可少的，因为教育领域的变化频繁，教材内容需要不断更新、调整，而管理组织结构的设计必须具备相应的灵活性和应变能力。

活页式教材的特点之一就是可以随时更新和替换其中的内容，因此管理组织结构必须能够保证教材信息的及时更新，以适应教育领域知识的不断更新和变化。这就要求管理组织结构应该建立起高效的信息流通机制，确保新知识、新资料能够及时被纳入教材中，并且能够被教师和学生快速获取和利用。

教育领域的变化往往需要跨学科的知识和专业技能，因此管理组织结构应该建立起一个灵活多样的团队，包括教育专家、学科专家、编辑人员、设计师等不同岗位的人员。这样的团队结构能够更好地适应教材内容的多样化和更新速度的要求，保证活页式教材的质量和时效性。

活页式教材的制作和管理涉及多个环节和多个岗位的人员，因此管理组织结构必须建立起清晰的分工协作机制，确保各个环节之间的协同配合。管理组织结构还应该建立起信息共享的平台和机制，让团队成员之间能够及时地共享和交流信息，提高工作效率和质量。

教育领域的变化是持续不断的，管理组织结构必须能够不断地进行自我调整和改进，以适应外部环境的变化和内部需求的变化。这就要求管理组织结构必须具备一定的创新意识和学习能力，不断引入新技术、新方法，提高管理效率和教材质量。

二、活页式教材管理组织结构的框架设计

（一）教材管理部门设置

活页式教材管理部门的设置是为了有效管理和维护学校的教材资源，以满足教学需要并提升教学质量。这一部门的职责包括但不限于制定教材采购计划、审查和筛选教材内容、管理教材库存、更新和调整教材版本、处理教材损坏和遗失等。通过建立专门的管理机构，能够确保教材的及时更新和合理利用，促进教学工作的顺利开展。

这包括对学校各级各类课程的教材需求进行分析和评估，确定所需教材的种类、数量和版本。通过科学合理的规划，可以避免因教材短缺或过剩而造成教学秩序混乱的情况发生，保障教学工作的正常进行。

教材作为学生学习的重要工具，其内容应当符合教学大纲和课程标准，具有科学性、准确性和权威性。管理部门需要建立起一套完善的审查机制，对教材的编撰、印刷和发行进行监督和管理，确保教材内容的质量和可靠性。

教材的库存管理涉及教材的储存、保管和调配等方面，需要建立起一套科学的管理制度和操作流程。通过对教材库存进行动态监控和及时调整，可以确保教材的供应充足，并有效避免因教材过期或损坏而影响教学秩序的情况发生。

随着教学内容和教学方法的不断更新和发展，教材也需要不断进行修订和更新，以保持与教学需求的契合度。管理部门应当密切关注教学改革和课程改革的最新动态，及时调整和更新教材内容，确保教材的时效性和适用性。

在日常使用中，教材可能会因各种原因导致损坏或遗失，影响教学秩序和学生学习。管理部门应当建立起一套快速响应的应急机制，及时处理和替换损坏或遗失的教材，确保教学工作的连续性和稳定性。

（二）职能部门设置

活页式教材的引入为教育领域带来了新的思维方式和管理模式。在这种教材体系下，职能部门的设置至关重要，以确保其高效运作和有效管理。一个重要的职能部门是内容开发部门，其任务是负责策划、设计和编写教材内容。这需要一支高素质的团队，他们能够理解学生的需求、掌握教学要求，以及灵活应对不断变化的教育环境。

制作和编辑部门是不可或缺的。他们负责将内容开发部门提供的教材原稿转化为最终的产品。这包括校对、排版、插图设计等工作。在这个部门，精准的工作态度和审美观念都至关重要，以确保最终教材的质量。

市场营销部门也是关键部门之一。他们负责教材的推广和销售工作，以及与客户的沟通和合作。他们需要了解教育市场的动态，制定有效的营销策略，使教材能够更好地被市场接受和认可。

教材分发部门也是不可或缺的。他们负责教材的物流管理和分发工作，确保教材能够及时送达到各个教育机构和学生手中。这需要高效的组织能力和物流管理技能，以应对复杂多变的分发环境。

技术支持部门也是必不可少的。随着科技的发展，教育领域对于技术的依赖越来越大。技术支持部门负责维护和更新教材的电子版本，解决技术故障和用户的问题。他们需要具备扎实的技术功底和良好的沟通能力，以确保教材的顺利使用。

（三）岗位设置和职责分工

当谈到活页式教材管理组织的岗位设置和职责分工时，首先需要明确的是各个岗位之间的协调与配合至关重要。在这个组织结构中，关键岗位的设立和明确定义可以有效地提升管理效率和教材更新速度。

为确保教材管理工作的顺利进行，一个关键的岗位是教材采编员。这位专业人士负责与出版社、作者和教育机构合作，收集、筛选和编辑教材内容，确保其与课程标准和教学需要相符。

另一个重要的职位是教材审核员。他们负责对编写好的教材进行严格的审查，确保内容的准确性、客观性和与时俱进性，同时遵循相关的教育政策和法规。

教材排版设计师是确保教材版面整洁、美观的关键角色。他们负责将采编好的内容进行排版设计，包括文字、图片、图表等元素的布局与美化，以提升教材的可读性和吸引力。

除了教材内容的管理外，还需要专门的岗位来负责教材的储存和配送。这就需要设立教材仓库管理员和配送员的职位，他们负责对教材库存进行管理、清点和更新，并及时将教材送达到各个教育机构。

还需要一位教材市场推广专员，他们负责制订教材推广计划，与市场部门合作，开展各种推广活动，提升教材的知名度和市场份额。

第二节　活页式教材管理的流程规划与优化

一、活页式教材管理流程规划的主要内容

（一）教材编写流程规划

首先需要明确的是整个过程的目标和范围。教材编写是一项系统性的工作，需要从确定教材主题开始，逐步展开直至最终的编辑和出版。有效的流程规划至关重要。

在教材编写的初期阶段，一项关键的任务是确定教材的主题和范围。这一过程通常

需要与教育专家、学科领域专家以及教材使用者进行充分的沟通和讨论，以确保教材内容的准确性和适用性。

随后，教材编写团队将开始撰写教材的大纲和框架。在这一阶段，需要详细列出教材的章节结构、各个章节的主题内容以及所涉及的教学目标和学习活动。这一过程有助于确保教材的逻辑性和连贯性。

教材编写团队将开始撰写具体的教材内容。这一阶段需要根据之前确定的大纲和框架，逐步填充各个章节的内容，并确保内容的准确性、清晰度和吸引力。在编写过程中，可能需要与领域专家进行反复的讨论和审查，以确保内容的专业性和权威性。

完成教材的初稿后，接下来的任务是进行内部审阅和修订。这一阶段需要教材编写团队对教材内容进行全面的审查和修改，以确保语言表达的准确性、通顺性和统一性。还需要对教材的排版和格式进行调整，以提高阅读体验和美观度。

一旦教材的初稿经过内部审阅和修订后，接下来的步骤是进行外部审阅和评估。这一阶段可能涉及邀请外部专家或教育机构对教材进行评审，并根据评审意见进行必要的修改和调整。外部审阅的结果对于提高教材的质量和适用性至关重要。

（二）教材生产流程规划

当规划教材生产流程时，首先需要进行全面的需求分析。针对不同学科、年级和教学目标，确定所需教材的内容和形式，这是确保教材生产流程顺畅进行的基础。

教材生产流程的第一步是确定教材内容和结构。这需要与学科专家、教师以及教育专家合作，确保教材内容符合课程标准和教学要求，同时结构合理、条理清晰。

在教材内容确定后，接下来是编写教材稿件。这需要由资深教育编辑和学科专家共同完成，确保文字表达准确、清晰，符合学生年龄特点和认知规律。

完成稿件后，接下来是进行教材的审定和修改。这一环节需要教育专家、教研人员以及教材编辑进行多轮审定，确保教材内容准确无误、易于理解。

教材审定通过后，就进入了排版和制作阶段。这需要专业的排版设计师和制作团队，将教材内容进行美化排版，并选择合适的印刷材料和工艺，确保教材质量达到标准。

教材制作完成后，就需要进行市场推广和销售。这需要教育机构和出版社的合作，将教材推广给目标用户群体，并确保供应链畅通，及时满足市场需求。

教材的使用和反馈也是教材生产流程的重要环节。教师和学生的使用反馈将帮助教育机构和出版社改进教材质量，不断优化教材生产流程，提升教学效果。

（三）教材管理流程规划

当设计活页式教材管理流程时，首先需要明确每个环节的具体内容和责任人员。在整个流程中，最重要的是确保教材的及时更新和管理，以提供最新、准确的信息给学生。为了实现这一目标，以下是一个详细的活页式教材管理流程规划。

在活页式教材管理流程中,首先需要确定教材的编写标准和规范。这些标准可以包括教材的格式、内容结构、使用范围等方面的要求。这样可以确保所有的教材都符合统一的标准,便于管理和更新。

一旦确定了教材的编写标准,接下来就是教材的编写和审核环节。在这个环节中,需要确定教材的编写人员和审核人员,并制定详细的编写和审核流程。编写人员负责撰写教材的内容,而审核人员负责对教材进行审查,确保其准确性和完整性。

教材编写完成后,就进入了教材的印刷和装订环节。在这个环节中,需要确定印刷厂商,并与其协商教材的印刷数量、质量要求等事项。还需要确定教材的装订方式和封面设计,确保教材的外观整洁美观。

印刷和装订完成后,就需要进行教材的分发和销售工作。在这个环节中,需要确定教材的销售渠道和销售价格,并制订详细的销售计划。还需要建立教材的库存管理制度,确保教材的供应充足,以满足学生的需求。

除了销售工作,还需要对教材的使用情况进行跟踪和评估。这包括收集学生的反馈意见,以及对教材的销售情况进行统计分析。通过及时了解教材的使用情况,可以及时调整教材的内容和结构,以满足学生的学习需求。

还需要建立教材更新和维护机制。这包括定期对教材进行更新和修订,以反映最新的知识和技术发展。还需要建立教材的维护团队,负责教材的日常管理和维护工作,确保教材的长期有效使用。

(四)教材更新流程规划

当谈到教材更新流程规划时,一个关键的方面是确保教材的及时性和有效性。为此,制定一套精心设计的活页式教材管理流程至关重要。

在教材更新的流程规划中,首先需要建立一个清晰的目标和时间表。这可以包括确定更新频率、目标受众以及更新内容的范围和重点。通过明确这些目标,可以更好地指导后续的流程。

需要建立一个跨部门的协作机制。这包括教材编辑团队、教师和学科专家之间的合作。他们可以共同审查现有教材的效果,并提出更新建议,确保教材的质量和实用性。

另一个重要的步骤是制定更新计划和时间表。这意味着将更新过程分解为具体的任务和阶段,并为每个任务分配适当的时间。这可以确保更新工作按时完成,避免不必要的延迟。

随后,需要进行教材内容的评估和修改。这可能涉及添加新的知识点、调整教学方法或更新实例和案例。通过不断地评估和修改教材内容,可以确保其与最新的教学标准和需求保持一致。

在修改教材内容之后,需要进行审查和批准。这包括对更新后的教材内容进行专业审查，以确保其准确性和质量。还需要获得相关部门的批准，确保更新后的教材符合学校或机构的要求。

需要进行教材的发布和反馈收集。这包括将更新后的教材分发给教师和学生，并收集他们的反馈意见。通过收集反馈意见，可以进一步改进教材内容，确保其满足用户的实际需求。

二、活页式教材管理流程优化实践

（一）引入信息化技术优化流程

引入信息化技术优化活页式教材管理流程，可以显著提升管理效率和教学质量。传统的教材管理存在许多问题，如教材更新不及时、库存管理混乱、信息沟通不畅等。通过信息化技术，可以实现教材管理的标准化、规范化和智能化，使各个环节更加高效和透明。

利用数据库技术，可以将教材的基本信息，如教材名称、作者、出版社、出版时间等，录入系统中。通过电子化管理，不仅可以方便地查询和统计教材信息，还可以实现教材的动态更新和版本管理，避免因教材更新不及时而影响教学进度。

传统的教材采购流程烦琐，涉及多个部门和环节，容易出现信息传递不畅和沟通不及时的问题。通过建立电子采购平台，可以实现教材采购的在线申请、审核和审批，简化流程，提高采购效率。还可以通过平台实现与供应商的在线对接，实时了解市场情况，选择最优的采购方案。

利用条码技术和射频识别（RFID）技术，可以实现教材的自动识别和快速盘点，实时掌握库存情况，避免库存积压或短缺。通过库存管理系统，可以设定库存预警值，当库存达到预警值时，系统自动提醒相关人员及时补货或处理。

传统的教材分发和回收需要大量的人力和时间，通过信息化管理系统，可以实现教材的批量分发和精准分配，提高工作效率。学生可以通过系统查询教材领取情况，教师可以在线提交教材回收申请，减少了人工操作和纸质记录，降低了出错率。

通过建立教材管理平台，可以实现各个环节的在线记录和跟踪，所有操作都有据可查，方便管理人员进行监督和审计。平台还可以生成各类报表和数据分析，为管理决策提供科学依据，提升管理水平。

在引入信息化技术的过程中，需要注意技术与实际需求的结合。不同学校、不同专业对教材管理的要求不同，应根据具体情况设计和实施信息化解决方案。还需要加强对相关人员的培训，提高他们的信息化素养和操作技能，确保信息化系统的有效运行。

为了确保信息化系统的安全性和稳定性，必须建立健全的系统维护和管理机制。定期进行系统升级和维护，及时发现和解决系统运行中的问题，确保系统的持续高效运行。

还需要制定相应的安全管理制度，防止数据泄露和信息安全事件的发生。

在信息化技术的支持下，教材管理可以更加高效、透明和规范，为教学工作提供有力保障。未来，随着信息技术的不断发展，教材管理的信息化水平将进一步提升，带来更多的创新和变革。通过不断优化和完善信息化管理流程，推动教育事业的发展，为学生提供更优质的教育资源和服务。

（二）建立科学的管理制度和规范

一个科学的管理制度应该从制定明确的管理目标和任务开始。通过明确管理目标和任务，可以为整个管理流程的实施提供明确的指导和方向，使各部门在工作中能够明确职责、明确目标，有针对性地开展工作，提高工作效率和质量。

在建立科学的管理制度和规范时，还应该建立健全的组织结构和管理体系。组织结构的建立应该合理科学，既要考虑到各部门之间的协作关系，又要充分发挥各部门的专业优势，实现资源优化配置。管理体系的建立应该明确各级管理层的职责和权限，建立科学的决策机制和沟通机制，确保管理工作的高效运转。

在教材采购、储存、发放等方面，都应该建立相应的管理制度和规范，明确各项工作的程序和要求，确保教材管理工作的规范化和标准化。在教材采购方面，应该建立统一的采购标准和流程，制定明确的采购计划和预算，确保采购工作的合理性和经济性。

通过建立教材管理信息系统，可以实现教材管理的信息化管理，实现教材信息的统一管理、查询和分析，提高管理工作的效率和准确性。信息化建设还可以实现教材库存的实时监控和管理，及时发现并解决问题，确保教材供应的及时性和质量。

各部门应该加强对管理人员和工作人员的培训，提升他们的管理水平和专业能力，使其能够熟练掌握管理制度和规范，准确执行各项管理任务。还应该建立健全的绩效考核制度，激励管理人员和工作人员积极投入管理工作中，推动管理工作的持续改进和提高。

各级管理部门应该建立健全的监督机制，加强对教材管理工作的监督和检查，及时发现和解决存在的问题。还应该建立健全的评估机制，对教材管理工作进行定期评估和总结，发现问题、总结经验、推动改进，确保教材管理工作的持续改进和提高。

（三）加强与相关部门的协调与配合

加强与相关部门的协调与配合，是提升活页式教材管理流程效率的关键。具体来说，通过加强部门间的沟通和合作，可以确保信息的准确传递和资源的有效配置。这不仅能够减少重复劳动和资源浪费，还能提升整体工作效率和服务质量。

建立清晰的沟通渠道是提高协调效率的基础。定期召开部门联席会议，制定并细化各部门的工作职责和任务分工，能够有效避免职责不清和任务重叠的问题。通过建立多样化的沟通渠道，如电子邮件、即时通讯工具、内部工作平台等，可以确保信息的快速传递和反馈，提高工作效率。

制定统一的管理标准和规范，是保证教材管理流程有序进行的前提。各相关部门应根据教材管理的实际需求，协同制定统一的操作规范和工作标准，确保各环节的操作流程和质量标准一致。这不仅可以减少因标准不一而导致的工作误差，还能提升整体管理水平和服务质量。

加强人员培训和能力建设，是提升教材管理水平的重要保障。各部门应定期组织员工参加相关培训，提升他们的业务能力和专业素质。通过举办跨部门的培训交流活动，可以促进各部门之间的经验分享和知识互补，提高团队的整体协作能力。

借助信息化手段提高管理效率，是现代化管理的重要手段。通过引入先进的信息管理系统，各部门可以实现数据的实时共享和同步更新，从而大幅提升工作效率和准确性。信息化手段还可以帮助管理者实时监控和分析各项工作的进展情况，及时发现并解决潜在问题，确保教材管理流程的顺利进行。

建立有效的监督和评估机制，是确保管理流程不断优化和改进的关键。各部门应定期对教材管理工作进行全面的监督和评估，及时发现并纠正存在的问题。通过设立反馈渠道，广泛听取员工和学生的意见和建议，可以帮助管理者及时了解实际需求和工作效果，从而不断优化和改进管理流程。

注重与外部机构的合作与交流，是提升教材管理水平的重要途径。通过与教材供应商、印刷厂等外部机构建立良好的合作关系，可以确保教材供应的及时性和质量。通过参加行业研讨会和交流活动，了解最新的管理理念和技术，能够不断提升教材管理的专业水平。

在实际操作过程中，制定应急预案是应对突发情况的重要措施。各部门应根据教材管理的实际情况，制定详细的应急预案，并定期组织演练，确保在突发情况下能够迅速响应和妥善处理。这不仅可以减少突发事件对工作的影响，还能保障教材供应的连续性和稳定性。

注重细节管理是提升整体管理水平的有效途径。在教材管理的各个环节中，各部门应注重细节的管理和控制，确保每一项工作都能够高效、准确地完成。在教材的采购和验收环节，应严格按照标准和程序进行，确保教材的质量和数量符合要求。

除此之外，加强与学生和教师的沟通和互动，是提升教材管理服务质量的重要手段。通过定期开展问卷调查、座谈会等形式，了解他们对教材的需求和意见，可以帮助管理者更好地调整和优化教材管理工作，提升服务的针对性和满意度。

第三节　活页式教材管理的人力资源配置与培训

一、活页式教材管理的人力资源配置概述

（一）活页式教材管理人力资源配置的基本概念

活页式教材管理人力资源配置是指根据教材管理的实际需求，合理分配和利用各类人力资源，以确保教材管理工作的高效运行和持续改进。在活页式教材管理中，人力资源配置是一个关键环节，它直接影响到教材管理工作的质量、效率和成本，因此需要引起足够重视。

这需要对教材管理工作的各项任务和流程进行全面的分析和评估，确定各个环节所需的人力资源类型和数量，以及各项工作的重要性和紧急程度，从而合理确定人力资源的配置方案。

教材管理工作涉及采购、储存、发放等多个环节，需要不同专业背景和技能的人员共同协作完成。在配置人力资源时，需要根据各项工作的特点和要求，合理安排不同专业背景和技能水平的人员，以确保教材管理工作的全面开展和高效完成。

教材管理工作涉及大量的数据处理、信息管理等工作，工作量较大，工作压力较大。在配置人力资源时，需要合理安排工作量，避免出现人力资源不足或过剩的情况，确保管理人员和工作人员能够合理分配工作，保持良好的工作状态。

教材管理工作涉及多个环节和复杂的管理流程，管理人员和工作人员需要具备丰富的专业知识和技能，才能胜任工作。在配置人力资源时，需要充分考虑到管理人员和工作人员的培训和发展需求，为他们提供必要的培训和学习机会，提升其专业水平和综合能力。

激励机制是激发管理人员和工作人员的工作积极性和创造性的重要手段，它直接影响到管理工作的质量和效率。在配置人力资源时，需要建立完善的激励机制，为管理人员和工作人员提供合理的薪酬待遇、晋升机会和职业发展空间，激发他们的工作热情和创造力，提高管理工作的效率和质量。

（二）活页式教材管理人力资源需求分析

在活页式教材管理中，人力资源需求首先体现在管理人员方面。管理人员需要具备较强的组织协调能力和信息化管理能力，能够负责教材采购、库存管理、分发回收等工作。他们还需要具备一定的教育背景和相关工作经验，以更好地理解教材需求和教学特点，为教材管理提供专业支持。

除了管理人员，活页式教材管理还需要专门的采购人员。采购人员需要具备较强的市场洞察力和谈判能力，能够及时了解教材市场情况，选择优质的供应商，并与供应商进行有效的合作。他们还需要具备一定的财务管理知识，能够控制采购成本，保证教材采购的经济性和效益性。

活页式教材管理还需要专门的库存管理人员。库存管理人员需要具备较强的组织和计划能力，能够实时监控教材库存情况，合理安排库存空间，确保教材的安全存放和有效利用。他们还需要定期进行库存盘点和清点，及时发现和解决库存异常问题，保证库存数据的准确性和完整性。

活页式教材管理还需要专门的分发和回收人员。分发人员需要具备快速高效的工作能力，能够按照教学计划和教师要求，及时将教材分发到指定地点。回收人员需要具备耐心和细心的工作态度，能够认真核对回收的教材数量和质量，确保回收工作的顺利进行。

除了以上的专业人员，活页式教材管理还需要一定数量的助理和文员。助理和文员主要负责一些辅助性工作，如文件整理、信息录入、数据统计等，为管理人员提供支持和帮助。他们需要具备一定的办公软件操作能力和文秘技能，能够高效地完成日常工作任务。

1. 人力资源结构分析与优化

教材管理工作涉及采购、储存、发放等多个环节，需要不同专业背景和技能的人员共同协作完成。在分析人力资源结构时，需要充分考虑到各项管理任务的特点和要求，合理确定各个环节所需的人力资源类型和数量。

教材管理工作涉及多个管理层级和不同职责的人员，如管理人员、采购人员、库管人员等。在分析人力资源结构时，需要明确各级管理层的职责和权限，合理划分管理职能和工作范围，确保各项管理任务能够顺利进行和高效完成。

管理工作涉及大量的数据处理、信息管理等工作，工作量较大，工作压力较大。在分析人力资源结构时，需要充分考虑到工作强度和工作压力的因素，合理安排人员数量和工作时间，避免出现人力资源不足或过剩的情况。

需要考虑到管理人员和工作人员的专业素质和技能水平。教材管理工作需要不同专业背景和技能水平的人员共同协作完成，如管理人员需要具备管理技能和团队协作能力，采购人员需要具备采购技能和市场分析能力等。在分析人力资源结构时，需要充分考虑到管理人员和工作人员的专业素质和技能水平，合理安排人员结构，确保教材管理工作能够高效运行。

教材管理工作涉及多个环节和复杂的管理流程，管理人员和工作人员需要不断提升自己的专业水平和综合能力，才能胜任工作。在分析人力资源结构时，需要充分考虑到管理人员和工作人员的培训和发展需求，为他们提供必要的培训和学习机会，提升其专业水平和综合能力。

2. 人员编制与配备标准

针对管理人员的编制与配备，应根据学校规模和教材管理的工作量进行合理安排。一般情况下，每所学校应设立教材管理主管，负责教材管理工作的组织协调和决策管理。根据学校规模和教材种类的不同，可以设立相应数量的副主管或助理，协助主管完成日常管理工作。

针对采购人员的编制与配备，应根据教材采购的频率和数量确定具体编制。一般情况下，每所学校至少应配备一名专职采购人员，负责教材的市场调研、供应商选择和采购合同的签订等工作。根据教材采购的规模和复杂程度，可以适当增加采购人员的编制，以保证采购工作的及时完成。

针对库存管理人员的编制与配备，应根据教材库存量和管理需求确定具体编制。一般情况下，每所学校至少应配备一名专职库存管理人员，负责教材库存的监控、清点和调配等工作。根据教材库存的规模和复杂程度，可以适当增加库存管理人员的编制，以保证库存管理工作的顺利进行。

针对分发和回收人员的编制与配备，应根据教材分发和回收的频率和范围确定具体编制。一般情况下，每所学校至少应配备一名专职分发和回收人员，负责教材的及时分发和回收工作。根据教材分发和回收的工作量，可以适当增加分发和回收人员的编制，以确保工作的高效完成。

除了以上专业人员外，还应根据教材管理的实际情况，适当配备一定数量的助理和文员。助理和文员主要负责一些辅助性工作，如文件整理、信息录入、数据统计等，为管理人员提供支持和帮助。根据教材管理的工作量和复杂程度，可以适当增加助理和文员的编制，以提高工作效率。

二、活页式教材管理人力资源培训内容与方法

（一）岗位培训内容设计

在活页式教材管理岗位培训内容设计中，需要包括基础知识和理论学习。这包括教材管理的基本概念、原理、流程、政策法规等方面的知识。通过系统的理论学习，可以帮助管理人员和工作人员建立起对教材管理工作的整体认识和理解，为后续的实践操作打下良好的基础。

培训内容设计还应该包括实践操作和技能培训。教材管理工作涉及采购、储存、发放等多个环节，需要管理人员和工作人员具备丰富的实践操作和技能。在培训内容设计中，需要包括实际操作和技能培训，如教材采购流程操作、库存管理技巧、教材发放流程等方面的实践操作和技能培训。

教材管理工作需要管理人员具备良好的管理技能和团队协作能力，才能有效地组织

和管理教材管理工作。在培训内容设计中，需要包括管理技能的培养，如领导力培养、沟通技巧培养、问题解决能力培养等方面的培训内容，同时还需要注重团队协作能力的培养，如团队合作培训、团队建设培训等方面的培训内容。

随着信息化技术的不断发展，教材管理工作已经越来越依赖于信息化技术和数字化管理工具。在培训内容设计中，需要包括信息化技能和数字化管理能力的培养，如信息系统操作培训、数据分析技能培养、网络安全意识培养等方面的培训内容，以提升管理人员和工作人员的信息化和数字化管理水平。

在教材管理工作中，难免会遇到各种各样的问题和突发情况，需要管理人员和工作人员具备良好的问题解决和应急处理能力。在培训内容设计中，需要包括问题解决能力和应急处理能力的培养，如问题分析能力培养、应急预案制定与实施培训等方面的培训内容，以提高管理人员和工作人员的应对突发情况的能力。

（二）培训方法和手段选择

针对活页式教材管理的管理人员，可以采用专业培训课程的方式进行培训。这种方式可以邀请相关领域的专家或资深从业人员，通过讲座、研讨会等形式，传授教材管理的相关知识和技能。培训课程可以包括教材采购管理、库存管理、分发回收等方面的内容，针对性强，能够提高管理人员的专业水平和管理能力。

这种方式可以通过实地考察、实际操作等形式，让培训对象亲自参与教材采购和库存管理的工作流程，掌握实际操作技能和经验。通过实操培训，可以提高采购人员和库存管理人员的工作效率和准确性，确保教材管理工作的顺利进行。

可以通过角色扮演、案例分析等形式，模拟真实的教材分发和回收场景，让培训对象在模拟环境中进行实际操作和应对突发情况的训练。通过模拟演练，可以提高分发和回收人员的应变能力和工作效率，确保教材分发和回收工作的顺利进行。

这种方式可以通过网络课程、视频教学等形式，让培训对象在任何时间、任何地点进行学习，灵活方便。在线培训可以结合考试、测评等形式，对培训效果进行评估和反馈，及时发现和解决问题，提高培训效果。

（三）培训效果评估与反馈机制

评估过程中，可以通过对培训目标和内容进行量化分析和定量评估，了解培训是否达到预期目标，是否满足管理人员和工作人员的培训需求，以及培训内容的实际应用效果如何。

参训人员的反馈和满意度是评估培训效果的重要指标，可以了解参训人员对培训内容和方式的认可程度，发现培训中存在的问题和不足，及时调整和改进培训方案。

培训后，管理人员和工作人员的工作表现是否有所改善，是否能够更好地应对工作中的各种问题和挑战，是否能够更有效地组织和管理教材管理工作，这些都是评估培训效果的重要指标之一。

培训成本包括培训费用、参训人员的工作时间成本等，而培训效益则包括培训后管理人员和工作人员的能力提升、工作效率的提高等方面。评估过程中，需要综合考虑培训成本和效益的关系，确保培训的投入能够得到合理的回报。

通过建立起有效的反馈机制，可以及时收集管理人员和工作人员的意见和建议，发现培训工作中存在的问题和不足，及时调整和改进培训内容和方式，提升培训效果和质量。

培训的长期效果包括管理人员和工作人员在工作中持续应用培训内容和技能、持续改进和提高工作水平等方面的表现。在评估培训效果时，需要考虑到培训的长期影响，确保培训的持续有效性和可持续发展。

第四节　活页式教材管理的信息化建设与应用

一、活页式教材管理信息化建设的实践

（一）教材管理信息化系统的构建

通过与教学管理部门和教师进行沟通和调研，了解他们对教材管理系统的具体需求和期望。根据需求分析的结果，确定系统的功能模块和技术架构，为系统的设计和开发奠定基础。

系统应具有友好的用户界面，方便用户操作和管理。系统的稳定性也是构建过程中需要重点考虑的问题，必须确保系统能够长期稳定运行，避免出现故障和数据丢失等问题。

信息化系统的构建还需要注重系统的灵活性和可扩展性。教材管理是一个复杂的工作，涉及多个环节和多个部门，因此系统需要具有一定的灵活性，能够根据实际情况进行调整和优化。系统还应具有良好的可扩展性，能够随着教材管理工作的发展不断扩展和完善功能。

教材管理涉及大量的敏感信息，如教材采购记录、库存情况等，必须确保这些信息的安全性和保密性。在系统的设计和开发过程中，必须加强对数据安全和系统安全的保护，采取有效的安全措施，防止信息泄露和系统攻击。

教材管理涉及大量的数据处理和信息交互，因此系统的性能和效率直接影响到教材管理工作的顺利进行。在系统的设计和开发过程中，必须充分考虑到系统的性能需求，采用高效的算法和技术，确保系统能够快速响应用户请求，提高工作效率。

（二）教材管理信息化平台的建设

教材管理工作涉及采购、储存、发放等多个环节，需要一个全面的信息化平台来统一管理和协调各项工作。在建设信息化平台时，需要全面考虑到教材管理工作的各个环节和业务流程，确保信息化平台能够覆盖到教材管理工作的各个方面。

教材管理涉及多个子系统和模块，如采购系统、库存管理系统、发放系统等，这些子系统和模块之间需要实现信息的共享和互联互通，才能实现教材管理工作的整体协调和高效运行。在建设信息化平台时，需要考虑到各个子系统和模块的集成和互联互通，确保信息的流通畅通无阻。

活页式教材管理信息化平台的建设需要注重数据的安全和保密。教材管理涉及大量的敏感信息和个人隐私信息，如学生信息、教师信息等，这些信息需要得到严格的保护和管理，避免泄露和滥用。在建设信息化平台时，需要采取各种安全措施，如加密技术、权限控制等，确保数据的安全和保密。

教材管理工作涉及多个用户群体，如管理人员、教师、学生等，他们对信息化平台的需求和使用习惯可能有所不同。在建设信息化平台时，需要充分考虑到用户的体验和需求，设计用户友好的界面和功能，提供个性化的服务，提高用户的满意度和使用率。

教材管理工作是一个长期性、持续性的工作，信息化平台必须保证系统的稳定运行，避免出现系统崩溃、数据丢失等问题，影响教材管理工作的正常开展。在建设信息化平台时，需要注重系统的稳定性和可靠性，采取各种措施确保系统的安全稳定运行。

（三）教材管理信息化应用的推广和应用

学校领导应认识到信息化系统对提升教学管理水平的重要性，积极支持和推动信息化系统的推广和应用。领导的支持不仅可以提供必要的资源和保障，还可以树立示范作用，促使广大教职工和学生积极参与到信息化系统的应用中来。

教师是教材管理信息化系统的主要使用者和推动者，他们的积极参与和支持对系统的推广和应用至关重要。需要通过培训课程、技术指导等方式，提升教师的信息化素养和操作技能，让他们能够熟练使用信息化系统，发挥其最大效益。

通过校园广播、校园电视、宣传册等形式，向教师、学生和家长介绍信息化系统的功能和优势，激发他们对系统的兴趣和参与度。还可以通过举办信息化系统推广活动、发布推广资讯等方式，扩大信息化系统的知名度和影响力，吸引更多的用户参与到系统的应用中来。

学校应建立健全的技术支持团队，为教师和学生提供及时、有效的技术支持和服务保障，解决他们在使用过程中遇到的问题和困难。还可以建立用户反馈机制，收集用户的意见和建议，不断改进和完善信息化系统，提高用户满意度和系统的稳定性。

二、活页式教材管理信息化应用策略

（一）推进信息技术在教材管理中的应用

活页式教材管理推进信息技术在教材管理中的应用是为了提高教材管理工作的效率、准确性和便利性。随着信息技术的不断发展和普及，活页式教材管理越来越倾向于采用信息技术来优化管理流程、提升服务水平、满足教师和学生的需求。

可以将教材管理的各个环节，如采购、库存管理、发放等，全部纳入一个统一的信息平台上进行管理和操作。这样可以实现教材管理工作的数字化处理，提高管理效率和准确性。

建立教材库存管理系统，可以实时监控教材的入库、出库、库存量等信息，及时了解教材库存情况，提前预警库存不足或过剩的情况，做出合理的调整和安排，确保教材供应的及时性和质量。

信息技术在教材管理中的应用还可以实现教材信息的共享和交流。通过建立教材管理信息平台，可以实现教材信息的统一管理和共享，不同部门和教师可以共同查阅和使用教材信息，提高信息资源的利用效率，避免信息孤岛现象的发生，促进教材管理工作的协同和协作。

通过建立教材管理信息系统，可以根据教师和学生的个性化需求，提供个性化的教材推荐、定制化的教材服务等，提高教学和学习的满意度和效果，促进教学质量的提升。

通过建立教材管理信息系统，可以实时收集和分析教材管理工作的各项数据，如教材采购量、库存情况、发放情况等，为管理人员提供数据支持和决策参考，优化资源配置，提高管理效率和质量。

（二）加强教材管理信息系统的建设和完善

系统的设计和开发应立足于实际情况，充分满足教材采购、库存管理、分发回收等环节的需求，提供全方位、一体化的解决方案。还应采用先进的信息技术和管理理念，确保系统具有高效、稳定、安全的特点。

系统应具有友好的用户界面和操作流程，方便教师、学生和管理人员进行操作和管理。还应注重系统的反馈机制和用户体验调查，及时了解用户的需求和意见，不断改进和优化系统，提高用户满意度和使用率。

教材管理涉及大量的敏感信息和重要数据，必须确保数据的准确性和完整性，避免因数据错误或丢失而影响教学工作的正常进行。在系统的设计和开发过程中，必须加强对数据管理和保护的考虑，建立健全的数据管理机制和安全保障措施。

加强活页式教材管理信息系统的建设还需要注重系统的功能完善和扩展性。随着教材管理工作的不断发展和变化，系统的功能也需要不断完善和扩展，以满足用户的新需求和新要求。系统应具有良好的可扩展性，能够灵活添加新功能和模块，以适应教材管理工作的发展需要。

（三）推动教材管理信息化与教学一体化发展

活页式教材管理推动教材管理信息化与教学一体化发展是顺应时代潮流、提高教学质量的必然选择。随着信息技术的不断发展和应用，教材管理信息化已成为教育领域的重要发展趋势，而将教材管理信息化与教学一体化发展起来，不仅可以提高教学效率，还可以丰富教学手段，促进教育教学的创新和发展。

活页式教材管理推动教材管理信息化与教学一体化发展可以实现教学资源的共享和整合。通过建立教材管理信息平台，可以将教材资源、教学资源等各类资源整合到一个统一的平台上进行管理和共享，教师可以根据教学需求灵活选择和使用教材资源，实现资源的共享和优化利用，提高教学效率和质量。

建立教材管理信息系统，可以根据教学内容的不同特点和学生的个性化需求，为教师提供个性化的教材选择、教学设计等支持，实现教学内容的个性化和差异化，更好地满足学生的学习需求，提高教学效果。

通过建立教材管理信息系统，可以实现教学过程的自动化管理和监控，如课程计划的自动生成、教学进度的实时监测等，提高教学过程的效率和准确性，减轻教师的管理负担，让教师更多地专注于教学内容和方法的设计和改进。

活页式教材管理推动教材管理信息化与教学一体化发展还可以促进教师教学方法的创新和提升。通过建立教材管理信息系统，可以为教师提供丰富的教学资源和教学工具，如教学视频、教学案例等，为教师教学方法的创新提供支持和帮助，促进教师的教学水平的提升，提高教学质量。

通过建立教材管理信息平台，可以为学生提供个性化的学习资源和学习支持，如在线学习平台、学习辅助工具等，帮助学生有效地开展自主学习和合作学习，提高学生的学习兴趣和学习效果，促进学生学习能力的全面发展。

第六章 活页式教材管理的质量与评估

第一节 活页式教材管理质量标准与指标体系

一、活页式教材管理质量标准体系

（一）教材内容质量标准

教材内容应符合学科知识体系的逻辑结构，内容应准确、全面地反映学科发展的最新进展和最新成果。教材编写应严格把关，确保所提供的信息和数据来源可靠、准确，避免出现错误或偏颇的情况。

教材编写应充分考虑到作者的学术背景和研究水平，尽可能选择权威专家或团队编写，确保教材内容的权威性和可信度。教材编写过程中应注重文献引用和参考资料的来源，确保教材内容的学术来源可考、可查，增强教材内容的可信度和可验证性。

活页式教材的内容质量标准应确保教材内容的适用性和实用性。教材内容应与学生的学习需求和教学目标相匹配，能够有效地指导学生学习和实践。教材内容应具有一定的实用性，能够帮助学生解决实际学习中的问题，提高学生的学习效果和学习兴趣。

内容应具有良好的逻辑结构和组织框架，各个章节之间应相互衔接、层层递进，形成系统完整的知识体系。教材内容应避免冗余和重复，确保内容的精炼性和紧凑性，使学生能够更好地理解和掌握知识。

（二）教材制作质量标准

教材的编排结构应符合教学大纲和课程标准的要求，合理安排各个章节和知识点的内容，保证教学内容的完整性和连贯性。教材的内容要求应准确反映教学内容，涵盖教学要点和重点，具有科学性、前瞻性和启发性，以满足学生的学习需求。

文字表达应简洁明了、条理清晰，避免使用晦涩难懂的术语和专业名词，保证学生易于理解和掌握。教材的语言风格应贴近学生的生活实际，富有情趣和感染力，激发学生的学习兴趣和潜能，提高教学效果。

教材的版面设计应简洁大方、美观易读，合理安排文字、图片、图表等元素的布局和位置，使教材整体呈现出良好的视觉效果。教材的排版要求应符合印刷规范和技术要求，保证文字和图表的清晰度和可读性，避免出现排版错误和版面混乱的情况。

活页式教材制作质量标准还需要规范教材的印刷质量和装订工艺。教材的印刷质量应符合国家标准和印刷要求，保证文字和图表的清晰度和色彩的准确性，避免出现印刷模糊和色差的情况。教材的装订工艺应牢固耐用、易于翻阅，保证教材的整体质量和使用寿命，避免出现装订松散和页码错乱的情况。

教材的校对应严格按照校对规范和程序进行，确保文字和内容的准确性和一致性，避免出现错别字和语病的情况。教材的审定程序应经过专家评审和教研论证，确保教材的学科性和教学适用性，提高教材的质量和水平。

（三）教材使用质量标准

活页式教材是一种灵活、方便的教材形式，其使用质量标准直接影响着教学效果和学生学习体验。本文将探讨活页式教材使用质量标准，包括内容完整性、版面设计、印刷质量等方面，旨在为教材编辑和教师提供指导，提升活页式教材的使用效果。

活页式教材的内容完整性至关重要。活页式教材应涵盖全面的知识点，确保学生能够全面、系统地学习相关内容。这就要求教材编辑在内容设计上要考虑到各个知识点之间的内在联系，避免出现知识漏洞，确保教学目标的达成。

版面设计是影响活页式教材使用质量的重要因素之一。合理的版面设计可以提高学生的阅读兴趣，帮助他们更好地理解和吸收知识。在设计版面时，应注意文字与图片的搭配，合理安排段落和章节，使得教材整体呈现出清晰、简洁的视觉效果。

印刷质量也是评价活页式教材使用质量的重要标准之一。良好的印刷质量不仅可以提高教材的美观度，还可以保证文字清晰、图片逼真，避免因印刷质量问题导致的信息不清晰、模糊等情况，影响学生的阅读体验和学习效果。

除此之外，活页式教材的编排顺序、语言表达等方面也应符合教学规范和学生的学习习惯，以提高教材的使用效果。在编排顺序上，应按照知识点的逻辑顺序进行排列，便于学生理解和记忆；在语言表达上，应简洁明了，避免使用过于晦涩的词语和句子，以保证学生能够轻松理解教材内容。

（四）教材更新质量标准

在教材内容的更新频率方面，应考虑到学科知识的更新速度和教学需求的变化。一般来说，教材的更新频率应与学科知识的更新速度相适应，确保教材内容始终符合最新的教学要求和学科发展趋势。还应结合教学实践和学生反馈，及时调整更新频率，确保教材内容的及时性和实用性。

在教材内容的更新质量方面，应注重更新内容的科学性和实用性。更新内容应基于最新的研究成果和教学理念，确保教材内容的科学性和权威性；还应考虑到教学实践的需求，更新内容应具有一定的实用性，能够有效地指导教学活动和促进学生学习。更新内容还应与原有内容相衔接，保持教材的连贯性和完整性。

在教材更新方式的科学性方面，应注重更新过程的规范和透明。更新过程应明确更新责任人和更新流程，确保更新内容的准确性和及时性；更新内容应经过专家评审和教师审查，确保更新内容的科学性和实用性；更新过程应及时向教师和学生通报更新信息，确保更新内容的及时传达和应用。

二、活页式教材管理指标体系设计原则

（一）全面性原则

在教材的编写方面，应考虑到教学内容的系统性和完整性。教材应当囊括所涉及学科的基础知识和核心概念，同时还应具备一定的灵活性，以适应不同教学场景和学生群体的需求。教材的编写还应注重知识的更新和深化，及时反映学科的最新研究成果和教学理念，以保持教材的时代性和科学性。

在教学活动的组织和实施方面，管理指标体系应关注教学过程的合理性和有效性。教材应当合理分配各个章节和单元的教学时间，确保教学进度的紧凑和连贯；还应提供丰富多样的教学活动和教学资源，以激发学生的学习兴趣和提高教学效果。还应关注教师的教学能力和教学态度，通过教学评价和反馈机制，及时发现和解决教学中的问题，不断提高教学质量。

在学生学习情况的评价方面，管理指标体系应具备科学性和客观性。评价应当全面反映学生的学习情况和学习成果，包括知识掌握程度、能力发展水平和学习态度等方面；评价方法应当多样化，既包括定性评价，也包括定量评价，以便全面了解学生的学习情况。评价结果应当及时反馈给学生和教师，帮助他们及时调整学习和教学策略，以提高学习效果。

（二）科学性原则

设计活页式教材管理指标体系需要遵循科学性原则，以确保其有效性和可操作性。多个方面详细阐述如何构建一个科学的活页式教材管理指标体系，包括系统性、全面性、可操作性、前瞻性和可持续性等方面。

系统性是设计教材管理指标体系的基础。系统性要求我们在构建指标体系时，必须充分考虑各个指标之间的相互关系，形成一个完整、协调的整体。具体而言，指标体系应覆盖教材管理的各个环节，包括编写、审定、使用、评估和反馈等多个阶段。只有这样，才能确保教材管理的每一个环节都有章可循，有据可依。

全面性是衡量指标体系科学性的重要标准之一。在设计教材管理指标体系时，全面性要求我们充分考虑各种可能影响教材管理效果的因素。这不仅包括教材的内容质量，还包括教材的形式设计、使用效果、教师和学生的反馈等方面。通过全面考量这些因素，

才能确保指标体系的完备性和全面性。

可操作性是指标体系能否顺利实施的关键。一个科学的指标体系不仅需要设计合理，还需要便于操作和实施。在制定指标时，我们需要考虑指标的明确性和易测量性。具体来说，指标应尽量量化，便于在实际操作中进行监测和评估。指标的设计应简明扼要，避免过于复杂，以确保使用者能够方便地理解和操作。

前瞻性是确保指标体系长远有效的重要原则。教材管理需要适应教育发展的新形势和新要求，因此在设计指标体系时，我们需要具有前瞻性思维，预测教育发展的趋势，及时调整和优化指标体系。随着信息技术的发展，电子教材和在线教育的普及，我们需要在指标体系中增加对电子教材管理和在线教学效果的评价指标。

可持续性是确保指标体系长期有效运作的必要条件。可持续性要求我们在设计指标体系时，充分考虑其可持续发展能力。具体来说，指标体系应具有灵活性和适应性，能够根据实际情况的变化进行调整和优化。指标体系应具备一定的稳定性，避免频繁变动，以确保管理工作的连续性和稳定性。

（三）可操作性原则

活页式教材管理指标体系的可操作性设计是确保教材管理系统高效运作的关键环节。在制定这一指标体系时，遵循可操作性原则尤为重要。以下是具体设计原则的详细阐述。

明确性原则要求指标体系必须具有清晰的定义和具体的内容。每一个指标应当有明确的描述，以确保各方理解一致，避免在实施过程中产生歧义。这就需要在制定指标时，详细描述指标的测量方法和评估标准，使其具备高度的可理解性和可操作性。

可量化原则强调指标的量化特性。指标体系中的每一个指标应当是可以量化的，即可以通过具体的数值或百分比来表示。量化的指标能够客观反映实际情况，为管理者提供科学的数据支持。教材的使用频率、教材完好率等都应当通过具体的统计数据来体现。

可操作性原则是指标体系设计的核心要求之一。指标的设置不仅要考虑理论上的合理性，还要注重实际操作中的可行性。指标必须易于执行和监测，避免复杂化和烦琐的操作流程，使得管理人员能够方便地进行记录和分析。

相关性原则要求指标体系中的各项指标应当与活页式教材管理的实际需求紧密相关。所设定的每一个指标都必须反映出管理过程中需要关注的关键因素，确保指标体系能够真正起到指导和监督的作用。教材更新频率和教材内容的适用性就是与教材管理直接相关的重要指标。

动态性原则强调指标体系的灵活调整能力。随着教育需求和科技手段的不断发展，教材管理工作也在不断变化。指标体系设计时应当具有一定的灵活性和适应性，能够根据实际情况进行动态调整和更新，确保指标体系始终与时俱进，满足新的管理需求。

全面性原则要求指标体系涵盖教材管理的各个方面。指标设计应当全面考虑教材的采购、分发、使用、维护、更新等各个环节，确保每一个环节都有相应的指标进行监督和管理。全面性的指标体系能够全面反映教材管理工作的整体状况，为综合管理提供有力的支持。

在设计指标体系时，可比较性原则也是重要的考量因素之一。指标体系应当具有一定的比较性，使得不同时间段或不同部门之间的教材管理情况能够进行横向或纵向比较。通过这种比较，可以发现管理中的不足和差距，及时进行改进和优化。

实用性原则强调指标体系的实用价值。指标的设置应当以实际需求为导向，避免形式主义和不切实际的指标。每一个指标都应当能够真正为管理工作提供参考和指导，帮助提高教材管理的效率和效果。

第二节 活页式教材管理评估方法与工具

一、活页式教材管理评估方法

（一）文献综述

当评估活页式教材文献综述时，可以采用多种方法。可以考虑对文献综述的内容进行全面的概括和分析。可以重点关注文献综述的结构和组织方式。还可以评估文献综述中所使用的理论框架和方法论。需要考虑文献综述的贡献和创新之处。

对于活页式教材文献综述的全面概括和分析，评估者可以从内容的广度和深度两个方面入手。广度上，评估文献综述是否涵盖了相关领域的主要研究成果和观点；深度上，则需要考察文献综述对于每个主题或问题的探讨是否详尽，是否对相关研究进行了深入的分析和讨论。

在评估文献综述的结构和组织方式时，可以关注其逻辑性和连贯性。评估者需要检查文献综述是否按照一定的逻辑顺序进行组织，各个部分之间是否有明确的联系和过渡。还需要考察文献综述是否清晰地界定了研究的范围和目标，以及是否在适当的位置提供了必要的背景信息和文献引用。

在评估文献综述中所使用的理论框架和方法论时，需要关注其科学性和适用性。评估者可以考察文献综述是否明确地说明了所采用的理论框架和方法论，并对其进行了合理的解释和应用。还需要评估所使用的理论框架和方法是否与研究问题相匹配，是否能够有效地指导研究的进行和结果的解释。

（二）定量评估方法

一种常见的定量评估方法是使用学习者的反馈数据。通过问卷调查或在线反馈表，收集学习者对活页式教材的评价和意见。这些数据可以包括对教材内容的理解程度、教材设计的满意度以及对学习体验的整体评价。

另一种定量评估方法是分析学习者的学习行为数据。通过学习管理系统或在线学习平台收集学习者的学习行为数据，如学习时长、学习路径、浏览次数等。这些数据可以帮助评估者了解学习者对活页式教材的实际使用情况，从而评估教材的吸引力和可操作性。

除了学习者的反馈数据和学习行为数据，还可以使用学习成绩数据进行定量评估。通过分析学习者在课后测试或考试中的表现，评估教材对学习者学习成绩的影响。这种方法可以直接衡量教材对学习效果的贡献程度，从而评估其教学效果和实用性。

可以使用定量评估工具和指标来评估活页式教材的技术质量和功能性。可以通过评估教材的页面加载速度、交互性能、兼容性等技术指标来评估其技术质量。还可以使用评估工具来检测教材中可能存在的错误或问题，如链接错误、页面布局问题等。

1. 调查问卷

问卷设计是活页式教材调查的关键环节之一。问卷应当设计简洁明了，内容全面，涵盖教材的各个方面，如内容质量、版面设计、易用性等。应当注意问题的逻辑性和连贯性，避免出现歧义或重复的内容，确保问卷的完整性和可用性。

问题设置应当具有一定的针对性和灵活性。可以根据教材的具体特点和调查目的设置不同类型的问题，包括单选题、多选题、开放性问题等。可以设计针对教材内容的问题，了解用户对于教材内容的理解和接受程度；也可以设计针对教材版面设计的问题，了解用户对于教材版面的喜好和建议。

题目语言应当简明扼要，易于理解。问卷设计者应当尽量避免使用复杂或晦涩的词汇和句子，以免引起受访者的困惑或误解。应当注意语言的客观性和中立性，避免在问题表述中带有主观偏见，影响调查结果的客观性和准确性。

问卷的结构应当合理有序，便于受访者填写和理解。可以按照教材的各个方面或不同的调查维度设置问卷的主体结构，使得整个问卷具有清晰的逻辑顺序。可以先从教材的内容开始，逐步展开到版面设计、使用体验等方面，确保问卷的结构性和层次性。

问题顺序应当考虑到受访者的填写体验和心理感受。一般而言，应当先设置一些简单易答的问题，帮助受访者建立填写信心和积极性；然后逐渐深入更加复杂和深入的问题，引导受访者进行深入思考和回答。这样可以有效减少受访者的填写压力，提高问卷的有效回收率。

选项设置应当具有一定的多样性和包容性。针对每个问题，应当设置多个选项供受访者选择，涵盖不同的观点和意见。也应当设置"其他"或"不适用"等选项，以充分考虑到受访者可能的其他回答情况，确保问卷的全面性和准确性。

在问卷设计过程中，合理设置逻辑跳转是十分重要的。根据受访者的实际情况和回答内容，设置相应的逻辑跳转规则，使得问卷能够根据受访者的不同情况自动跳转到相应的问题，提高问卷的填写效率和精确度。

注明填写要求和注意事项也是问卷设计的一项重要内容。在问卷的开头或每个问题的下方，应当清晰地注明填写要求和注意事项，如填写时间、填写方式、保密要求等，帮助受访者正确理解和填写问卷，确保问卷的质量和可用性。

在问卷的最后设置感谢语，表达对受访者参与调查的感谢之情。也可以提供联系方式或建议反馈渠道，让受访者有机会进一步表达自己的意见和建议，促进教材管理的持续改进和优化。

2.统计数据分析

当评估活页式教材的统计数据时，首先要考虑的是采用多种方法，确保评估全面而准确。一种常见的方法是通过定量分析，对学生的学习表现进行统计，例如考试成绩、作业完成情况等。这种方法可以提供客观的数据支持，帮助评估教材的有效性。

另一种评估方法是定性分析，通过观察和记录学生在课堂上的表现和反应来评估教材。这种方法能够捕捉到学生的实际学习体验，发现教材中可能存在的问题，并提出改进建议。

还可以采用问卷调查的方法，向学生、教师以及其他相关人员收集反馈意见。通过问卷调查可以获取到各方面的意见和建议，帮助评估教材在实际应用中的效果和影响。

可以进行教学实验或者实地观察，通过比较实验组和对照组的表现来评估教材的效果。这种方法可以排除其他因素的影响，更准确地评估教材的实际效果。

除了以上方法，还可以利用现有的研究文献和案例分析，结合相关理论框架，对活页式教材的统计数据进行深入分析和评估。这种方法可以借鉴前人的经验和研究成果，为评估提供理论支持和指导。

二、活页式教材管理评估工具

（一）评估报告模板

报告的概述是报告的开篇部分，用于介绍评估的背景和目的。在概述中，应当简要描述评估的目的、范围和重要性，明确评估的主要内容和目标。也可以对评估的方法和流程进行简要说明，让读者对报告的内容有一个整体的认识。

评估对象部分用于介绍评估的对象和范围。评估对象可以包括活页式教材的使用者、管理者、教师和学生等相关人员。在这一部分，应当明确列出评估的对象，并对每个对象的角色和责任进行简要描述，以便读者清楚了解评估的范围和对象。

评估方法部分介绍了评估所采用的具体方法和工具。可以包括问卷调查、课堂观察、数据统计分析等多种方法。在这一部分，应当对每种评估方法的设计和实施情况进行详细说明，包括方法的选择原因、实施过程中遇到的问题和解决方法等。

评估结果部分总结和分析了评估过程中收集到的数据和信息。根据评估的内容和目标，可以对教材的使用情况、管理效果、用户满意度等方面进行具体分析。在这一部分，应当客观、准确地呈现评估结果，并对结果进行深入分析和解读，发现问题和不足，并提出改进建议。

教材使用情况分析部分主要针对教材在实际应用过程中的使用情况进行分析。可以包括教材的使用频率、使用时长、使用方式等方面的数据和信息。在这一部分，应当对教材的使用情况进行全面、系统的分析，发现存在的问题和改进的空间，并提出相应的建议和措施。

管理效果评估部分主要对教材管理的效果进行评估和分析。可以包括教材的更新和维护情况、教材的补充和替换情况等方面的数据和信息。在这一部分，应当对教材管理的效果进行综合评价，分析管理的优点和不足，并提出改进措施和建议。

用户满意度调查部分主要对教材使用者的满意度进行调查和评估。可以包括学生、教师和管理者对教材的满意度调查结果。在这一部分，应当客观、准确地反映用户的意见和建议，发现用户的需求和期望，并提出相应的改进建议和措施。

改进建议部分是评估报告的重要内容之一，用于总结评估结果，提出改进措施和建议。在这一部分，应当根据评估的结果和分析，提出具体的改进建议和措施，包括教材内容的更新和优化、教材管理的改进和完善等方面。应当明确每项改进措施的责任人和实施时间，以便后续跟踪和督促。

（二）课堂观察记录表

观察记录表的设计是课堂观察的基础。观察记录表应当涵盖教学过程中的各个方面，如教材内容的呈现、学生的反应、教师的指导等。应当考虑到观察者的实际情况和需要，设计简洁明了、易于填写的记录表。

观察指标的设置是观察记录表设计的关键。观察指标应当围绕教材管理的核心内容展开，如教材的使用频率、教材的内容覆盖率、学生对教材的反馈等。也可以考虑到教学过程中的其他因素，如教学氛围、教师的指导方法等。

观察项目的分类可以根据教材管理的不同方面进行划分。可以将观察项目分为教材内容展示、学生互动情况、教师指导方式等几个大类，然后在每个大类下设置具体的观察指标，便于观察者有针对性地进行观察和记录。

观察记录表的结构应当合理有序，便于观察者填写和整理。可以按照教学过程的时间顺序设置观察记录表的结构，从课堂开始到结束，逐步记录教学过程中的各个环节。也可以根据观察指标的分类设置表格或图表，使得记录更加清晰明了。

观察记录的方式可以灵活多样，可以是文字描述、数字统计、图片拍摄等方式。观察者可以根据具体情况选择适合的记录方式，确保观察记录的准确性和完整性。可以用文字描述教学过程中教师的指导方式，用数字统计教材的使用频率，用图片拍摄学生使用教材的情况等。

在设计观察记录表时，合理设置评分标准是十分重要的。可以根据观察指标的重要程度和具体要求，设置相应的评分标准，并在记录表中进行明确说明。评分标准应当具有一定的客观性和可操作性，能够帮助观察者进行准确的评估和记录。

观察记录表的预测试也是必不可少的一环。在正式进行课堂观察之前，应当先进行小规模的预测试，让观察者填写并反馈意见，检验观察记录表的合理性和有效性，及时调整和完善观察记录表的内容，确保最终的观察记录表设计达到预期的效果。

在课堂观察过程中，观察者应当保持客观公正，尽量避免主观臆断和个人偏见。观察者应当站在中立的立场上，客观记录教学过程中的各个细节，不偏袒任何一方，以保证观察结果的客观性和准确性。

观察记录的整理和分析是课堂观察工作的关键环节之一。观察记录者应当及时整理和分析所收集到的观察数据，发现问题并提出改进意见。也可以将观察结果与其他评估方法的结果进行对比分析，进一步完善教材管理工作。

第三节　活页式教材管理中的质量控制与改进

一、活页式教材质量控制

（一）质量标准制定

明确标准的制定目的是制定活页式教材质量标准的第一步。制定标准的目的可以包括提高教材的内容质量、确保教材的版面设计和制作工艺达到要求、保障教材的使用效果等。在制定标准时，应当明确标准的总体目标和具体要求，以便后续制定过程的顺利进行。

梳理相关标准和规范是制定活页式教材质量标准的重要准备工作。可以参考国家相关标准和规范，如《中华人民共和国教育部关于推进教材规范化工作的意见》等文件，了解和借鉴已有的标准和规范内容。也可以参考国际上类似领域的标准和规范，借鉴其经验和做法，为制定活页式教材质量标准提供参考。

制定标准的原则是制定活页式教材质量标准的基础。应当根据教材的特点和实际情况，确定合适的制定原则，如科学性、适用性、可操作性、可衡量性等。在制定标准的过程中，应当遵循一定的原则，确保标准的科学性和有效性。

确定标准的内容和范围是制定活页式教材质量标准的关键步骤之一。标准的内容和范围应当包括教材的各个方面，如内容质量、版面设计、制作工艺、印刷质量等。在确定内容和范围时，应当充分考虑教材的实际应用情况和用户的需求，确保标准的全面性和适用性。

内容质量标准是活页式教材质量标准的核心内容之一。内容质量标准应当包括教材内容的准确性、科学性、完整性、连贯性等方面的要求。在制定内容质量标准时，应当结合具体学科和教材类型，确定相应的内容要求和标准指标，以确保教材的内容质量达到要求。

版面设计标准是活页式教材质量标准的重要组成部分之一。版面设计标准应当包括教材的版面布局、文字排版、插图设计等方面的要求。在制定版面设计标准时，应当考虑到教材的视觉效果和易用性，确保版面设计符合教学和学习的需求，并能够有效提升教材的吸引力和可读性。

制作工艺标准是活页式教材质量标准的关键内容之一。制作工艺标准应当包括教材的制作工艺流程、材料选用、装订方式等方面的要求。在制定制作工艺标准时，应当考虑到教材的耐用性和稳定性，确保制作工艺能够满足教材长期使用的需求，并能够保证教材的质量和安全性。

在制定活页式教材质量标准时，参与标准制定的相关人员应当广泛参与，包括教材编写者、编辑者、设计者、生产者、管理者等相关人员。应当建立相应的标准制定组织和工作机制，确保各方利益得到充分考虑，达成共识，并最终制定出符合实际情况和需求的活页式教材质量标准。

标准的修订和完善是活页式教材质量标准制定的持续性工作。在实际应用过程中，应当根据教材的使用情况和用户的反馈意见，及时修订和完善标准内容，确保标准的及时性和适用性。也应当密切关注国内外相关标准和规范的更新和变化，及时进行标准的调整和更新，以保持标准的前沿性和科学性。

（二）质量监控机制

建立监控目标和指标体系是活页式教材质量监控机制的基础。监控目标应当明确、具体，可以包括教材内容质量、版面设计质量、制作工艺质量等方面。指标体系应当与监控目标相匹配，包括定量指标和定性指标，可以根据具体情况分为内容指标、设计指标、制作指标等。

确定监控方法和频次是活页式教材质量监控机制的关键环节之一。监控方法可以包括定期抽样检查、现场监察、用户反馈调查等多种方式。监控频次应当根据教材使用情况和监控目标确定，可以是每学期、每学年或不定期进行一次，确保监控工作的及时性和有效性。

建立监控责任部门和机构是活页式教材质量监控机制的重要组成部分之一。监控责任部门可以是教育部门、出版社、学校等相关单位，也可以是专门的监控机构或委员会。建立监控责任部门和机构，明确监控的主体和责任，有利于监控工作的开展和落实。

建立监控数据收集和分析系统是活页式教材质量监控机制的关键环节之一。监控数据可以通过问卷调查、实地检查、统计分析等方式进行收集和整理。监控数据分析可以根据监控指标体系进行，发现问题和趋势，并及时提出改进建议和措施。

建立监控反馈和改进机制是活页式教材质量监控机制的重要环节之一。监控反馈可以通过定期报告、专题研讨、会议讨论等方式进行，及时向相关部门和责任人反馈监控结果和问题。监控改进机制可以根据监控反馈，制订相应的改进措施和计划，并及时落实和跟踪，确保监控工作的持续改进和提升。

在建立活页式教材质量监控机制时，加强监控人员的培训和能力建设是必不可少的。监控人员应当具备专业的知识和技能，熟悉监控方法和流程，能够准确有效地开展监控工作。加强监控人员的培训和能力建设，有助于提高监控工作的质量和效率。

加强监控信息公开和透明度也是活页式教材质量监控机制的重要内容之一。监控信息应当及时公开和透明，向相关单位和社会公众公开监控结果和反馈意见，接受社会监督和评价。加强监控信息公开和透明度，有助于提高监控工作的公信力和可信度。

建立监控效果评估和反馈机制是活页式教材质量监控机制的重要环节之一。监控效果评估可以定期进行，评估监控工作的实际效果和成效，发现问题和不足，并提出改进建议和措施。监控效果反馈可以根据评估结果，及时调整和改进监控机制和工作流程，提高监控工作的有效性和针对性。

1. 监控指标设定

明确监控目标和评估维度是设定活页式教材质量监控指标的基础。监控目标应当与教材质量监控的核心任务相一致，如内容质量、版面设计、制作工艺等。评估维度应当全面覆盖教材的各个方面，确保监控工作的全面性和有效性。

确定监控指标体系是活页式教材质量监控指标设定的重要环节之一。监控指标体系应当包括定量指标和定性指标，覆盖教材的各个方面和环节。可以根据教材的特点和实际情况确定不同维度的指标体系，如内容指标、设计指标、制作指标等。

内容质量指标是活页式教材质量监控指标体系的重要组成部分之一。内容质量指标可以包括教材内容的准确性、科学性、全面性、连贯性等方面的要求。可以通过专业评估人员对教材内容进行评估，得出相应的质量指标和评价结果。

版面设计指标是活页式教材质量监控指标体系的重要组成部分之一。版面设计指标可以包括教材的版面布局、文字排版、插图设计等方面的要求。可以通过专业设计人员对教材版面进行评估，得出相应的质量指标和评价结果。

制作工艺指标是活页式教材质量监控指标体系的重要组成部分之一。制作工艺指标可以包括教材的材料选用、装订方式、印刷质量等方面的要求。可以通过专业生产人员对教材制作工艺进行评估，得出相应的质量指标和评价结果。

在确定监控指标体系时，应当综合考虑不同利益相关者的需求和期望。可以邀请教师、学生、家长等相关人员参与监控指标的制定过程，了解他们对教材质量的关注点和重点，确保监控指标体系具有全面性和代表性。

应当考虑到监控指标的可操作性和可衡量性。监控指标应当具有明确的量化标准和测量方法，便于监控工作的实施和评估。也应当考虑到监控指标的灵活性和适用性，能够根据具体情况进行调整和变化。

建立监控指标的权重分配机制是设定活页式教材质量监控指标的重要环节之一。不同指标的重要程度不同，应当根据实际情况确定各指标的权重，确保监控工作的合理性和科学性。权重分配可以根据不同指标的影响程度和关联性进行确定，以达到综合评价的目的。

建立监控指标的评估标准和评价方法是设定活页式教材质量监控指标的关键环节之一。监控指标的评估标准应当具有科学性和客观性，能够准确反映教材质量的实际情况。评价方法可以采用定量评价和定性评价相结合的方式，全面评估教材质量的各个方面。

2.监控频率安排

当设计活页式教材监控频率安排时，首先需要考虑的是教材的更新频率及其关联性。以此为基础，我们可以制定一个合理的监控计划。一种可能的方式是根据教材内容的复杂程度和重要性来确定监控的频率。

为确保教材内容的及时性和准确性，我们可以采用定期的检查机制。每个学期初对所有活页式教材进行一次全面检查，以确保内容的最新更新已经反映在教材中。这样的频率可以确保学生始终使用最新的教材内容进行学习。

另一方面，针对特定主题或章节的重要性较高的活页式教材，可以考虑增加监控频率。对于涉及基础知识的教材内容，可以每个月进行一次监控，以确保错误或过时信息都能及时纠正。

针对学生和教师的反馈也可以作为确定监控频率的重要依据之一。通过定期收集和分析用户反馈，我们可以了解到教材哪些部分存在问题或需要更新，从而有针对性地调整监控频率。

考虑到不同学科和课程的特点，监控频率也可以有所不同。对于科技类或时事类教材，可能需要更频繁的监控，以确保内容的时效性和准确性。而对于基础学科或理论课程，监控频率可以相对较低，但仍需保证定期检查。

二、活页式教材质量改进

（一）改进方案设计

分析现有教材存在的问题和不足是设计改进方案的首要任务。可以通过用户反馈调查、教材质量评估报告、专家评审意见等方式，全面了解教材存在的问题和不足之处。

主要问题可能包括内容不够准确、版面设计不够吸引人、制作工艺不够精细等方面。

明确改进目标和重点是设计改进方案的关键步骤之一。改进目标应当与教材质量提升和用户需求相一致，具有可操作性和可衡量性。改进重点可以根据分析结果确定，可以是教材内容的更新和优化、版面设计的改进和美化、制作工艺的提升和完善等方面。

制定改进措施和时间表是设计改进方案的重要环节之一。改进措施应当针对教材存在的具体问题和不足之处，具有针对性和实施性。可以包括更新教材内容、调整版面设计、优化制作工艺等多种方式。时间表应当合理安排，确保改进工作的顺利进行。

加强教材内容的更新和优化是改进方案的重要内容之一。可以邀请专业教师和学科专家对教材内容进行审查和评估，发现存在的问题和不足，并提出改进建议和意见。根据专家评审意见，对教材内容进行更新和优化，确保内容的准确性和科学性。

优化版面设计和图文布局是改进方案的另一个重要内容。可以邀请专业设计师和美术师对教材版面进行重新设计和布局，提高版面的美观性和易读性。可以通过调整文字排版、插图设计、色彩搭配等方式，优化版面设计，提升教材的视觉效果和吸引力。

完善制作工艺和印刷质量是改进方案的关键环节之一。可以与印刷厂商和制作工厂合作，对教材制作工艺进行技术改进和优化，提高教材的质量稳定性和耐用性。可以通过选用优质原材料、改进生产工艺、加强质量管理等方式，完善教材的制作工艺和印刷质量。

在设计改进方案时，应当充分考虑教材使用者的需求和意见。可以通过问卷调查、座谈会等方式，听取用户的反馈意见和建议，了解他们对教材质量的期望和要求。根据用户的需求和意见，调整改进方案，确保改进工作符合用户的实际需求。

建立改进方案的监督和评估机制也是设计改进方案的重要内容之一。可以建立专门的改进方案管理小组或委员会，负责监督和管理改进工作的实施情况。定期对改进工作进行评估和反馈，及时发现问题并进行调整，确保改进方案的顺利实施。

加强改进方案的宣传和推广是设计改进方案的关键环节之一。可以通过宣传册、网站发布、会议报告等多种方式，向相关单位和社会公众介绍改进方案的内容和意义，提高改进方案的知名度和影响力。也可以向用户提供相关培训和指导，帮助他们更好地使用和接受改进后的教材。

（二）改进效果评估

确定评估指标和评价标准是评估活页式教材质量改进效果的关键步骤之一。评估指标应当全面覆盖教材的各个方面，包括内容质量、版面设计、制作工艺等。评价标准应当具有科学性和客观性，能够准确反映教材质量的实际情况。

收集评估数据和信息是评估活页式教材质量改进效果的重要环节之一。可以通过问卷调查、实地检查、专家评审等方式，收集教材使用者的反馈意见和评价结果。还可以通过监控数据和统计分析，了解改进后教材的使用情况和效果。

分析评估数据和结果是评估活页式教材质量改进效果的关键环节之一。评估数据应当进行综合分析和比较，发现存在的问题和不足之处，并探索改进的方向和途径。可以通过定量分析和定性分析相结合的方式，全面了解改进效果的实际情况。

总结评估结果和经验教训是评估活页式教材质量改进效果的重要内容之一。根据评估结果，总结改进工作取得的成效和经验，发现存在的问题和不足，吸取教训并提出改进建议。可以结合实际情况和用户需求，提出相应的改进措施和方案。

反馈评估结果和建议意见是评估活页式教材质量改进效果的重要环节之一。评估结果应当及时向相关单位和责任人反馈，向用户公布改进效果和评价意见，接受相关单位和用户的监督和评价。根据评估结果和建议意见，及时调整和优化改进方案，确保改进工作的顺利实施。

在评估活页式教材质量改进效果时，应当注重定性和定量相结合。定性分析可以深入了解用户的使用感受和反馈意见，发现问题和不足之处。定量分析可以客观评估教材质量的改进程度和效果，为改进工作提供科学依据和参考。

建立持续改进机制和追踪监督机制是评估活页式教材质量改进效果的关键内容之一。改进工作应当持续进行，不断调整和优化改进方案，提高教材质量和用户满意度。可以建立专门的改进工作小组或委员会，负责监督和评估改进工作的实施情况，及时发现问题并进行调整。

加强评估结果的宣传和推广也是评估活页式教材质量改进效果的重要环节之一。评估结果应当向相关单位和社会公众公开，分享改进工作取得的成绩和经验，提高改进工作的知名度和影响力。也可以向用户提供相关培训和指导，帮助他们更好地使用和接受改进后的教材。

（三）反馈渠道建立

一种建立反馈渠道的方式是通过在线平台或学校网站设置专门的反馈页面。在该页面上，用户可以提交对教材内容、排版设计、习题难度等方面的反馈意见。这种方式方便快捷，能够吸引更多用户参与，为教材改进提供更多的参考意见。

另一个建立反馈渠道的途径是通过课堂内外的问卷调查。教师可以在课堂上发放纸质问卷或使用在线调查工具，向学生征求对教材的评价和建议。还可以邀请教师和教育工作者参与反馈，以获取专业的意见和建议，有针对性地改进教材内容。

除了在线平台和问卷调查外，建立面对面的反馈渠道也是一个重要的考虑因素。可以组织小组讨论或座谈会，邀请学生和教师共同参与，就教材内容、使用体验等方面进行深入交流。这种方式可以促进更直接、更深入的沟通，有助于发现和解决教材中存在的问题。

另一种建立反馈渠道的方式是通过社交媒体平台或在线论坛。创建专门的教材反馈群组或论坛，邀请用户分享对教材的使用体验、建议和意见。这样的平台不仅能够吸引更多用户参与，还可以促进用户之间的交流和互动，形成更加活跃的反馈社区。

建立直接联系的反馈渠道也是一个不错的选择。可以在教材中留下联系方式，鼓励用户直接向编辑团队或责任人提出反馈意见。这种方式能够建立起更紧密的联系，使反馈更加及时和有效。

第四节　活页式教材管理的质量保障机制建设

一、活页式教材管理的质量保障机制

（一）质量保障理念

以用户需求为导向是活页式教材管理的质量保障理念之一。管理者应当深入了解用户的需求和期望，根据用户的实际需求制定相应的管理措施和质量标准。只有充分考虑用户的需求和意见，才能更好地满足用户的需求，提高教材的使用效果和用户满意度。

建立科学合理的管理机制和流程是活页式教材管理的质量保障理念之一。管理机制应当包括教材制作、审核、发行、使用等各个环节，确保教材质量的全程控制和管理。管理流程应当清晰明确，便于管理者和执行者理解和操作，确保管理工作的高效顺畅。

加强教材内容的专业审定和评估是活页式教材管理的质量保障理念之一。教材内容是教材的核心，直接关系到教学效果和用户体验。应当建立专业的审定机制和评估标准，邀请相关专家对教材内容进行审定和评估，确保内容的准确性、科学性和全面性。

强化版面设计和制作工艺的管理是活页式教材管理的质量保障理念之一。版面设计和制作工艺直接关系到教材的美观性和品质感。应当建立相应的管理标准和规范，加强对版面设计和制作工艺的质量控制和监督，确保教材的版面设计和制作工艺达到要求。

加强教材的使用监督和评估是活页式教材管理的质量保障理念之一。教材的使用过程是教材质量的最终检验，直接反映了教材的实际效果和用户满意度。应当建立相应的使用监督和评估机制，加强对教材使用情况和效果的监督和评估，及时发现问题并进行调整和改进。

在活页式教材管理的质量保障理念中，持续改进和提升是一个重要的核心概念。管理者应当不断反思和总结管理工作的经验教训，及时调整和优化管理机制和流程，不断提升管理水平和效能。只有持续改进和提升，才能不断提高教材的质量水平和用户满意度。

加强质量管理和质量监控也是活页式教材管理的质量保障理念之一。质量管理应当

贯穿于教材的整个生命周期，包括教材的设计、制作、发行、使用等各个环节。质量监控应当定期进行，发现问题并及时采取相应的措施进行调整和改进，确保教材质量的稳定和持续提升。

加强团队建设和人才培养是活页式教材管理的质量保障理念之一。管理团队应当具备专业的知识和技能，熟悉教材管理的相关理论和实践，能够有效地开展管理工作。应当加强团队建设和人才培养，提高管理团队的整体素质和能力水平。

（二）机制建设要点

建立健全的管理组织结构是活页式教材管理保障机制建设的基础。管理组织结构应当清晰明确，包括管理机构设置、职责分工、权责关系等方面。可以根据管理工作的具体情况和需求，建立相应的管理部门、管理小组或管理委员会，明确各个管理岗位的职责和权限。

管理规章制度应当全面细致，覆盖教材管理的各个环节和方面。可以包括教材制作、审核、发行、使用等各项管理工作的操作规程、管理流程、责任制度等内容，确保管理工作的有序进行和质量保障。

管理人员是管理工作的主体，其素质和能力直接关系到管理工作的质量和效果。应当加强对管理人员的培训和培养，提高其专业素质和管理水平。还应当建立相应的考核制度，对管理人员的工作绩效进行评价和考核，激励其积极性和主动性。

建立完善的教材质量评估和监控机制是活页式教材管理保障机制建设的重要内容之一。教材质量评估和监控是保障教材质量的重要手段，直接关系到教材的实际效果和用户满意度。应当建立相应的评估和监控机制，定期对教材的内容质量、版面设计、制作工艺等方面进行评估和监控，及时发现问题并进行调整和改进。

用户是教材的最终使用者，其反馈意见和建议直接关系到教材的质量和实用性。应当加强与用户的沟通和交流，及时听取用户的反馈意见和建议，不断改进和完善教材。

在活页式教材管理保障机制建设中，建立信息化管理系统是一个重要的发展方向。信息化管理系统可以实现对教材管理工作的全面监控和管理，提高管理效率和质量水平。可以借助先进的信息技术手段，建立教材管理的信息化平台，实现教材制作、审核、发行、使用等各个环节的信息化管理和协同办公。

加强对外合作与交流也是活页式教材管理保障机制建设的重要内容之一。教材管理工作是一个复杂系统工程，需要各方面的支持和合作。可以与相关单位和机构建立合作关系，开展教材管理的交流与合作，共同促进教材质量的提升和改进。

教材制作和供应商是教材管理工作的重要参与者，直接影响到教材质量和供应稳定性。应当建立相应的供应商评价和管理机制，加强对教材制作和供应商的管理和监督，确保教材的质量和供应稳定。

1. 制度建设

教材质量管理制度应当包括教材制作、审核、发行、使用等各个环节的管理规定和操作流程。制度应当明确教材质量管理的目标和要求，规定教材质量的评估标准和评价方法，明确各个管理环节的责任和义务，确保教材质量的稳定和持续提升。

建立教材版权管理制度是活页式教材管理保障的重要内容之一。教材版权管理制度应当包括版权的保护、使用和管理等方面的规定和操作流程。制度应当明确版权的归属和使用范围，规定版权的保护措施和违规处理办法，加强对教材版权的管理和维护，保障版权利益的合法权益。

教材审核和审定制度应当包括教材内容、版面设计、制作工艺等方面的审定规定和操作流程。制度应当明确审定的程序和标准，建立专门的审定机构或委员会，负责对教材进行审核和审定，保证教材内容的准确性、科学性和合法性。

教材发行和管理制度应当包括教材的发行渠道、销售价格、库存管理、配送服务等方面的规定和操作流程。制度应当明确发行的程序和要求，建立健全的发行管理体系，确保教材的及时供应和有效管理。

教材使用和反馈制度应当包括教材的选用、使用方法、评价标准、反馈意见等方面的规定和操作流程。制度应当明确使用的程序和要求，建立有效的反馈机制，及时收集用户的使用体验和反馈意见，为教材质量改进提供参考和依据。

教材质量监督和检查制度应当包括定期抽查、抽样检测、现场检查等方面的规定和操作流程。制度应当明确监督和检查的内容和标准，建立健全的监督和检查机制，加强对教材质量的监督和检查，及时发现问题并进行调整和改进。

教材管理信息化建设可以实现对教材管理工作的全面监控和管理，提高管理效率和质量水平。可以建立教材管理的信息化平台，实现教材制作、审核、发行、使用等各个环节的信息化管理和协同办公。

管理人员是教材管理工作的主体，其素质和能力直接关系到管理工作的质量和效果。应当加强对管理人员的培训和培养，提高其专业素质和管理水平。还应当建立相应的考核制度，对管理人员的工作绩效进行评价和考核，激励其积极性和主动性。

2. 流程优化

在进行流程优化之前，应当明确流程的目标和要求，清楚流程的主要目的和关键环节。可以根据实际情况和需求，确定流程优化的目标和指标，为流程优化工作提供明确的方向和目标。

应当对现有流程进行全面系统的分析和评估，发现存在的问题和不足之处，确定需要优化改进的环节和内容。可以通过流程图、流程分析、流程评价等方式，全面了解现有流程的运行情况和效果。

根据现有流程分析和评估的结果，制定相应的流程优化方案和具体措施。优化方案和措施应当针对性强,具有可操作性和实施性,能够有效地解决存在的问题和不足之处。

在制定流程优化方案和措施的基础上,应当对流程进行重新设计和布局,优化流程的结构和组织,提高流程的效率和质量。可以采用简化流程、优化流程、整合流程等方式,实现流程的合理优化和改进。

流程优化不仅仅是对流程本身的改进,更需要强化对流程执行和监督管理的重视和管理。应当建立相应的流程执行和监督管理机制,加强对流程执行情况的监督和管理,确保流程的顺利执行和效果实现。

信息化技术可以有效地提高流程的运行效率和管理水平,降低管理成本和风险。可以借助信息化技术手段,建立教材管理的信息化平台,实现教材管理流程的信息化管理和协同办公,提高管理效率和质量水平。

教材管理是一个复杂系统工程,需要各方面的支持和合作。应当加强团队协作和沟通,加强各个环节之间的联系和协作,实现教材管理流程的高效运转和管理。

流程优化工作是一个持续改进的过程,需要不断发现问题、解决问题、改进流程,实现流程的持续优化和提升。应当建立相应的流程改进机制和流程优化机制,加强对流程改进和持续优化的管理和推动。

二、活页式教材管理的质量保障机制实施与监督

(一)落实责任

应当明确教材质量保障工作的责任主体,明确各个责任主体的职责和义务,建立健全的责任分工体系。可以根据管理工作的具体情况和需求,确定责任主体包括教材管理部门、教材审核机构、教材制作单位、教材使用单位等,明确各个责任主体的具体职责和任务。

教材质量保障工作涉及多个环节和多个部门,需要各个责任主体之间密切合作、互相配合,共同完成工作任务。应当建立协同合作机制,促进各个责任主体之间的协作和配合,确保教材质量保障工作的顺利进行。

应当明确各个责任主体之间的责任分工和协作流程,明确各个环节的工作内容和工作程序,建立清晰明确的工作标准和操作流程。只有明确责任分工和流程,才能有效地落实质量保障机制,确保管理工作的顺利进行和质量达标。

应当建立相应的监督管理机制,加强对教材质量保障工作的监督和管理。可以建立监督委员会、专家评审组等机构,负责对教材质量保障工作的监督和评估,发现问题并及时加以解决。还应当建立相应的考核制度,对各个责任主体的工作绩效进行评价和考核,激励其积极性和主动性。

信息化技术可以为教材管理工作提供便利和支持,提高管理效率和质量水平。可以

借助信息化技术手段，建立教材管理的信息化平台，实现教材管理工作的信息化管理和协同办公，加强对教材质量保障工作的监督和管理。

教材使用单位是教材的最终使用者，其参与和反馈直接关系到教材的实际效果和用户满意度。应当加强与教材使用单位的沟通和交流，及时听取其使用体验和反馈意见，不断改进和完善教材质量保障工作。

教材管理工作是一个复杂系统工程，需要各方面的支持和合作。可以与相关单位和机构建立合作关系，开展教材管理的交流与合作，共同促进教材质量的提升和改进。

管理团队应当具备专业的知识和技能，熟悉教材管理的相关理论和实践，能够有效地开展管理工作。应当加强团队建设和人才培养，提高管理团队的整体素质和能力水平。

（二）强化监督

监督委员会可以由相关部门、专家学者、行业从业者等组成，负责对教材管理质量保障工作进行监督和评估。监督委员会可以定期召开会议，研究讨论教材管理工作中存在的问题和挑战，提出改进建议和意见，推动教材管理质量保障工作的持续改进和提升。

监督机构和部门可以专门负责对教材管理质量保障工作进行监督和管理，实施专业化、规范化的监督工作。监督机构和部门可以建立监督检查制度，定期对教材管理工作进行检查和评估，发现问题并及时加以解决。

监督制度和流程应当包括监督的对象、监督的内容、监督的方式和监督的周期等方面的规定和要求。监督制度和流程应当明确监督的程序和要求，建立规范化、程序化的监督工作体系，确保监督工作的科学性和规范性。

监督技术手段可以包括现代化的信息技术手段、监控设备和工具等。可以借助信息技术手段，建立教材管理的信息化平台，实现对教材管理工作的实时监控和管理，提高监督工作的效率和质量。

监督队伍是监督工作的主体，其素质和能力直接关系到监督工作的质量和效果。应当加强监督队伍的建设和培训，提高监督队伍的专业水平和业务能力，确保监督工作的顺利开展和质量达标。

教材管理工作涉及多个环节和多个部门，其中一些环节和部门可能存在较高的风险和隐患。应当加强对这些重点环节和关键环节的监督，确保其安全、稳定和有效运行。

教材质量评估和监控是保障教材质量的重要手段，直接关系到教材的实际效果和用户满意度。应当加强对教材质量评估和监控工作的监督，确保其科学、客观和公正。

管理人员和相关从业人员是教材管理工作的主体，其行为和作为直接关系到教材管理工作的质量和效果。应当加强对管理人员和相关从业人员的监督，建立相应的监督制度和监督机制，确保其工作的规范和有效。

社会监督和舆论监督是对教材管理工作的外部监督和约束，具有重要的监督作用。

应当加强对社会监督和舆论监督的重视，及时吸收社会各界的意见和建议，改进工作不足，提高管理质量和效果。

（三）评估指标确定

教材质量是教材管理工作的核心目标，直接关系到教育教学的质量和效果。教材质量指标包括教材内容的准确性、科学性、丰富性，教材形式的合理性、美观性、易读性等方面的指标。评估教材质量指标可以从教材内容、版面设计、印刷质量等多个方面进行综合考量。

教材管理效率直接影响到教材管理工作的顺利进行和质量达标。教材管理效率指标包括教材制作周期、审核审定时间、发行配送效率等方面的指标。评估教材管理效率指标可以从工作流程、操作规范、信息化程度等多个方面进行考量。

教材使用效果直接反映了教材的实际效果和用户满意度。教材使用效果指标包括教材使用率、用户满意度、教学效果等方面的指标。评估教材使用效果指标可以从用户调查、教学评估、学习成绩等多个方面进行综合分析。

教材版权保护是教材管理工作的重要内容之一，直接关系到版权利益的合法权益和教材质量的稳定。教材版权保护指标包括版权登记情况、侵权案件处理情况、版权维护成效等方面的指标。评估教材版权保护指标可以从版权登记情况、版权维护成效等方面进行考量。

随着教育教学理念和技术手段的不断更新和发展，教材也需要不断更新和改进，以适应教育教学的需要。教材更新和改进指标包括教材更新频率、改进措施效果等方面的指标。评估教材更新和改进指标可以从更新频率、改进措施效果等方面进行考量。

在活页式教材管理质量保障机制评估指标的确定过程中，加强与用户的沟通和交流是一个重要方面。用户是教材的最终使用者，其反馈意见和建议直接关系到教材管理工作的质量和效果。应当加强与用户的沟通和交流，及时了解用户的需求和意见，不断改进和完善教材管理工作。

教材管理涉及多个部门和机构，需要各方面的支持和合作。应当加强与相关部门和机构的合作与交流，共同研究讨论教材管理工作中存在的问题和挑战，共同制定评估指标和改进措施。

评估指标应当具有科学性和客观性，能够客观反映教材管理工作的实际情况和效果。在确定评估指标时，应当充分考虑实际情况和需求，确保评估指标的科学性和客观性。

第七章　活页式教材的市场营销与推广

第一节　活页式教材市场分析与定位

一、活页式教材市场分析

（一）需求调查

应当调查市场的规模和增长趋势，了解市场的发展态势和潜在机会。可以通过收集相关数据和统计资料，分析市场的规模和增长情况，为活页式教材的市场定位和发展方向提供参考。

用户群体和需求特点直接关系到活页式教材的产品设计和定位。应当调查用户群体的年龄、性别、职业、学历等基本情况，了解其对教材的使用习惯和需求特点，为活页式教材的产品设计和推广提供依据。

竞争对手和市场格局直接影响到活页式教材的市场竞争力和发展空间。应当调查竞争对手的产品特点、市场份额、营销策略等情况，了解市场的竞争格局和发展趋势，为活页式教材的产品定位和市场推广提供参考。

市场需求和用户偏好直接决定了产品的销售情况和市场地位。应当调查市场的需求情况和用户的偏好倾向，了解用户对教材的功能需求、外观设计、价格水平等方面的偏好，为活页式教材的产品设计和推广提供依据。

市场痛点和难点是市场发展过程中面临的主要问题和挑战，了解市场的痛点和难点有助于寻找解决方案和突破口。应当调查市场存在的问题和难点，分析其成因和影响因素，提出相应的解决措施和应对策略。

在活页式教材市场分析需求调查中，加强对行业政策和法规的了解也是一个重要方面。行业政策和法规直接影响到市场的发展和运作，了解行业政策和法规有助于把握市场发展的方向和规律。应当调查行业政策和法规的制定和实施情况，了解其对市场的影响和作用，为活页式教材的市场开发和经营管理提供依据。

市场营销和推广策略直接影响到产品的销售情况和市场地位，了解市场营销和推广策略有助于提高产品的市场竞争力和销售效果。应当调查市场营销和推广策略的制定和实施情况，分析其效果和影响因素，为活页式教材的市场推广提供参考。

市场风险和挑战是市场发展过程中面临的主要问题和障碍，了解市场风险和挑战有助于制定相应的应对策略和措施。应当调查市场存在的风险和挑战，分析其成因和影响因素，提出相应的应对措施和预防策略。

（二）竞争状况分析

从主要竞争对手角度来看，活页式教材市场上存在着多个竞争对手，包括传统的纸质教材出版商以及新兴的数字教材平台。传统的纸质教材出版商在市场上拥有较高的知名度和品牌影响力，其产品质量和内容也经过长期的积累和沉淀，具有一定的市场竞争力。而新兴的数字教材平台则通过技术创新和服务优势，不断吸引用户，逐渐在市场上占据一席之地。

从市场份额分配角度来看，活页式教材市场的份额分配相对分散。传统纸质教材在市场上仍然占据主导地位，但受到数字教材等新型教材形式的冲击，市场份额有所下降。而数字教材平台由于其便捷性和个性化服务的优势，逐渐扩大了市场份额，成为市场上的一匹黑马。

竞争策略和优势劣势方面，传统纸质教材出版商主要依靠其丰富的教材资源和品牌优势来竞争，通过不断改进教材内容和形式，提高产品质量，以及加强线上线下渠道建设和市场推广来抵御竞争。而数字教材平台则主要依靠技术创新和个性化服务来竞争，通过不断更新教材内容、提供定制化学习方案以及开发移动端应用等方式吸引用户。

从市场需求角度来看，随着教育教学模式的不断变革和数字化技术的发展，用户对教材的需求也在不断发生变化。传统的纸质教材在内容更新和交互性方面存在一定局限性，而数字教材则具有内容更新快、交互性强等优势，更符合现代学习者的需求。

在市场定位方面，传统纸质教材出版商主要针对传统学校教育市场，强调教材的权威性和可信度，通过与学校合作、培训师资等方式提供完整的教育解决方案。而数字教材平台则更多地面向在线教育市场，强调个性化学习和自主学习，通过提供丰富的教育资源和智能化学习工具来满足用户的个性化需求。

市场扩张策略方面，传统纸质教材出版商正在积极拓展数字化渠道和服务，加强在线教育平台的建设和运营，以及推出与数字教材相关的在线课程和学习工具等，以应对数字教材平台的竞争。而数字教材平台则正在加强内容更新和个性化服务，不断拓展教育领域的覆盖面，如拓展到职业教育、语言培训等领域，以实现市场的进一步扩张。

1. 竞争对手分析

不可忽视的是传统出版商在活页式教材市场中的竞争力。老牌出版公司如人民教育出版社、上海教育出版社等，凭借其长期积累的教育资源和品牌信誉，在活页式教材领域也展开了积极布局。这些出版商通常拥有丰富的教材编写经验和广泛的渠道资源，能够迅速推出质量过硬的活页教材,并在短时间内占据市场份额。

新兴教育科技公司也是活页式教材市场中的重要竞争对手。好未来、新东方等教育科技公司利用其在教育科技领域的创新优势,推出了多款活页式教材产品。这些公司通常采用互联网和大数据技术,提供个性化和互动式的学习体验,赢得了大量年轻学生和家长的青睐。

在线教育平台如学而思网校、猿辅导等,也在活页式教材市场中占有一席之地。这些平台通过与知名教育专家合作,推出了兼具线上线下优势的活页教材。学生不仅可以通过活页教材进行线下学习,还可以通过在线平台获取更多的学习资源和辅导,形成了独特的竞争优势。

国际出版商如培生（Pearson）、麦格劳-希尔（McGraw-Hill）等也在积极拓展中国市场。这些国际巨头凭借其在全球教育市场的丰富经验和资源,不断推出符合中国教育需求的活页教材,试图在这一新兴市场中占据一席之地。

创业公司在活页式教材市场中也不容小觑。近年来,许多初创公司通过创新的教材设计和灵活的市场策略,迅速占领了一部分市场。某些公司专注于特定学科或年级的活页教材,利用其专业化和差异化的产品定位,成功吸引了特定用户群体。

2.市场份额分析

从市场份额分布情况来看,活页式教材市场的份额分布相对分散,呈现出多个竞争对手共存的局面。在传统纸质教材领域,一些知名的教材出版商拥有较大的市场份额,其产品覆盖面广,市场地位稳固。而在数字教材领域,一些新兴的在线教育平台逐渐崭露头角,通过技术创新和服务优势,逐步扩大了市场份额。

从主要竞争对手的市场份额来看,传统纸质教材出版商在市场上仍然占据主导地位,其产品涵盖面广,市场份额较大。这些传统教材出版商通过长期积累的品牌优势和资源优势,保持着较高的市场竞争力。而数字教材平台虽然市场份额相对较小,但在近年来快速增长,通过技术创新和个性化服务,逐渐扩大了市场份额,成为市场上的一匹黑马。

在市场细分领域的份额分布方面,传统纸质教材出版商在学校教育领域占据主导地位,其产品主要面向学校教学市场,市场份额较大。而数字教材平台则在在线教育领域逐渐崭露头角,通过技术创新和个性化服务,逐步扩大了市场份额,在线教育市场份额不断增加。

市场份额变化趋势方面,随着数字化技术的不断发展和教育模式的不断变革,活页式教材市场的竞争格局也在发生变化。传统纸质教材市场的份额虽然仍然较大,但受到数字化技术的影响,市场份额有所下降。而数字教材市场的份额则在逐渐增加,新兴的在线教育平台通过技术创新和个性化服务,不断吸引用户,市场份额逐步扩大。

在市场份额竞争策略方面,传统纸质教材出版商正在积极拓展数字化渠道和服务,加强在线教育平台的建设和运营，以及推出与数字教材相关的在线课程和学习工具等，以抵御数字教材平台的竞争。而数字教材平台则在不断加强内容更新和个性化服务，提高用户体验，不断吸引用户，扩大市场份额。

市场份额分布的影响因素也是市场份额分析的重要内容之一。市场份额的分布受到多种因素的影响，包括产品质量、价格水平、品牌知名度、市场推广力度等。传统纸质教材出版商凭借其长期积累的品牌优势和资源优势，市场份额较大。而数字教材平台通过技术创新和个性化服务，逐渐赢得了用户的青睐，市场份额不断增加。

二、活页式教材市场定位

（一）细分市场

学龄前教育市场的特点是家长对教育质量的关注度较高，注重启蒙教育和综合能力培养。活页式教材可以通过生动有趣的内容和互动设计吸引幼儿的注意力，帮助他们建立基础知识和技能。针对学龄前教育市场，可以设计丰富多彩的活页式教材，注重情感体验和趣味性，满足幼儿的学习需求。

基础教育市场的特点是学生对教材内容的理解和掌握程度直接影响到学习成绩和学业发展。活页式教材可以通过分模块的设计和错题整理的方式帮助学生有条理地学习知识，提高学习效率。针对基础教育市场，可以设计针对不同学科和年级的活页式教材，注重知识点的归纳总结和难点的突破，满足学生的学习需求。

随着社会经济的发展和产业结构的变化，职业教育市场需求逐渐增加。活页式教材可以通过实用性强的内容和案例分析的方式帮助学生掌握职业技能，提高就业竞争力。针对职业教育市场，可以设计与各行业相关的活页式教材，注重实用性和职场需求，满足学生的就业需求。

随着全球化进程的加速和国际交流的增多，语言教育市场需求逐渐增加。活页式教材可以通过多媒体资源和交互式学习方式帮助学生提高语言水平，增强跨文化交流能力。针对语言教育市场，可以设计与各国语言相关的活页式教材，注重实战性和交际能力，满足学生的语言学习需求。

特殊教育市场的特点是学生对教育资源的需求更加个性化和专业化，需要针对性更强的教育方案和教材设计。活页式教材可以通过个性化的设计和定制化的服务帮助特殊学生克服学习障碍，提高学习效果。针对特殊教育市场，可以设计针对不同特殊学生群体的活页式教材，注重个性化和差异化，满足特殊学生的学习需求。

（二）目标客户群体

学龄前儿童处于教育启蒙阶段，他们的学习兴趣和能力需要得到有效激发和培养。活页式教材通过生动有趣的内容和互动设计，能够吸引孩子们的注意力，帮助他们建立基础知识和技能。学龄前儿童的家长对于孩子的教育质量非常重视，他们会购买适合孩子年龄和学习需求的活页式教材，作为孩子学习的辅助工具。

中小学生处于学习压力较大的阶段，他们需要有针对性的学习材料来辅助学习，提高学习效率。活页式教材通过分模块的设计和错题整理的方式，能够帮助学生有条理地学习知识，解决学习中遇到的难题。中小学生的家长对于孩子的学习成绩也非常关注，他们会购买符合孩子学习需求的活页式教材，提供学习帮助和支持。

高校学生处于学习深造阶段，他们的学习任务更加繁重，需要更多的学习资源和辅助工具来支持学习。活页式教材通过丰富多样的内容和案例分析的方式，能够帮助高校学生更好地理解和掌握知识，提高学习效果。高校学生对于学习资源的个性化需求也较高，他们会选择符合自己学习需求的活页式教材，提升学习效率。

职场人士在工作中需要不断学习和提升自己的技能，以适应职场的变化和发展。活页式教材通过实用性强的内容和案例分析的方式，能够帮助职场人士掌握职业技能，提高工作能力。职场人士对于学习资源的灵活性和便捷性要求较高，他们会选择能够随时随地学习的活页式教材，提升职业竞争力。

随着全球化进程的加速和国际交流的增多，语言学习需求逐渐增加。活页式教材通过多媒体资源和交互式学习方式，能够帮助语言学习者提高语言水平，增强跨文化交流能力。语言学习者对于学习资源的个性化需求较高，他们会选择符合自己学习节奏和方式的活页式教材，提升语言能力。

（三）品牌定位

在当今教育市场竞争日益激烈的情况下，活页式教材品牌需要通过个性化定位来吸引目标消费者。个性化定位意味着品牌能够提供多样化的教学资源和服务，满足不同学习者的个性化需求。无论是针对不同年龄段的学生、不同学科领域的学习者，还是不同学习风格和兴趣爱好的用户，品牌都能提供符合其需求的活页式教材产品和服务，让每一位学习者都能找到适合自己的学习资源。

随着科技的发展和教育理念的更新，活页式教材品牌需要不断创新，提供具有前瞻性和颠覆性的教学产品和服务。创新性定位意味着品牌能够结合最新的教育技术和教学理念，推出符合时代潮流和用户需求的活页式教材产品。无论是在内容设计、教学方法还是在学习体验方面，品牌都能不断创新，为用户提供更加优质和个性化的学习体验。

在教育市场中，学习者和家长对于教材的品质和内容质量非常重视。活页式教材品牌需要以品质至上为核心，不断提升产品的质量和服务的水平，确保用户能够获得最优质的学习资源和最满意的学习体验。无论是教材内容的编排、印刷质量还是客户服务的响应速度，品牌都要做到精益求精，始终保持品质的稳定和优良。

在竞争激烈的市场环境下，品牌需要通过优质的售前和售后服务来赢得用户的信赖和支持。服务至上意味着品牌能够及时响应用户的需求和反馈，提供个性化的定制化服务，让用户感受到品牌的关怀和尊重。无论是在线咨询、课程推荐还是售后服务跟踪，品牌都要做到全方位、贴心、周到，为用户提供满意的购物和学习体验。

作为教育行业的一员，活页式教材品牌需要承担起社会责任，关注教育公益事业，积极参与社会公益活动，为教育事业的发展做出积极的贡献。社会责任定位意味着品牌能够以实际行动回馈社会，关爱弱势群体，推动教育公平和普及，为社会的进步和发展贡献力量。

第二节 活页式教材品牌建设与推广策略

一、活页式教材品牌建设策略

（一）品牌核心价值

活页式教材致力于提供个性化学习体验，满足不同学习者的需求和学习风格。品牌建设策略应强调品牌所提供的个性化学习解决方案，包括基于学生水平和学科特点的个性化学习路径设计，以及提供多样化的学习资源和辅助工具，以满足不同学习者的个性化需求。

创新教育是活页式教材品牌的另一个核心价值。品牌建设策略应强调品牌在教育领域的创新性和领先地位，突出品牌所倡导的教育理念和教学方法。活页式教材品牌可以通过引入先进的教育技术和教学理念，开发具有创新性的教学内容和学习工具，以提升教育质量和学习效果，赢得用户的信任和支持。

品质保证是活页式教材品牌的重要核心价值之一。品牌建设策略应强调品牌对产品质量和服务质量的严格把控和保证，建立起用户对品牌品质的信任和认可。活页式教材品牌可以通过建立完善的质量管理体系，确保教材内容的准确性和权威性，保证印刷品质的一致性和稳定性，以及提供优质的客户服务和售后支持，以提升品牌的美誉度和市场竞争力。

品牌建设策略应强调品牌对用户体验的重视和关注，通过不断优化产品设计和服务流程，提升用户的使用体验和满意度。活页式教材品牌可以通过简洁清晰的界面设计，友好易用的操作流程，以及个性化的学习推荐和服务建议，为用户提供愉快和高效的学习体验，增强用户对品牌的粘性和忠诚度。

品牌建设策略应强调品牌对社会责任的担当和履行，通过参与公益活动和教育项目，为教育公平和普及做出积极的贡献，树立品牌的良好形象和社会声誉。活页式教材品牌可以通过向贫困地区学校捐赠教材，开展公益教育培训活动，以及参与教育扶贫项目等方式，回馈社会，为教育事业的发展贡献力量。

（二）品牌形象设计

品牌形象设计是企业在市场竞争中脱颖而出的重要手段，尤其是针对活页式教材品牌的建设，良好的品牌形象不仅能吸引消费者，还能增强市场竞争力。将从品牌定位、品牌识别、品牌传播、品牌维护和品牌延展五个方面详细阐述活页式教材品牌建设策略。

品牌定位是品牌建设的基础。品牌定位的核心在于找到品牌的独特卖点和目标受众。通过市场调研，我们可以了解到活页式教材的目标群体主要是学生和教育机构。活页式教材品牌应定位为"高效、灵活、个性化"的教育工具，以满足现代教育对教材多样性和灵活性的需求。

品牌识别不仅仅是品牌的名称和标志，更包括品牌的整体视觉形象和文化内涵。活页式教材品牌的名称应简洁明了，易于记忆，同时传达出品牌的核心价值。标志设计应简洁大方，具有鲜明的辨识度，并能在各种媒介上有效传播。品牌的视觉形象设计应统一规范，从包装到宣传材料都要保持一致，营造出专业和高品质的品牌形象。

品牌传播是将品牌信息传递给目标受众的过程。有效的品牌传播需要多渠道、多形式地进行。对于活页式教材品牌，可以通过社交媒体、教育展会、学校推广活动等多种渠道进行传播。在内容方面，可以制作丰富的教学视频、教师使用指南等，提高品牌的专业性和可信度。与知名教育机构合作，通过权威机构的认可和推荐，进一步提升品牌的影响力。

品牌维护是品牌建设中不可或缺的一环。品牌的声誉需要通过不断的维护来巩固和提升。品牌维护不仅包括日常的市场监测和反馈处理，还需要通过客户关系管理系统，及时了解用户需求和反馈，持续改进产品和服务。品牌的社会责任感也是品牌维护的重要方面。通过参与公益活动和社会责任项目，提升品牌的社会形象，增强消费者的信任感和忠诚度。

品牌延展是品牌建设中的高级阶段。品牌延展是指在现有品牌基础上，开发新的产品和服务，以拓展市场和提升品牌价值。对于活页式教材品牌，可以考虑开发数字化教材、教育 App 等新产品，以适应教育信息化的发展趋势。通过品牌授权和合作，进入更多的教育领域和市场，进一步扩大品牌的影响力和市场份额。

1. 品牌标识设计

活页式教材品牌标识设计应突出品牌的个性化特点。活页式教材以个性化学习为核心价值，品牌标识设计应通过图形、色彩和字体等元素，突出品牌的个性化特点，彰显品牌的独特魅力。可以采用生动活泼的图案设计和鲜明明快的色彩搭配，以吸引目标受众的注意，树立品牌形象。

品牌致力于提供创新的教育资源和教学工具，品牌标识设计应通过图形和符号等元素，表达品牌的创新性和领先地位。可以采用具有未来感的设计风格和科技感的元素，以展现品牌的先进性和创新性，吸引目标受众的共鸣和认同。

品牌注重产品质量和服务质量，品牌标识设计应通过简洁明了的设计风格和高贵典雅的色彩搭配，体现品牌的专业性和权威性。可以采用简约大气的字体和线条，以及高品质的材质和印刷工艺，展现品牌的品质保证和可信赖性，赢得目标受众的信赖和认可。

品牌标识设计还应强调品牌的用户体验。活页式教材品牌注重用户体验和服务体验，品牌标识设计应通过友好易懂的图形和符号，传达品牌的亲和力和易用性。可以采用简洁清晰的设计风格和互动性强的元素，以提升用户的使用体验和满意度，增强品牌的用户粘性和忠诚度。

活页式教材品牌注重社会责任和教育公益，品牌标识设计应通过环保材料和可持续发展的设计理念，传达品牌的社会责任和环保意识。可以采用简约大方的设计风格和绿色环保的色彩搭配，以展现品牌的社会责任和担当，树立品牌的良好形象和社会声誉。

2. 品牌故事与文化

通过品牌故事，品牌能够与消费者建立起更深层次的情感联系，而品牌文化则是品牌内涵和核心价值观的具体表现。本文将从品牌故事的构建、品牌文化的培育、品牌故事和文化的传播、品牌故事和文化的维护以及品牌故事和文化的延展五个方面，详细探讨活页式教材品牌建设策略。

一个好的品牌故事能够让消费者更好地理解和认同品牌，从而增强品牌忠诚度。活页式教材品牌可以通过讲述创始人的创业故事，展示品牌的初心和使命，吸引消费者的注意力。品牌创始人如何因为对教育的热爱而创立了这个品牌，以及品牌是如何从最初的概念逐步发展成为今天的样子。

品牌文化的培育是品牌建设的关键。品牌文化是品牌核心价值观和企业精神的具体体现，是员工行为和企业发展的指导原则。活页式教材品牌可以通过建立积极向上的企业文化，鼓励员工创新和学习，提升品牌的内在含义。品牌可以组织内部培训和团队建设活动，加强员工之间的沟通和合作，形成共同的价值观和行为准则。

品牌故事和文化的传播是品牌建设的重要环节。通过有效的传播，品牌能够更广泛地被认知和接受。活页式教材品牌可以通过多种方式进行传播，如社交媒体、宣传册、官方网站等。可以邀请知名教育专家或学者参与品牌活动，提升品牌的专业形象。通过不断创新和尝试，将品牌故事和文化传播给更多的目标受众。

品牌故事和文化的维护是品牌建设的持续任务。品牌的声誉和形象需要通过持续的努力来维护和加强。活页式教材品牌可以通过建立客户反馈机制，及时了解消费者的需求和意见，不断改进产品和服务。还可以通过参与公益活动和社会责任项目，展示品牌的社会责任感，提升品牌形象。

品牌故事和文化的延展是品牌建设的长远目标。随着市场和消费者需求的变化，品牌故事和文化也需要不断创新和发展。活页式教材品牌可以通过推出新产品和服务，拓展市场和客户群体,同时保持品牌的核心价值观和文化内涵不变。通过持续的品牌延展,活页式教材品牌能够在竞争激烈的市场中立于不败之地,成为消费者信赖的教育品牌。

二、活页式教材品牌推广策略

(一)市场推广

在互联网时代,线上推广具有覆盖面广、传播速度快、成本相对较低等优势。活页式教材品牌可以通过社交媒体平台、搜索引擎优化(SEO)、内容营销、电子邮件营销等方式,提升品牌的线上曝光率和影响力。通过在微信公众号、微博、抖音等社交媒体平台发布优质内容,吸引用户关注和互动;通过 SEO 优化提升品牌官网在搜索引擎中的排名,增加潜在用户访问量;通过电子邮件营销向目标用户群体推送个性化的学习资源和优惠信息,提升用户参与度和购买率。

线下推广能够通过面对面的互动和体验,增加用户对品牌的信任和认知度。活页式教材品牌可以通过参加教育展会、举办线下沙龙和讲座、开展校园推广活动等方式,与用户进行直接互动,提升品牌的知名度和美誉度。通过参加各类教育展会和论坛,展示品牌的最新产品和教学资源,吸引教育行业专业人士和目标用户的关注;通过举办线下沙龙和讲座,邀请教育专家分享教学经验和方法,提升品牌的专业形象和权威性;通过在校园内开展推广活动,向学生和家长介绍品牌的特色和优势,增加品牌的用户基础。

通过与教育机构、学校、企业等合作伙伴的深度合作,活页式教材品牌能够快速扩大市场影响力和覆盖面。品牌可以通过与知名教育机构和学校合作,联合推出特色课程和教学资源,提升品牌的市场竞争力和用户认可度;通过与企业合作,开发职场培训和职业技能提升课程,满足职场人士的学习需求,扩大品牌的用户群体;通过与媒体合作,进行联合宣传和推广,提升品牌的知名度和影响力。

通过策划和组织各类公关活动,品牌可以增加曝光率,提升公众对品牌的关注度和认知度。活页式教材品牌可以通过举办新闻发布会、产品发布会、公益活动等,向媒体和公众展示品牌的核心价值和最新动态。通过举办新闻发布会,向媒体介绍品牌的最新产品和教学理念,吸引媒体报道和公众关注;通过举办产品发布会,邀请教育专家和用户体验新品,增加品牌的影响力和口碑;通过参与和组织公益活动,展现品牌的社会责任和公益形象,提升品牌的社会认可度和美誉度。

随着数字化时代的到来,数字营销成为品牌推广的重要手段。活页式教材品牌可以通过大数据分析、精准营销、程序化广告投放等方式,实现精准触达和个性化营销。通过大数据分析用户行为和偏好,制定精准的营销策略和推广计划;通过精准营销技术,向目标用户推送个性化的学习资源和优惠信息,提高营销效果和用户转化率;通过程序化广告投放,在各类数字媒体平台上进行精准广告投放,提升品牌的曝光率和点击率。

通过建立良好的用户口碑和品牌声誉，品牌能够实现口碑传播和用户自发推广。活页式教材品牌可以通过提供优质的产品和服务，满足用户的学习需求和期望，提升用户满意度和忠诚度；通过用户评价和反馈机制，收集用户意见和建议，持续改进产品和服务质量；通过用户奖励和激励机制，鼓励用户积极分享使用体验和推荐品牌，扩大品牌的用户群体和影响力。

（二）用户体验优化

教材内容是用户体验的核心，品牌应确保教材内容的准确性、权威性和实用性。品牌可以通过邀请教育专家和一线教师参与教材编写，确保内容的科学性和权威性；通过不断更新和完善教材内容，保持其与时俱进和实用性，满足用户的学习需求；通过设置合理的知识结构和学习路径，帮助用户系统性地掌握知识，提高学习效果。

教材设计和排版对用户体验有着重要影响。活页式教材的设计和排版应符合用户的阅读习惯和审美要求，增强用户的使用体验。品牌可以通过采用简洁明了的排版设计，合理安排图文比例和布局，提升教材的可读性和美观度；通过使用高清图片和图表，增强教材的视觉效果和信息传达效率；通过设计互动性强的学习任务和练习题，增加用户的学习兴趣和参与感。

教材的易用性是用户体验优化的重要方面。活页式教材应注重操作的简便性和使用的便捷性，提升用户的使用体验。品牌可以通过优化活页的装订方式和结构设计，确保用户可以方便地增减和调整教材内容；通过提供详细的使用说明和指导手册，帮助用户快速上手和熟悉教材的使用方法；通过开发配套的电子版教材和移动端应用，方便用户随时随地进行学习，提升学习的灵活性和便捷性。

用户反馈机制对于用户体验优化至关重要。品牌应建立完善的用户反馈机制，及时收集和处理用户的意见和建议，持续改进产品和服务。品牌可以通过设立用户反馈渠道，如官网、社交媒体、客服热线等，方便用户反馈问题和提出建议；通过定期开展用户满意度调查，了解用户的真实需求和期望，制定针对性的改进措施；通过及时回应用户反馈，解决用户问题，提升用户满意度和信任度。

售后服务是用户体验优化的关键环节。优质的售后服务不仅能够提高用户满意度，还能够增强用户的品牌忠诚度和粘性。品牌可以通过提供专业的客户服务团队，解答用户在使用教材过程中遇到的问题和困惑；通过设立售后服务保障机制，如退换货政策、保修服务等，保障用户的权益和利益；通过提供个性化的学习指导和辅导服务，帮助用户更好地使用教材，提高学习效果。

用户社区和互动平台是用户体验优化的有效手段。通过建立用户社区和互动平台，品牌可以促进用户之间的交流和互动，增强用户的归属感和忠诚度。品牌可以通过搭建在线论坛、微信群等平台，方便用户分享学习经验和资源，互相帮助和鼓励；通过定期举办线上线下活动，如学习沙龙、经验分享会等，增强用户的参与感和互动性；通过邀请教育专家和优秀用户进行经验分享和答疑解惑，提升用户的学习积极性和兴趣。

产品和服务的个性化定制是用户体验优化的重要方向。品牌应根据用户的不同需求和偏好，提供个性化的产品和服务，提升用户的满意度和忠诚度。品牌可以通过大数据分析用户的学习行为和偏好，制定个性化的学习推荐和方案；通过提供定制化的学习资源和辅导服务，满足用户的个性化学习需求；通过开发个性化的学习评估和反馈工具，帮助用户了解自己的学习进展和不足，制定针对性的学习计划和目标。

品牌形象和文化建设对用户体验优化有着深远的影响。品牌应通过塑造积极向上、诚信可靠的品牌形象和文化，增强用户的品牌认同感和信任感。品牌可以通过发布品牌故事和文化理念，向用户传递品牌的核心价值和愿景；通过参与社会公益活动和教育项目，提升品牌的社会责任感和美誉度；通过与用户建立情感联系，增强用户的品牌归属感和忠诚度。

（三）品牌维护

品牌推广的目的是让更多的人知道并认可品牌，提升品牌的市场占有率。活页式教材品牌可以通过多种方式进行推广，如广告宣传、公关活动、赞助活动等。其中，广告宣传是最常见的方式之一。可以通过电视、广播、互联网等媒体发布品牌广告，吸引更多目标受众的关注。公关活动也是一种有效的推广方式。可以通过举办品牌发布会、参加教育展览会等活动，提升品牌知名度。

品牌推广策略的另一个重要方面是网络营销。随着互联网的普及，网络营销已经成为品牌推广的重要途径。活页式教材品牌可以通过建立官方网站、开展社交媒体营销等方式，与用户进行互动，增强品牌的影响力。通过发布优质内容、参与用户讨论等方式，吸引更多用户关注，提升品牌知名度和美誉度。

除了广告宣传和网络营销，赞助活动也是品牌推广的重要方式。可以通过赞助教育活动、学校活动等方式，提升品牌在教育领域的形象和地位。通过赞助活动，活页式教材品牌可以获得更多的曝光机会，吸引更多目标受众的关注，提升品牌知名度和美誉度。

品牌维护是品牌建设的持续任务。品牌维护的目的是保持品牌形象和声誉，确保品牌持续发展。活页式教材品牌可以通过多种方式进行品牌维护，如监控市场反馈、回应用户反馈、加强产品质量控制等。其中，监控市场反馈是品牌维护的重要环节。可以通过定期调研用户需求、分析竞争对手动态等方式，了解市场情况，及时调整品牌策略，保持品牌竞争力。

回应用户反馈也是品牌维护的重要方面。可以建立客户服务中心，为用户提供及时、周到的服务，解决用户遇到的问题，提升用户满意度。加强产品质量控制也是品牌维护的关键。可以建立严格的质量管理体系，确保产品质量稳定可靠，赢得用户信赖。

第三节 活页式教材销售渠道与渠道管理

一、活页式教材的销售渠道

（一）电商平台

电商平台的选择是关键。活页式教材品牌需要根据目标市场和受众的特点，选择合适的电商平台进行销售。各大电商平台，如淘宝、京东、拼多多、亚马逊等，都有其独特的用户群体和优势。品牌可以通过分析各平台的用户画像、流量特点和市场定位，选择最适合的电商平台进行入驻和销售。淘宝和京东适合覆盖广泛的用户群体，而拼多多则更适合价格敏感的用户群体，亚马逊则有利于国际市场的开拓。

建立品牌旗舰店是提升品牌形象和用户信任的重要举措。在电商平台上，品牌旗舰店能够集中展示品牌的全系列产品和服务，提供更好的购物体验。活页式教材品牌可以通过开设官方旗舰店，统一产品展示和服务标准，提升用户的购物体验和品牌信任度。旗舰店还可以进行品牌故事的展示、用户评价的管理和售后服务的统一，进一步增强用户对品牌的认同感和忠诚度。

优化产品页面是提升转化率的关键。电商平台上的产品页面是用户了解产品信息和做出购买决策的重要渠道，页面的设计和内容直接影响到用户的购买行为。活页式教材品牌可以通过高质量的产品图片、详细的产品描述和丰富的用户评价，全面展示产品的优势和特点。页面设计应简洁明了，突出重点，方便用户快速获取所需信息，提升购物体验和转化率。

SEO 和关键词优化是提升电商平台搜索排名的重要手段。在电商平台上，搜索排名直接影响到产品的曝光率和销售量。活页式教材品牌可以通过对产品标题、描述和关键词的优化，提升搜索引擎的友好度，增加产品的曝光机会。品牌可以利用平台提供的关键词工具，分析用户搜索习惯和热门关键词，选择合适的关键词进行优化，提升产品在搜索结果中的排名。

促销活动和营销策略是吸引用户购买的重要手段。电商平台上，各种促销活动和营销策略可以有效提升产品的销量和品牌的曝光度。活页式教材品牌可以通过参加电商平台的各种促销活动，如双 11、618 等大型促销节，提供限时优惠、满减活动和赠品等，吸引用户购买。品牌还可以通过制定自己的营销策略，如会员优惠、积分兑换、老客户回馈等，增强用户的购买意愿和品牌忠诚度。

用户评价和口碑管理对于品牌形象的维护至关重要。在电商平台上，用户评价是影响其他用户购买决策的重要因素。活页式教材品牌需要积极管理用户评价，及时回复用户的提问和反馈，解决用户的问题，提升用户的满意度。品牌可以通过提供优质的产品和服务，鼓励用户进行好评和分享，积累良好的用户口碑，提升品牌的美誉度和影响力。

售后服务和物流保障是用户购物体验的重要组成部分。优质的售后服务和快速的物流保障能够提升用户的购物体验，增强用户的品牌忠诚度。活页式教材品牌可以通过提供专业的客户服务团队，及时解答用户的问题和解决售后问题，提升用户的满意度。品牌还可以通过选择优质的物流合作伙伴，确保产品能够快速、安全地送达用户手中，提升用户的购物体验。

数据分析和用户洞察是制定销售策略的重要依据。通过电商平台提供的数据分析工具，品牌可以深入了解用户的购买行为和偏好，制定针对性的销售策略。活页式教材品牌可以通过分析用户的浏览、购买和评价数据，了解用户的需求和痛点，优化产品和服务，提高用户满意度。品牌还可以通过数据分析，识别潜在用户和市场机会，制定精准的营销策略，提升销售效果和市场占有率。

多渠道推广和整合营销是提升品牌影响力的重要手段。电商平台销售只是品牌推广的一部分，品牌还需要通过多渠道的整合营销，提升品牌的影响力和市场份额。活页式教材品牌可以通过社交媒体、搜索引擎、内容营销、线下活动等多种渠道进行推广，提升品牌的曝光度和用户关注度。品牌还可以通过跨平台合作，整合线上线下资源，形成联动效应，提升品牌的综合竞争力。

国际市场拓展也是活页式教材品牌的重要战略。随着全球化的发展，电商平台为品牌拓展国际市场提供了便利条件。活页式教材品牌可以通过入驻亚马逊等国际电商平台，向全球用户销售产品，拓展国际市场。品牌可以根据不同国家和地区的市场需求和用户习惯，制定本地化的产品和营销策略，提升国际市场的竞争力和市场份额。

（二）线下销售渠道

一种常见的线下销售渠道是实体店铺。实体店铺通常位于商业区或教育区域，通过店铺内的展示和销售，吸引顾客购买产品。活页式教材品牌可以选择在教育机构附近开设实体店铺，便于学生和教师购买教材。还可以在书店等相关场所设立专卖区域，增加产品曝光度，提升销售额。

另一种线下销售渠道是展会和展览。展会和展览是集中展示和销售产品的场所，可以吸引大量潜在客户。活页式教材品牌可以通过参加教育展会和教育论坛等活动，展示产品特色，与用户面对面交流，提升品牌知名度和美誉度，促进销售。

分销商也是重要的销售渠道之一。通过与分销商合作，活页式教材品牌可以将产品销售至更广泛的地区和客户群体。分销商可以帮助品牌扩大销售网络，提高产品销售量，加快资金回笼速度。品牌也可以通过与分销商的合作，获取更多关于市场需求和竞争情况的信息，指导产品的进一步开发和改进。

除了以上几种线下销售渠道，活页式教材品牌还可以通过校园推广和合作项目等方式扩大销售渠道。可以与学校合作，将产品纳入学校课程中，提供给学生使用。通过校园推广活动，向学生和教师宣传产品特色，吸引他们购买。还可以与教育机构合作，开展教材推广活动，提升产品的知名度和美誉度，促进销售增长。

1. 实体书店

选择合适的实体书店渠道至关重要。活页式教材品牌需要根据目标市场和受众的特点，选择合适的实体书店进行合作。大型连锁书店如新华书店、当当书店、博库书城等，覆盖面广、用户基础大，是优先选择的合作对象；而一些专业书店和校园书店则有针对性的读者群体，适合细分市场的推广。品牌可以通过调研和分析，选择最能覆盖目标用户的书店渠道，提升销售效果。

品牌与书店的合作方式和合作模式也需要精心设计。活页式教材品牌可以通过多种合作方式进入实体书店的销售渠道。除了传统的批发销售模式，品牌还可以探索联营合作、专柜销售和联合推广等方式。联营合作可以共享销售收益和市场风险，专柜销售则能集中展示品牌的全系列产品，提升品牌的知名度和影响力。通过与书店的深度合作，品牌可以实现资源共享和优势互补，提升市场竞争力。

产品展示和陈列是实体书店销售的重要环节。活页式教材的展示和陈列直接影响到用户的购买决策。品牌可以通过精美的展示架、显眼的陈列位置和生动的宣传海报，吸引用户的注意力。品牌还可以与书店合作，设计专门的展示区或主题展区，全面展示教材的特点和优势，提升用户的购买欲望。合理的产品展示和陈列能够增加用户的体验感和参与感，提升销售转化率。

促销活动和现场推广是吸引用户的重要手段。实体书店可以通过各种促销活动和现场推广，提升活页式教材的销售量和品牌曝光度。品牌可以与书店联合举办新书发布会、签售会、讲座等活动，吸引读者参与和购买；通过限时优惠、满减活动和赠品等促销手段，增加用户的购买动力；通过现场演示和互动，展示教材的使用方法和效果，增强用户的购买信心和使用体验。

书店的阅读体验区对于用户的购买决策有着积极影响。许多现代书店设置了阅读体验区，供用户翻阅和试读图书。活页式教材品牌可以与书店合作，在阅读体验区设置样本供用户试读和体验。通过亲身体验，用户能够更直观地了解教材的内容和质量，增强购买意愿。品牌还可以在体验区提供相关的学习资源和辅导材料，提升用户的学习效果和满意度。

品牌宣传和推广在实体书店同样重要。活页式教材品牌需要通过各种宣传手段，在书店内外进行品牌推广。品牌可以通过宣传海报、宣传单页、电子屏幕广告等方式，提升品牌的知名度和影响力；通过书店的官方网站和社交媒体平台，进行线上线下联动宣传，扩大品牌的覆盖面和影响力；通过书店的会员系统和用户数据库，精准推送品牌信息和优惠活动，增加用户的参与度和购买率。

培训书店员工也是提升销售的重要策略。书店员工是直接面对用户的桥梁，他们的推荐和指导对用户的购买决策有着重要影响。活页式教材品牌可以通过定期培训书店员工，提升他们对教材的了解和熟悉程度；通过提供产品手册和使用指南，帮助员工更好地向用户介绍和推荐教材；通过设置奖励机制，激励员工积极推荐品牌产品，提升销售业绩和用户满意度。

售后服务和用户支持在实体书店同样不可忽视。良好的售后服务和用户支持能够提升用户的购买体验和品牌忠诚度。活页式教材品牌可以通过与书店合作，提供快捷的退换货服务，保障用户的权益和利益；通过设立客户服务电话和邮箱，及时解答用户在使用过程中遇到的问题和困惑；通过提供个性化的学习指导和辅导服务，帮助用户更好地使用教材，提高学习效果。

反馈收集和数据分析是优化销售策略的重要依据。品牌需要通过各种渠道，收集用户的反馈和建议，了解用户的真实需求和体验。活页式教材品牌可以通过在书店设置意见箱和反馈表，鼓励用户提出意见和建议；通过书店的销售数据和用户评价，分析用户的购买行为和偏好，制定针对性的优化措施；通过定期开展用户满意度调查，了解用户的满意度和需求，持续改进产品和服务。

品牌文化和价值传播在实体书店可以更好地实现。实体书店不仅是销售产品的场所，也是传播品牌文化和价值的重要平台。活页式教材品牌可以通过在书店内设置品牌文化展示区，向用户传递品牌的核心价值和教育理念；通过举办品牌文化沙龙和讲座，邀请教育专家和用户分享教学经验和方法，提升品牌的专业形象和权威性；通过与书店合作开展公益活动和教育项目，提升品牌的社会责任感和美誉度。

2. 教育机构

合作方式是活页式教材品牌与教育机构合作的重要方式之一。合作方式可以分为直接合作和间接合作两种。直接合作是指品牌直接与教育机构签订合作协议，将产品提供给学生和教师。通过直接合作，品牌可以直接接触目标客户群体，提升销售额。间接合作是指品牌与代理商或分销商合作，通过代理商或分销商将产品销售给教育机构。通过间接合作，品牌可以借助代理商或分销商的销售网络，扩大销售范围。

通过制定有效的营销策略，品牌可以吸引更多教育机构选择自己的产品。营销策略可以包括提供优惠政策、举办推广活动、提供教学支持等方式。品牌可以提供折扣优惠给教育机构，吸引其购买产品。还可以举办教学培训活动，提供教材使用指导，增加产品的使用率。

合作机构选择是活页式教材品牌在教育机构销售中的重要考虑因素。合作机构的选择直接影响到产品的销售情况和品牌形象。品牌可以选择与知名教育机构合作，提升品牌知名度和美誉度。还可以选择与多个教育机构合作，扩大销售网络，增加销售额。选择合适的合作机构，是活页式教材品牌在教育机构销售中取得成功的关键。

活页式教材品牌在与教育机构合作时，还需要注意产品质量和售后服务。产品质量是品牌的基础，只有确保产品质量，才能赢得客户信赖。售后服务也是品牌成功的关键之一，可以通过及时回应用户问题、提供定制化服务等方式，提升客户满意度，增加客户忠诚度。

二、活页式教材的渠道管理

（一）合作伙伴筛选

明确筛选合作伙伴的标准和条件是基础。活页式教材品牌需要根据自身的市场定位和目标用户，制定明确的合作伙伴筛选标准和条件。这些标准和条件包括合作伙伴的市场覆盖能力、销售网络、渠道资源、经营信誉、合作意愿等。品牌可以通过设立评估指标体系，对潜在合作伙伴进行全面考察和评估，确保选择到最合适的合作伙伴。

对合作伙伴的市场覆盖能力进行评估是关键。活页式教材品牌需要选择那些在目标市场拥有广泛覆盖能力的合作伙伴。品牌可以通过调研和分析，了解潜在合作伙伴在目标市场的渠道布局、销售网络和市场影响力，选择那些能够最大程度覆盖目标用户的合作伙伴。广泛的市场覆盖能力有助于品牌快速提升市场占有率和知名度。

销售网络的健全性也是重要考虑因素。一个健全的销售网络不仅能够提升销售效率，还能增强品牌的市场竞争力。活页式教材品牌可以通过考察潜在合作伙伴的销售网络布局、渠道管理能力和销售团队素质，评估其销售网络的健全性。品牌可以优先选择那些拥有完善销售网络和强大渠道管理能力的合作伙伴，确保产品能够快速、高效地进入市场。

渠道资源的丰富性对合作伙伴的选择有着重要影响。渠道资源的丰富性直接关系到品牌在市场中的竞争力和影响力。活页式教材品牌可以通过考察潜在合作伙伴的渠道资源，如分销商、零售商、物流配送等，评估其渠道资源的丰富性。品牌可以优先选择那些拥有丰富渠道资源和强大资源整合能力的合作伙伴，确保产品能够在市场中快速传播和推广。

经营信誉和合作意愿是筛选合作伙伴的重要标准。一个具有良好经营信誉和强烈合作意愿的伙伴，能够为品牌带来稳定的合作关系和可靠的市场支持。活页式教材品牌可以通过考察潜在合作伙伴的经营历史、市场口碑和合作记录，评估其经营信誉和合作意愿。品牌可以优先选择那些信誉良好、合作意愿强烈的伙伴，确保合作关系的稳定性和长期性。

财务状况和经营能力是合作伙伴筛选的基本条件。健全的财务状况和强大的经营能力是合作伙伴在市场中持续发展的基础。活页式教材品牌可以通过分析潜在合作伙伴的财务报表、经营数据和市场表现，评估其财务状况和经营能力。品牌可以优先选择那些财务状况良好、经营能力强大的合作伙伴，确保合作的稳健性和可持续性。

技术支持和服务能力是提升合作伙伴选择的重要考量。技术支持和服务能力直接关系到产品的销售效果和用户满意度。活页式教材品牌可以通过考察潜在合作伙伴的技术支持团队、服务体系和用户反馈，评估其技术支持和服务能力。品牌可以优先选择那些具备强大技术支持和优质服务能力的合作伙伴，确保用户能够获得良好的产品体验和服务支持。

品牌认同和文化契合是筛选合作伙伴的重要维度。合作伙伴对品牌的认同和文化的契合度，直接关系到合作的和谐度和协同性。活页式教材品牌可以通过了解潜在合作伙伴的品牌理念、企业文化和管理风格，评估其品牌认同和文化契合度。品牌可以优先选择那些与自身品牌理念相符、文化契合度高的合作伙伴，确保合作的和谐与高效。

合作伙伴的创新能力也是重要筛选标准之一。具备创新能力的合作伙伴，能够在市场竞争中保持领先地位，并推动品牌的持续发展。活页式教材品牌可以通过考察潜在合作伙伴的产品创新、市场创新和管理创新，评估其创新能力。品牌可以优先选择那些具备强大创新能力的合作伙伴，确保在市场变化中能够迅速适应和调整。

法律合规和风险管理是合作伙伴筛选的重要保障。确保合作伙伴在法律合规和风险管理方面具备健全的机制，能够降低合作中的风险和不确定性。活页式教材品牌可以通过审查潜在合作伙伴的法律资质、合规记录和风险管理体系，评估其法律合规和风险管理能力。品牌可以优先选择那些法律合规、风险管理能力强的合作伙伴，确保合作的安全性和合规性。

沟通和协作能力是合作伙伴筛选的软性标准。良好的沟通和协作能力，能够提升合作的效率和效果。活页式教材品牌可以通过实地考察和面对面交流，了解潜在合作伙伴的沟通风格和协作能力，评估其是否具备良好的合作素养。品牌可以优先选择那些沟通顺畅、协作高效的合作伙伴，确保合作过程的顺利和高效。

（二）合作协议与监督

合作协议的签订是渠道管理的第一步。合作协议应当明确双方的权利和义务，规范合作关系，确保合作的顺利进行。活页式教材品牌可以通过与合作伙伴签订合作协议，明确产品的销售范围、价格政策、售后服务等内容，保障合作的稳定性和持续性。合作协议还应当包括违约责任、争议解决等条款，为合作关系的顺利进行提供法律保障。

合作伙伴选择是渠道管理的关键。合作伙伴应当具备良好的商业信誉和销售能力，能够有效推广和销售活页式教材产品。活页式教材品牌可以通过评估合作伙伴的销售网络、市场影响力等因素，选择合适的合作伙伴。还可以通过与合作伙伴的深入沟通，了解其市场需求和销售策略，提高合作效率，实现互利共赢。

监督是渠道管理的重要环节。通过监督，品牌可以及时了解销售情况，发现和解决问题，保障渠道管理的有效进行。监督方式可以包括定期检查、销售数据分析、市场调研等。活页式教材品牌可以通过定期与合作伙伴进行沟通，了解销售情况和市场反馈，及时调整销售策略，提升产品销售额。还可以通过销售数据分析和市场调研，发现市场需求和竞争情况，指导产品的进一步开发和改进。

（三）渠道定位与选择

需要明确市场定位和目标用户。活页式教材品牌需要根据自身的市场定位和目标用户，制定明确的渠道定位策略。这包括分析目标用户的需求、购买习惯和渠道偏好，以便选择最适合的销售渠道。市场定位和目标用户的明确化有助于品牌集中资源，提升市场推广的针对性和有效性。

线上渠道的选择和定位至关重要。在数字化和互联网快速发展的时代，线上渠道成为品牌销售和推广的重要方式之一。活页式教材品牌可以通过选择合适的电商平台、社交媒体平台和自有官网，进行线上销售和推广。品牌可以根据目标用户的线上购物习惯和平台特性，选择最适合的线上渠道，如淘宝、京东、拼多多、亚马逊等，提升产品的曝光率和销售量。

线下渠道的布局也是不可忽视的重要环节。尽管线上渠道的优势明显，线下渠道仍然具有独特的体验优势和品牌展示功能。活页式教材品牌可以通过与实体书店、校园书店、专业书店等合作，进行线下销售和推广。通过在目标市场中布点布局，品牌可以更好地覆盖目标用户群体，提升产品的市场渗透率。

综合渠道策略可以最大化品牌的市场覆盖面和销售效果。单一渠道的局限性使得品牌需要采用综合渠道策略，结合线上线下资源，形成互补和联动。活页式教材品牌可以通过线上线下联动的方式，提升品牌的整体竞争力和用户体验。线上购买线下提货、线下体验线上下单等方式，可以增强用户的购物便利性和品牌黏性。

渠道合作伙伴的选择和管理是渠道策略成功的关键。活页式教材品牌需要选择和管理合适的渠道合作伙伴，确保渠道的高效运作和持续发展。品牌可以通过制定严格的合作伙伴筛选标准和管理机制，选择那些在市场覆盖、渠道资源、销售能力和服务水平等方面具备优势的合作伙伴。良好的合作伙伴关系能够提升品牌的市场竞争力和用户满意度。

渠道定位的差异化策略能够提升品牌的市场区隔和竞争力。在激烈的市场竞争中，差异化策略是品牌突围的重要手段。活页式教材品牌可以根据不同市场和用户的特点，制定差异化的渠道定位策略。在一线城市和重点高校，可以重点布局高端书店和专业书店；在二三线城市和普通院校，可以选择价格亲民的大众书店和校园书店。通过差异化的渠道定位，品牌可以更好地满足不同市场和用户的需求，提升品牌的市场竞争力。

渠道营销和推广策略是渠道管理的有力保障。活页式教材品牌需要通过各种营销和推广策略，提升渠道的销售效果和品牌影响力。品牌可以通过促销活动、品牌宣传、用户互动等方式，增强渠道的市场活力和用户吸引力。通过线上线下联动的促销活动，提升产品的销量和用户关注度；通过与书店合作的品牌宣传和用户互动活动，提升品牌的知名度和美誉度。

渠道的数字化转型是未来渠道管理的重要方向。随着数字化和智能化的快速发展，渠道的数字化转型成为品牌提升竞争力的重要途径。活页式教材品牌可以通过引入大数据分析、人工智能技术和智能物流系统，提升渠道的运营效率和用户体验。通过大数据分析用户购买行为和偏好，制定精准的营销策略；通过人工智能技术优化库存管理和物流配送，提升渠道的运营效率和用户满意度。

渠道风险管理是确保渠道稳定运行的重要措施。渠道管理过程中不可避免地会遇到各种风险和挑战，品牌需要制定有效的风险管理措施，确保渠道的稳定运行。活页式教材品牌可以通过建立完善的风险管理体系，识别和评估渠道风险，制定应对和处置方案。通过定期审查和监控渠道合作伙伴的运营状况，及时发现和解决问题；通过制定应急预案和备选方案，确保渠道在突发情况下能够迅速恢复正常运营。

渠道创新和拓展是提升品牌市场竞争力的重要途径。在市场竞争日益激烈的环境下，渠道的创新和拓展是品牌持续发展的动力。活页式教材品牌可以通过不断探索新的渠道模式和拓展新的市场领域，提升品牌的市场竞争力和影响力。通过引入新零售模式，结合线上线下资源，提升用户的购物体验和品牌黏性；通过拓展国际市场和跨境电商，开辟新的市场空间和增长点。

渠道绩效评估和优化是提升渠道管理效果的有效手段。品牌需要通过定期的渠道绩效评估，了解渠道的运行状况和销售效果，及时发现和解决问题，优化渠道管理策略。活页式教材品牌可以通过建立渠道绩效评估体系，制定评估指标和考核标准，定期对渠道进行评估和分析。通过销售数据、用户反馈、市场表现等多维度评估渠道的绩效，制定针对性的优化措施，提升渠道的运营效率和市场竞争力。

第四节　活页式教材市场反馈与服务改进

一、活页式教材的市场反馈

（一）在线反馈平台

建立多元化的在线反馈平台是关键。活页式教材品牌可以通过建立多种类型的在线反馈平台，包括官方网站、社交媒体、电子邮件、客服热线等，为用户提供多样化的反馈渠道。不同类型的平台能够吸引到不同层次和类型的用户，丰富市场反馈的内容和来源，为品牌提供更全面和准确的市场信息。

确保在线反馈平台的易用性和便捷性是至关重要的。活页式教材品牌需要设计简洁明了、操作便捷的在线反馈平台，降低用户反馈的门槛，提高用户参与度和反馈质量。品牌可以通过优化网站和应用的界面设计、简化反馈流程、提供多种反馈方式等方式，提升在线反馈平台的易用性和便捷性。

及时响应和处理用户反馈是在线反馈平台的关键功能之一。活页式教材品牌需要建立健全的用户反馈处理机制，及时收集、分析和回复用户的反馈信息，解决用户遇到的问题和困扰，增强用户的满意度和忠诚度。品牌可以通过设立专门的客服团队、建立快速反馈机制、制定优先处理原则等方式，确保用户反馈得到及时有效的处理和回复。

激励用户参与反馈是促进在线反馈平台活跃度和反馈质量的重要手段。活页式教材品牌可以通过设立奖励机制、推出优惠活动、举办用户调查等方式，激励用户积极参与反馈，提高反馈平台的活跃度和反馈质量。品牌可以给予参与反馈的用户积分、优惠券或礼品，以奖励他们的参与和贡献。

积极利用用户反馈信息是在线反馈平台的价值所在。活页式教材品牌需要将收集到的用户反馈信息视为宝贵的市场资源，加以充分利用和应用。品牌可以通过分析用户反馈数据，发现产品存在的问题和改进空间，制定针对性的产品优化和改进方案，提升产品的质量和用户体验。根据用户反馈意见调整产品设计、优化功能设置、改进服务流程等，不断满足用户需求和提升品牌形象。

开展用户调研和满意度调查是在线反馈平台的延伸和补充。除了 passively 接收用户的反馈，活页式教材品牌还可以主动开展用户调研和满意度调查，深入了解用户的需求、偏好和体验，为品牌提供更全面和深入的市场信息。品牌可以通过设计问卷调查、举办线上活动、组织用户讨论会等方式，获取用户的意见和建议，为产品优化和品牌发展提供参考依据。

与用户建立良好的沟通和互动关系是在线反馈平台的长期目标。活页式教材品牌需要与用户建立起良好的沟通和互动机制，保持与用户的密切联系，增强用户的参与感和归属感。品牌可以通过定期发布产品更新和活动信息、回应用户提出的问题和建议、开展线上线下互动活动等方式，加强与用户的沟通和互动，建立起品牌与用户之间的信任和亲近感。

持续改进和优化在线反馈平台是保持其有效性和竞争力的关键。活页式教材品牌需要不断改进和优化在线反馈平台，适应市场和用户需求的变化，提升平台的功能和体验。品牌可以通过定期收集用户反馈、分析市场趋势、借鉴行业先进经验等方式，不断完善和升级在线反馈平台，保持其领先地位和持续发展。

（二）反馈处理机制

反馈收集是市场反馈处理机制的第一步。活页式教材品牌可以通过多种途径收集市场反馈，如客户投诉、问卷调查、用户反馈等。其中，客户投诉是一种重要的反馈来源，可以帮助品牌了解产品存在的问题和改进的方向。问卷调查是一种常用的反馈收集方式，可以通过设计问卷，向用户征求意见和建议，了解用户需求和满意度。用户反馈是一种直接的反馈方式，可以通过在线平台或客户服务中心收集用户反馈，及时了解用户需求和意见。

反馈分析是市场反馈处理机制的关键环节。通过分析市场反馈，品牌可以发现问题和改进方向，为产品改进和策略调整提供依据。反馈分析可以从多个角度进行，如产品质量、服务质量、市场需求等方面。品牌可以通过分析客户投诉和问卷调查结果，了解产品存在的问题和改进的方向。还可以通过分析用户反馈和市场调研结果，了解用户需求和市场趋势，指导产品的开发和改进。

反馈处理是市场反馈处理机制的核心环节。通过及时有效地处理市场反馈，品牌可以提升客户满意度，增强品牌忠诚度。反馈处理可以分为客户投诉处理、产品改进和服务改进等方面。品牌可以通过建立客户投诉处理流程，及时回应客户投诉，解决客户问题，提升客户满意度。还可以通过改进产品和服务，满足客户需求，提升产品竞争力。

1. 快速响应机制

反馈收集是快速响应机制的第一步。活页式教材品牌可以通过多种途径收集市场反馈，如客户投诉、在线调查、社交媒体监测等。其中，客户投诉是一种重要的反馈来源，可以帮助品牌了解产品存在的问题和改进的方向。在线调查是一种快速有效的反馈收集方式，可以通过设计简洁明了的调查问卷，向用户征求意见和建议。社交媒体监测可以帮助品牌及时了解用户在社交媒体上对产品和服务的评价，发现潜在问题和改进方向。

反馈分析是快速响应机制的关键环节。通过快速分析市场反馈，品牌可以迅速发现问题和改进方向，为产品改进和策略调整提供依据。反馈分析可以从多个角度进行，如产品质量、服务质量、市场需求等方面。品牌可以通过分析客户投诉和在线调查结果，了解产品存在的问题和改进的方向。还可以通过分析社交媒体上的用户评论和反馈，了解用户需求和市场趋势，指导产品的开发和改进。

反馈处理是快速响应机制的核心环节。通过快速有效地处理市场反馈，品牌可以提升客户满意度，增强品牌忠诚度。反馈处理可以包括客户投诉处理、产品改进和服务改进等方面。品牌可以建立快速响应的客户投诉处理流程，及时回应客户投诉，解决客户问题，提升客户满意度。还可以通过快速改进产品和服务，满足客户需求，提升产品竞争力。

2. 反馈回访机制

建立完善的客户服务体系是服务提升的基础。活页式教材品牌需要建立健全的客户服务体系，包括客服热线、在线客服、客户服务中心等，为用户提供多渠道、全方位的服务支持。品牌可以通过提供 24 小时全天候的客户服务、建立智能语音系统和在线咨询平台等方式，提升客户服务的便捷性和质量。

培训专业的客户服务团队是服务提升的关键。活页式教材品牌需要对客户服务团队进行专业的培训和指导，提升其服务意识和沟通能力。客服人员需要具备良好的服务态度和解决问题能力，能够及时有效地回应用户的咨询和问题，提供专业的解决方案和建议。品牌可以通过定期培训课程、实际操作演练、案例分析等方式，提升客服人员的服务水平和专业素养。

优化服务流程和体验是提升服务质量的关键环节之一。活页式教材品牌需要优化服务流程和体验，简化服务流程、减少用户等待时间、提升服务效率，为用户提供更快捷、便利、愉悦的服务体验。品牌可以通过优化服务流程、引入自助服务设备、提升服务系统的稳定性和性能等方式，提升用户的服务体验和满意度。

建立用户反馈和投诉处理机制是服务提升的重要保障。活页式教材品牌需要建立健全的用户反馈和投诉处理机制，及时收集用户的反馈意见和投诉建议，解决用户遇到的问题和困扰，提升用户的满意度和忠诚度。品牌可以通过建立专门的用户反馈渠道、设立投诉处理专岗、建立快速响应机制等方式，确保用户反馈得到及时有效的处理和回复。

提升产品品质和服务体验是服务提升的根本之道。活页式教材品牌需要不断提升产品的品质和服务的体验，满足用户不断提升的需求和期待。品牌可以通过不断优化产品设计、提升产品质量、加强售后服务等方式，提升产品的品质和服务的体验，增强用户的满意度和品牌的竞争力。

借鉴行业先进经验和技术是提升服务质量的有效途径之一。活页式教材品牌可以借鉴和学习行业内外的先进经验和技术，引进先进的服务管理系统和技术工具，提升服务质量和效率。品牌可以通过参观考察、行业交流、合作共建等方式，获取行业内外的最新信息和经验，不断完善和提升自身的服务水平和竞争力。

二、活页式教材的服务改进

（一）产品改进

服务改进是活页式教材品牌提升客户满意度的重要手段。品牌可以通过多种方式改进服务，如提供更加便捷的购买渠道、增加售后服务等。品牌可以开设在线客服，为客户提供 24 小时在线咨询和售后服务，解决客户问题，提升客户满意度。还可以提供更加灵活的购买方式，如增加线上购买渠道，提供多种支付方式等，方便客户购买产品，提升购买体验。

产品改进是活页式教材品牌提升产品竞争力的重要手段。通过不断改进产品，品牌可以满足客户需求，提升产品品质和功能，增强产品竞争力。产品改进可以包括产品设计、产品质量、产品功能等方面。品牌可以根据客户反馈和市场需求，调整产品设计，提升产品外观和易用性；还可以不断优化产品质量，提升产品耐用性和稳定性；还可以增加产品功能，满足客户不同需求，提升产品附加值。

服务改进和产品改进是相辅相成的。通过不断改进服务，品牌可以提升客户满意度，增强客户忠诚度，为产品销售奠定基础；通过不断改进产品，品牌可以提升产品竞争力，吸引更多客户，实现销售增长。品牌应当将服务改进和产品改进结合起来，形成良性循环，持续提升品牌竞争力。

（二）服务提升

活页式教材品牌可以通过加强产品信息的发布和沟通，提供详尽的产品介绍和使用指南，帮助用户更好地了解产品特点和使用方法。品牌还可以加强售前咨询服务，及时回答用户的疑问和提供专业建议，增强用户对产品的信心和购买欲望。

完善售中服务是服务提升的关键环节之一。活页式教材品牌可以通过优化购买流程和支付方式，简化用户的购买过程，提升购物体验。品牌还可以加强订单跟踪和物流配送服务，及时更新订单状态和配送进度，保障用户的购物安全和满意度。

加强售后服务是服务提升的重要保障之一。活页式教材品牌可以建立健全的售后服务体系，提供专业的售后支持和维修服务，解决用户在使用过程中遇到的问题和困扰。品牌可以通过设立专门的售后服务热线、建立在线客服平台、开展售后服务培训等方式，提升售后服务的响应速度和解决效率，增强用户的信任和满意度。

需要不断优化产品设计、提升产品质量、加强产品检测和监控，确保产品的稳定性和可靠性。品牌可以通过加强供应链管理、提升生产工艺水平、加强质量控制和监督等方式，提升产品的质量和性能，增强用户的信赖和满意度。

建立用户反馈机制和持续改进体系是服务提升的关键手段之一。活页式教材品牌需要建立健全的用户反馈机制，及时收集用户的反馈意见和建议，为产品优化和服务改进提供依据和支持。品牌可以通过建立在线反馈渠道、开展用户满意度调查、定期组织用户讨论会等方式，了解用户需求，提升产品和服务质量。

可以通过定期培训课程、实际操作演练、员工奖励制度等方式，提升员工的专业水平和服务质量，为用户提供更优质的服务体验。

品牌需要注重服务体验的设计和创新，提供符合用户期待和需求的服务体验。品牌可以通过创新服务模式、引入智能化技术、提升服务环境和氛围等方式，提升用户的服务体验和满意度，增强品牌竞争力。

（三）用户关系维护

建立用户关系管理体系是用户关系维护的基础。活页式教材品牌需要建立健全的用户关系管理体系，包括用户档案管理、用户分类管理、用户互动记录等，全面了解用户的需求、偏好和行为，为用户提供个性化、精准化的服务支持。品牌可以通过建立用户数据库、建立用户档案、制定用户关系管理流程等方式，建立和维护良好的用户关系。

品牌需要根据用户的个性化需求和偏好，提供个性化、定制化的服务体验，增强用户的归属感和满意度。品牌可以通过分析用户行为和偏好、定制产品套餐和服务方案、推送个性化的优惠和活动等方式，满足用户的个性化需求，提升用户的满意度和忠诚度。

活页式教材品牌需要与用户建立起定期沟通和互动机制，保持与用户的密切联系，增强用户的参与感和归属感。品牌可以通过定期发送电子邮件、短信提醒、社交媒体互动等方式，与用户进行及时有效的沟通和互动，了解用户的需求和反馈，提供个性化的服务支持。

可以通过提供增值服务和特权权益，激励用户的参与和消费，增强用户的忠诚度和满意度。品牌可以通过推出会员制度、积分兑换活动、生日礼包、专属客户活动等方式，为用户提供独特的增值服务和特权权益，提升用户的满意度和忠诚度。

需要建立健全的用户反馈和投诉处理机制，及时收集用户的反馈意见和投诉建议，解决用户遇到的问题和困扰，提升用户的满意度和忠诚度。品牌可以通过建立专门的用户反馈渠道、设立投诉处理专岗、建立快速响应机制等方式，确保用户反馈得到及时有效的处理和回复。

活页式教材品牌需要定期开展用户满意度调查和市场调研，了解用户的需求、偏好和反馈，为产品优化和服务改进提供依据和支持。品牌可以通过设计问卷调查、组织用户讨论会、分析市场趋势和竞争对手情况等方式，深入了解用户需求，提升用户满意度和忠诚度。

第八章　活页式教材管理的法律与伦理

第一节　活页式教材版权保护与管理

一、活页式教材的版权保护

（一）版权注册

活页式教材作为一种灵活便捷的教学资源，其版权保护问题备受关注。在当今数字化时代，教育资源的数字化程度日益深入，活页式教材的版权保护面临着新的挑战。在这一背景下，版权注册被视为维护活页式教材版权的重要手段之一，它能够为教材的作者提供法律保护，并有效降低侵权风险。

版权注册是指作者或版权所有人向相关版权管理机构申请登记其作品的权利归属和创作时间等相关信息的行为。通过版权注册，教材的作者可以在版权争议发生时，凭借注册证明证实其作品的权利归属，从而有效维护自身的合法权益。对于活页式教材的作者而言，及时进行版权注册显得尤为重要。

尽管版权注册有诸多优势，但也存在一些限制和挑战。一些国家或地区的版权法律并不要求作品必须注册才能享有版权保护，版权注册可能并非是唯一的保护途径。版权注册的程序相对烦琐，需要填写申请表格、提交作品样本等，对作者来说可能存在一定的时间和精力成本。一旦作品发生了重大修改或更新，作者还需要及时更新注册信息，否则可能导致注册证明的失效。

尽管版权注册存在一定的局限性，但在保护活页式教材版权方面，仍然具有重要意义。作者可以结合其他保护措施，如技术保护手段和合同约束等，综合运用，从多个维度提升教材版权的保护效果。版权管理机构也应该不断优化注册流程，简化办理手续，为作者提供更便捷的版权保护服务，促进教育资源的创新与发展。

（二）防伪技术

在当今数字化的时代，活页式教材的版权保护成为了一个亟待解决的问题。防伪技术的应用，是保护这些教材版权的关键一环。一种常见的防伪技术是数字水印，通过在教材中嵌入唯一的标识符，可以追踪和确认内容的来源。还有一些先进的技术，如基于区块链的防伪系统，能够确保教材的版权不受篡改和盗用。

活页式教材的版权保护不仅关乎出版商和作者的利益，也事关教育资源的公平分配。我们需要采取一系列措施来确保这一目标的实现。除了技术手段外，法律法规的制定和执行也至关重要。相关部门应当加强监管，对侵犯版权的行为进行严厉打击，以维护教育资源的正常秩序和作者的合法权益。

单一的防伪技术并不能完全解决版权保护的问题。我们需要综合运用多种技术手段，构建起一道多重防线。比如，结合数字水印和加密技术，能够更有效地防止教材内容的非法复制和传播。定期更新防伪技术，保持其在不断变化的数字环境中的有效性和可靠性，也是非常必要的。

教育部门在版权保护方面扮演着重要的角色。他们不仅应当加强与出版商和作者的沟通合作，共同制定有效的保护措施，还需加强对教师和学生的宣传教育，提高版权意识。只有全社会的共同努力，才能够构建起一个良好的版权保护体系，保障教育资源的可持续发展。

1. 数字水印技术

数字水印技术是一种有效的版权保护手段，尤其适用于活页式教材。这种技术通过在文本或图像中嵌入隐藏的数字信息，实现对作品的唯一标识。在活页式教材领域，数字水印技术可以帮助出版商和作者保护他们的知识产权，防止盗版和非法复制。与传统的版权保护方法相比，数字水印技术具有更高的安全性和隐蔽性，不易被篡改或删除。

在数字水印技术的应用过程中，首先需要对教材进行数字化处理，将数字水印嵌入文本或图像中。这一过程通常是基于教材的特征信息，如文字排版、图像像素等，以确保水印的稳定性和不可检测性。与传统的物理防伪方式相比，数字水印技术不会对教材的质地和外观产生影响，保持了教材的原始品质。

数字水印技术的另一个优势在于其高效的检测和识别能力。通过专用的数字水印识别软件或系统，可以快速准确地识别出带有数字水印的教材副本。这种技术可以有效地追踪盗版行为，并提供有效的证据支持版权方进行维权。数字水印技术还可以实现对教材的权限管理，控制用户对内容的访问和使用权限，从而进一步加强版权保护。

除了版权保护，数字水印技术还可以为活页式教材的内容提供增值服务。通过嵌入相关的元数据信息，如作者信息、出版日期等，数字水印技术可以为读者提供更丰富的阅读体验，同时也为教材的管理和维护提供了便利。这种技术不仅有利于保护版权，还可以促进教材市场的健康发展，激励作者和出版商持续创作优质内容。

数字水印技术也面临着一些挑战和限制。水印的稳定性和抗攻击能力需要不断提升，以应对技术手段不断更新的盗版行为。数字水印技术的应用需要平衡版权保护与用户隐私之间的关系，避免过度侵入用户个人信息。在推广和应用数字水印技术时，需要综合考虑技术、法律和商业等多方面因素，以实现版权保护和用户权益的平衡发展。

2.防伪标识

在当今数字化快速发展的时代，保护活页式教材的版权变得尤为关键。在这个数字时代，防伪标识成为了保护版权的一种重要手段。防伪标识能够有效地防止盗版和非法复制，确保版权所有者的权益不受侵害。通过在活页式教材上添加防伪标识，可以追踪和识别每本教材的来源和真实性，从而加强版权保护。

活页式教材的版权保护不仅仅是为了维护版权所有者的合法权益，更是为了保障教育资源的稳定供应。在教育领域，教材的质量直接影响着教学效果和教育质量。如果教材的版权无法得到有效保护，势必会导致大量的盗版活动，进而影响到教育资源的供给和质量，给教育事业带来不利影响。

随着技术的不断进步，各种盗版手段也在不断升级，传统的版权保护手段已经无法满足需求。采用防伪标识来保护活页式教材的版权显得尤为重要。防伪标识可以采用各种技术手段，如数字水印、二维码、微型文字等，通过这些技术手段，可以在教材上嵌入独特的标识信息，从而实现对教材的身份识别和溯源。

除了技术手段外，加强法律保护也是保护活页式教材版权的重要途径。相关法律法规的完善和严格执行，能够有效遏制盗版行为，维护教材版权的合法权益。加强版权教育，提高公众的版权意识也是非常必要的。只有当每个人都认识到保护版权的重要性，才能形成全社会共同维护版权的良好氛围。

防伪标识对于活页式教材版权的保护具有重要意义。它不仅可以有效防止盗版和非法复制，还可以加强版权的法律保护，提高公众的版权意识，从而实现教育资源的合理利用和良性发展。我们应该充分认识到防伪标识在教材版权保护中的作用，并采取切实有效的措施加以推广和应用。

二、活页式教材的版权管理

（一）版权授权

活页式教材作为教学资源的一种，其版权管理和授权问题备受关注。在数字化时代，教育资源的管理和利用变得更加复杂，如何有效管理活页式教材的版权，实现合理授权成为教育领域亟待解决的问题之一。版权管理涉及权利人的权益保护、用户的合法使用以及市场秩序的维护，需要综合考虑多方利益，制定合理的管理和授权机制。

版权管理旨在保护作者的创作成果，维护其合法权益。对于活页式教材的作者而言，建立完善的版权管理体系非常关键。这包括明确版权归属、制定使用准则、规范授权方式等方面。只有通过严格的管理措施，才能有效防止版权侵权行为的发生，确保作者的创作成果得到合理的保护和利用。

版权授权是指版权所有人授予他人使用其作品的权利。对于活页式教材的版权授权,一方面可以通过独家授权或非独家授权方式进行,根据实际情况选择合适的授权方式。另一方面,需要明确授权的范围、期限、地域等具体内容,确保被授权方在合法范围内使用教材,同时保障作者的权益不受侵犯。

在进行版权管理和授权时,需充分考虑到数字化环境下的特点和挑战。随着互联网和移动设备的普及,教育资源的传播和使用方式发生了巨大变化,传统的版权管理和授权模式可能已经无法满足当前的需求。在这种情况下,可以借助技术手段,如数字水印、加密技术等,加强对教材的版权保护和监管,提高管理和授权效率。

加强教育者和用户的版权意识也是非常重要的。通过教育宣传和法律法规的普及,提高广大教育从业者和学生对版权保护的重视程度,增强他们的版权意识和合法使用意识,从而减少侵权行为的发生,维护良好的版权秩序。

(二)版权保护宣传

活页式教材的版权管理是维护知识产权和促进教育公平的关键环节。在当今信息爆炸的时代,如何有效地宣传版权保护的重要性,已成为摆在我们面前的一项迫切任务。宣传工作不仅能提升教育从业者和学生的版权意识,也能够增强社会对版权保护的认知和支持。

教育机构在宣传版权保护方面扮演着重要的角色。他们可以通过开展专题讲座、举办版权保护知识竞赛等形式,向师生传授版权法律法规和防范侵权的方法。加强对教材版权保护案例的宣传,可以起到警示和教育的作用,让更多人意识到侵权行为的严重性和后果。

媒体也是宣传版权保护的重要渠道。新闻媒体可以通过报道侵权案例和版权保护的成功实践,引导公众形成尊重知识产权的良好氛围。利用互联网和社交媒体平台,发布版权保护宣传视频、海报等内容,能够更广泛地触达受众,提升版权保护意识。

作者和出版商也应当积极参与版权保护宣传工作。他们可以通过撰写相关文章、参加公益活动等方式,分享自己的版权保护经验和心得,激发更多人关注和重视版权保护的问题。加强与教育机构和政府部门的合作,共同推动版权保护宣传工作的开展,也是非常重要的。

政府部门在版权保护宣传中发挥着引领和推动作用。他们可以通过制定相关政策和法规,规范教材版权保护的行为,提高违法侵权的成本和风险。加强版权保护宣传活动的组织和协调,形成多方合力,共同维护知识产权的合法权益。

(三)档案建立与维护

建立和维护活页式教材的版权管理档案是确保版权保护有效实施的重要一环。这一过程涉及对教材的版权信息、使用授权、销售记录等关键信息进行收集、整理和存档,以便随时进行监管和维护。一个完善的版权管理档案不仅可以帮助版权方及时发现侵权行为，还可以为维权提供有效的证据支持，从而维护版权方的合法权益。

建立活页式教材的版权管理档案需要明确版权方的身份信息。这包括教材的作者、出版商等相关主体的注册信息和授权文件。通过建立版权方的基本档案，可以确立版权方的合法地位，为后续的版权维护提供法律依据。

版权管理档案还需要收集和整理教材的版权信息。这包括教材的版权登记信息、原始创作材料、修订记录等内容。通过建立教材的版权信息档案，可以清晰记录教材的版权归属和创作历史，为版权保护提供可靠的依据。

建立活页式教材的版权管理档案还需要收集和整理教材的使用授权信息。这包括对教材的授权许可证书、授权协议、使用许可记录等内容进行归档管理。通过建立授权信息档案，可以清晰记录教材的使用范围和权限，避免未经授权的非法使用行为。

版权管理档案还应包括教材的销售记录和使用情况。这包括教材的销售渠道、销售数量、销售收入等相关信息的记录和统计。通过建立销售记录档案，可以及时掌握教材的市场情况，为版权保护和市场推广提供数据支持。

第二节 活页式教材信息安全与保密管理

一、活页式教材的信息安全管理

（一）防火墙与杀毒软件

活页式教材在数字化时代的广泛应用，使得信息安全管理成为一项重要的任务。随着教育资源的数字化程度不断提升，活页式教材的管理与保护面临着日益严峻的挑战。在这种情况下，信息安全管理成为了确保教材内容不受未授权访问和篡改的关键一环。防火墙与杀毒软件作为信息安全管理的两大支柱，发挥着重要的作用，可以有效保护活页式教材的信息安全。

防火墙是一种网络安全设备，用于监控和控制网络流量，防止未经授权的访问和攻击。对于活页式教材而言，建立完善的防火墙系统至关重要。通过配置防火墙，可以限制对教材服务器的访问权限，防止黑客入侵和网络攻击，确保教材内容的安全性和完整性。

杀毒软件也是保护活页式教材信息安全的重要手段之一。杀毒软件能够检测和清除计算机系统中的恶意软件和病毒，有效防止其对教材内容的损害。通过定期更新杀毒软件数据库，及时识别和清除新型病毒，可以提高教材系统的安全性和稳定性，保障教育教学的正常运行。

尽管防火墙与杀毒软件在信息安全管理中具有重要作用，但其应用也存在一些挑战和限制。防火墙和杀毒软件的配置需要根据具体情况进行调整，可能需要消耗大量的时间和人力成本。由于网络环境的不断变化，防火墙和杀毒软件需要定期更新和维护，以应对新型威胁和攻击。防火墙和杀毒软件可能会产生误报或漏报，影响教材系统的正常使用，因此需要进行合理的配置和调优。

为了更好地应对信息安全管理的挑战，可以采取多种措施来加强防火墙与杀毒软件的应用。建立健全的信息安全管理制度，明确责任分工，加强对教育系统的监控和维护。加强员工的安全意识培训，提高其对信息安全风险的认识和防范能力。积极引入先进的安全技术和工具，如入侵检测系统、行为分析系统等，提高对教材系统安全的整体防护能力。

（二）数据加密

活页式教材的信息安全管理是保障教育资源安全的重要一环。在数字化时代，教材内容往往以电子形式存在，面临着来自网络攻击和数据泄露的风险。为了有效应对这些挑战，数据加密技术成为了至关重要的手段之一。数据加密通过对教材内容进行编码转换，使其只能被授权用户解密访问，从而有效防止未经授权的访问和篡改。

对于活页式教材的信息安全管理，数据加密技术具有不可替代的作用。通过对教材内容进行加密处理，可以有效防止敏感信息被窃取或篡改。比如，可以采用对称加密算法或非对称加密算法，对教材中的文字、图片等数据进行加密处理，确保其在传输和存储过程中的安全性。

除了对教材内容的加密外，密钥管理也是保障信息安全的重要环节。密钥是进行加密和解密操作的关键，必须妥善管理和保护。可以采用密钥分发中心、密钥协商协议等方式，确保密钥的安全性和有效性。定期更新密钥，提高加密算法的强度，也是保障信息安全的有效手段。

在信息安全管理中，密钥的生成和存储也是需要特别关注的问题。密钥的安全性直接影响着加密系统的可靠性。密钥的生成应该采用安全可靠的随机数生成算法，避免出现密钥相关的弱点。密钥的存储也需要采取相应的安全措施，比如采用硬件安全模块、安全存储介质等方式，防止密钥被恶意窃取。

除了对教材内容进行加密外，对教育平台和系统的安全管理也是至关重要的。教育平台往往承载着大量的教学资源和学生信息，一旦遭受攻击，后果不堪设想。教育机构需要加强对教育平台的安全管理，采取有效措施防范网络攻击和数据泄露的风险，保障教育信息的安全性。

1. 数据传输加密

在活页式教材的信息安全管理中，数据传输加密是确保教材内容在传输过程中不被窃取或篡改的关键技术之一。通过对数据进行加密，可以有效防止黑客和恶意用户对传输数据进行监听和截取,保障教材内容的安全性和完整性。

一种常见的数据传输加密技术是使用 SSL/TLS 协议进行加密通信。SSL/TLS 协议通过在传输层对数据进行加密和身份验证,确保数据在传输过程中的保密性和完整性。通过建立安全的传输通道,SSL/TLS 协议可以有效防止中间人攻击和数据窃取行为,为活页式教材的信息传输提供可靠保障。

另一种数据传输加密技术是使用对称加密算法对数据进行加密。对称加密算法使用相同的密钥对数据进行加密和解密,具有加密速度快、效率高的特点。在活页式教材的信息传输过程中,可以使用对称加密算法对敏感数据进行加密,保障数据在传输过程中的安全性。

还可以采用非对称加密算法对数据进行加密。非对称加密算法使用一对密钥,分别称为公钥和私钥,公钥用于加密数据,私钥用于解密数据。通过非对称加密算法,可以实现安全的数据传输,同时也可以实现数字签名等安全功能,确保数据的完整性和可靠性。

除了加密技术,还可以采用数据压缩技术对传输数据进行压缩处理。数据压缩技术可以减少传输数据的大小,降低传输成本,同时也可以提高数据传输的效率和速度。通过数据压缩技术,可以在保证数据安全的前提下,提高数据传输的效率和性能。

在活页式教材的信息安全管理中,数据传输加密技术是确保教材内容安全传输的重要手段。通过采用 SSL/TLS 协议、对称加密算法、非对称加密算法等技术,可以有效保障教材内容在传输过程中的安全性和完整性,为教材内容的安全传输提供可靠保障。

2. 数据存储加密

活页式教材的信息安全管理至关重要,其中数据存储加密是确保信息安全的关键环节。在当前数字化信息时代,教材的内容多样且丰富,但同时也更容易受到信息泄露和盗用的威胁。采取有效的数据存储加密措施,保障教材内容的安全性和机密性显得尤为重要。

教材中包含着丰富的知识和教育资源,其中可能涉及敏感信息和个人隐私,因此必须采取严格的数据存储加密措施来保护这些信息的安全。通过对教材内容进行加密处理,可以有效防止未经授权的访问和篡改,确保教材内容的完整性和可信度。

数据存储加密技术的应用范围广泛,可以采用对称加密、非对称加密、哈希算法等多种加密算法来保护教材数据的安全。通过合理选择和组合这些加密算法,可以构建出安全可靠的数据存储加密系统,为教材信息的安全管理提供有力支撑。

在进行数据存储加密时,除了技术手段外,还需要考虑到密钥管理、访问控制等方面的问题。密钥管理是数据存储加密中的关键环节,合理的密钥管理策略可以有效保障密钥的安全性和机密性,防止密钥泄露导致的信息泄露风险。

建立健全的访问控制机制也是保障教材信息安全的重要手段。通过对用户身份进行认证和授权管理，限制用户对教材数据的访问权限，可以有效防止未经授权的用户获取教材信息，确保数据的机密性和安全性。

二、活页式教材的信息保密管理

（一）保密协议

信息保密协议在活页式教材的管理中扮演着至关重要的角色。随着数字化教育的快速发展，教育资源的管理和保护变得越来越重要。信息保密协议作为一种法律文件，约束相关方在教材内容保密方面的行为，有助于确保教育资源的安全和稳定。在活页式教材的管理中，建立完善的信息保密协议至关重要。

信息保密协议应明确规定参与教材管理的各方之间的权利和义务。这包括教材的作者、编辑、出版商等相关方，需要明确其在教材管理中的角色和责任，以及对教材内容保密的义务。只有通过明确规定各方的权利和义务，才能有效防止信息泄露和侵权行为的发生，确保教育资源的安全和稳定。

信息保密协议应明确规定教材内容的保密范围和保密期限。活页式教材可能涉及敏感信息和商业机密，因此需要明确规定哪些内容需要保密，以及保密的期限。在签订信息保密协议时，各方应该根据实际情况进行合理的讨论和协商，确定合适的保密范围和期限，以确保教材内容的安全和稳定。

信息保密协议还应明确规定违约责任和补偿方式。一旦发生教材内容泄密或侵权行为，应当明确规定违约方应承担的责任和补偿方式。这包括对损失的赔偿、违约方的处罚等具体内容，以确保违约行为的及时惩处和损失的合理补偿。

信息保密协议还应明确规定保密协议的变更和解除方式。随着教育环境的变化，可能需要对信息保密协议进行调整或解除。信息保密协议应明确规定变更和解除的程序和条件，以保证合同的有效性和合理性。

（二）保密培训

活页式教材的信息保密培训是确保教育资源安全的关键环节。在当今数字化时代，教材内容往往以电子形式存储和传播，面临着来自网络攻击和数据泄露的风险。对教育从业者进行信息保密培训显得尤为重要。这种培训不仅能够提升教育者的信息安全意识，还可以加强他们的保密技能，有效防范教育资源的泄露和滥用。

信息保密培训的首要任务是提高教育从业者的信息安全意识。他们需要了解敏感信息的特点和重要性，认识到泄露信息可能带来的严重后果。通过组织专题讲座、举办保密知识培训班等形式，向教育工作者传达信息保密的重要性和必要性，增强他们的防范意识，从而有效地避免信息泄露的发生。

信息保密培训还应当注重提升教育从业者的保密技能。他们需要掌握一些基本的信息保密技巧，比如如何安全地处理敏感信息、如何正确使用加密工具等。可以通过案例分析、实操演练等方式，帮助他们掌握实用的保密技能，提高信息安全管理的水平，从而更好地保护教育资源的安全。

信息保密培训还应当注重教育从业者的法律法规意识。他们需要了解相关的信息安全法律法规和政策规定，遵守国家和地方对于教育资源保护的相关规定。通过向他们传达法律法规的重要性和遵守规定的必要性，可以进一步提高他们的信息保密意识，规范他们的行为，从而更好地保护教育资源的安全。

信息保密培训还应当注重教育从业者的责任意识。他们需要认识到保护教育资源安全是每个人的责任，只有共同努力才能够有效地保护敏感信息的安全。通过强调个人责任和团队协作的重要性，可以激发教育从业者的责任意识，促进他们自觉地履行信息保密的职责，从而更好地保护教育资源的安全。

（三）访问控制技术

在活页式教材的信息管理中，信息访问控制技术是确保教材内容仅被授权用户访问的重要手段之一。这种技术通过对用户身份、权限和行为进行识别和控制，实现对教材内容的安全管理和访问控制。

一种常见的信息访问控制技术是基于角色的访问控制（RBAC）。在RBAC模型中，用户被分配到不同的角色，每个角色具有不同的权限，而不是直接将权限分配给用户。通过将用户和权限通过角色进行关联，可以简化权限管理，提高系统的安全性和可维护性。

另一种信息访问控制技术是基于策略的访问控制（ABAC）。在ABAC模型中，访问控制决策基于用户的属性、环境条件和访问请求的特征。通过定义灵活的访问控制策略，可以根据实际情况对教材内容进行精细化的访问控制，提高系统的安全性和灵活性。

还可以采用访问控制列表（ACL）技术对教材内容进行访问控制。ACL是一种基于权限的访问控制方式，通过指定哪些用户具有访问权限，可以控制用户对教材内容的访问。通过灵活配置ACL规则，可以实现对教材内容的精确控制，确保只有授权用户才能访问内容。

在活页式教材的信息访问控制中，还可以采用单点登录（SSO）技术实现统一的身份认证和访问控制。通过SSO技术，用户只需登录一次，就可以在多个系统或应用中访问教材内容，提高用户体验的同时也提高了安全性。

还可以结合使用多因素身份认证技术对用户身份进行验证，如密码、生物特征、硬件令牌等。通过多因素身份认证，可以提高教材内容的安全性，防止未经授权的用户访问教材内容。

第三节 活页式教材管理中的伦理与责任

一、活页式教材管理中的内容伦理规范

（一）教材编写公正

在活页式教材管理中，内容伦理规范是确保教材编写公正的基础。教材作为教育的重要载体，其内容必须符合伦理规范，做到客观公正、科学合理，才能真正为学生提供有效的学习资源，促进其全面发展。

内容伦理规范的确立对于活页式教材的编写至关重要。编写教材需要考虑到学科知识的客观性和科学性，避免出现片面或偏颇的观点，确保教材内容的全面性和公正性。只有在遵循内容伦理规范的前提下，教材才能真正成为学生学习和认知的有效工具。

在编写活页式教材时，应当遵循多元化的原则，充分考虑到不同学生群体的特点和需求，避免出现歧视性言论或内容，确保教材的包容性和普适性。还应当尊重学科研究的规律和方法，避免夸大或歪曲事实，确保教材内容的真实性和可信度。

内容伦理规范也包括对教材编写过程中的行为规范的要求。编写教材的相关人员应当严格遵守学术道德和职业操守，不得抄袭、剽窃他人作品，确保教材内容的原创性和独立性。还应当积极参与学术交流和合作，吸纳各方面的意见和建议，提高教材质量和水平。

在活页式教材管理中，建立健全的内容伦理监管机制是保障教材编写公正的关键。通过建立内容审查机制和评估标准，对教材内容进行严格把关和评估，及时发现和纠正内容中的问题和不足，保障教材内容的公正性和客观性。还应当加强对教材编写人员的培训和管理，提高其专业水平和伦理意识，确保教材编写工作的规范和科学。

（二）信息使用告知

在活页式教材管理中，内容伦理规范和信息使用告知是至关重要的环节。随着数字化教育的迅速发展，教育资源的管理和利用变得更加复杂，制定合理的内容伦理规范和信息使用告知机制，有助于保护教育资源的合法权益，促进教育事业的健康发展。

内容伦理规范是指在活页式教材管理中，针对教材内容所制定的一系列道德准则和规范。这些规范涉及教材内容的真实性、客观性、准确性等方面，旨在保障教育资源的质量和可信度。通过制定内容伦理规范，可以规范教材内容的编写和使用，防止不当内容的传播和误导行为的发生。

信息使用告知是指在使用活页式教材时，向用户明确告知相关信息使用规则和注意

事项。这包括教材内容的版权归属、使用范围、使用目的等内容,旨在帮助用户正确理解和使用教材资源。通过信息使用告知,可以提高用户对教材内容的认知和理解,促进教育资源的合理利用和共享。

在制定内容伦理规范和信息使用告知时,需要充分考虑教育资源管理的特点和需求。应明确规定教材内容的来源和权利归属,确保教育资源的合法性和权益。应规范教材内容的编写和审核流程,加强对教材内容的质量控制和管理。应建立健全的信息使用告知机制,及时向用户提供相关信息使用规则和注意事项,促进教育资源的合理利用和共享。

需要加强对内容伦理规范和信息使用告知的监督和管理。教育管理部门应加强对教材内容的审核和监督,确保内容伦理规范的制定和执行。教育机构和教育者也应积极宣传和执行信息使用告知,提高用户对教育资源管理的认知和理解,促进教育事业的健康发展。

二、活页式教材管理中的教育责任

(一)教育质量提升

在活页式教材管理中,教育责任是确保教育质量提升的核心。活页式教材作为教学的主要工具之一,对于教育质量的提升具有重要影响。教育责任不仅涉及教材的内容编写和选用,还关乎教育机构对于教学过程的监督和评估,以及教师对于学生学习成果的跟踪和反馈。只有通过加强教育责任的履行,才能够不断提升教育质量,促进学生全面发展。

教育责任的首要任务是确保教材内容的权威性和科学性。活页式教材作为学生的主要学习资源,必须具备高质量的教育内容。教育机构和教师应当严格审核教材的编写和选用,确保其符合教学大纲和课程标准,符合学科知识体系和教学原则,提供权威、科学的教学内容,为学生提供优质的学习资源。

教育责任还包括对教学过程的监督和评估。教育机构应当建立健全的教学质量监控机制,加强对教师教学活动的指导和管理,及时发现和纠正教学中存在的问题。还应当加强对学生学习情况的跟踪和评估,及时了解学生的学习进展和困难,为他们提供个性化的学习支持和指导,确保教学质量的持续提升。

教育责任还包括对学生学习成果的跟踪和反馈。教师应当定期对学生的学习情况进行评估和反馈,及时发现学生的学习问题和困难,为他们提供个性化的学习建议和指导,促进他们的学习进步和成长。还应当鼓励学生主动参与学习过程,提高他们的学习动力和积极性,从而更好地实现教育目标。

在教育责任的履行过程中,教育机构和教师需要密切关注教育质量提升的关键因素。他们应当关注学生的学习需求和特点，不断优化教学方法和手段，提高教学效果和满意度。还应当加强对教育资源的管理和利用，充分发挥教材和技术工具的作用，为教育质量提升提供有力支持。

（二）教育资源共享

在活页式教材管理中，教育责任与教育资源共享是促进教育公平和提升教学效果的重要理念之一。教育责任强调教育机构和教育工作者对学生学习成果和教学质量承担的责任，而教育资源共享则强调将教育资源进行共享和互通，以提高教育资源的利用效率和教学效果。

教育责任体现了教育工作者对学生学习成果和教学质量的高度关注和责任感。在活页式教材管理中，教育责任意味着教育工作者应该积极参与教材内容的选择、设计和评价，确保教材内容符合教学目标和学生需求。教育责任还包括对教材内容的更新和改进，及时反馈学生的学习反馈，促进教学效果的持续提升。

教育资源共享是实现教育公平和提升教学效果的重要途径之一。在活页式教材管理中，教育资源共享意味着将教材内容、教学方法和教学经验进行共享和互通。通过建立教材资源库、教学案例库等共享平台，教育工作者可以分享和借鉴其他教育机构和教育工作者的优秀教学资源和经验，提高教学质量和效率。

教育责任和教育资源共享相辅相成，在活页式教材管理中共同发挥着重要作用。教育责任要求教育工作者积极履行教学责任，关注学生学习成果和教学质量；而教育资源共享则为教育工作者提供了丰富的教学资源和经验，帮助他们更好地履行教学责任，提高教学效果。

教育责任和教育资源共享还可以促进教育公平和社会发展。通过共享优质的教育资源和经验，可以缩小不同地区、学校和教师之间的教育差距，提高教育资源的利用效率，促进教育公平和社会稳定。

第四节　活页式教材管理中的法律风险防范与处理

一、活页式教材管理中的法律风险防范

（一）商标注册

在活页式教材管理中，防范法律风险尤为重要，而商标注册则是有效防范法律风险的重要措施之一。商标注册不仅可以保护活页式教材的知识产权，还可以降低教材在市场竞争中面临的法律风险，为教材的合法经营提供有力保障。

商标注册是维护活页式教材知识产权的重要手段。通过注册商标，可以确立教材的知识产权归属，明确教材的品牌地位，从而保护教材在市场上的合法权益。只有在商标注册的基础上，才能有效防止他人的抄袭和盗用行为，确保教材的原创性和独立性。

在教材管理中，商标注册还可以有效降低法律风险，提高教材的市场竞争力。注册商标后，教材的品牌形象得到了有效保护，消费者对教材的信任度和认可度也会得到提升，从而降低了教材在市场竞争中面临的法律风险，为教材的合法经营提供有力保障。

商标注册还可以帮助活页式教材管理者建立良好的品牌形象和声誉。注册商标后，教材的品牌形象得到了法律保护，活页式教材管理者可以更加自信地在市场上推广和销售教材，提升品牌的知名度和美誉度，从而为教材的长期发展打下坚实基础。

在进行商标注册时，活页式教材管理者需要注意选择合适的商标设计和注册类别，确保商标的独特性和可注册性。还需要及时了解和遵守相关法律法规，确保商标注册程序的合法合规，避免因商标注册不当而导致的法律风险。

（二）合同管理

在活页式教材管理中，法律风险防范和合同管理是至关重要的环节。随着数字化教育的快速发展，教育资源的管理和利用变得越来越复杂，有效防范法律风险和规范合同管理，对于保障教育资源的合法权益和促进教育事业的健康发展至关重要。

针对活页式教材管理中可能存在的法律风险，需要制定合理的法律风险防范措施。这包括加强对相关法律法规的学习和了解，建立健全的法律顾问团队，加强对教育资源的合法性审查和监督。只有通过有效的法律风险防范措施，才能有效预防法律纠纷和风险事件的发生，保障教育资源的合法权益。

合同管理是保障活页式教材管理合法权益的重要手段之一。合同是教育资源管理中的一种重要文件，用于规范双方的权利和义务关系。在签订合同时需要明确教材的内容、版权归属、使用范围、使用期限等具体内容，以及双方的权利和义务。通过合同管理，可以明确双方的权利和义务，规范双方的行为，有效防范法律风险和纠纷的发生。

针对合同管理中可能存在的问题和挑战，需要采取一系列有效措施加以应对。建立健全的合同管理制度，明确合同的签订、履行、变更和解除等程序和要求。加强对合同文本的审查和管理，确保合同内容的准确性和完整性。加强对合同履行情况的监督和检查，及时发现和解决合同履行中可能存在的问题和风险。加强对合同相关法律法规的学习和了解，提高合同管理人员的法律意识和风险防范能力。

需要加强对合同管理过程中可能存在的风险和纠纷的应对能力。一旦发生合同纠纷或争议，需要及时启动应对机制，采取有效措施化解纠纷，保障教育资源的合法权益。应建立健全的合同纠纷解决机制，通过协商、调解、仲裁等方式解决合同纠纷，维护教育资源管理的稳定和有序。

1. 合同审核

活页式教材管理中的法律风险防范和合同审核是确保教育机构和相关主体合法权益的重要环节。随着教育业务的不断发展和活页式教材的广泛应用，涉及的法律问题也日益复杂。为了防范法律风险，教育机构需要加强对合同的审核和管理，确保其合法有效，防范合同纠纷的发生。

在活页式教材管理中，教育机构应当建立健全的合同审核制度。这包括明确合同审核的程序和责任人，规定合同审核的标准和要求，确保每份合同都经过严格的审核程序，符合法律法规和相关政策规定。还应当建立合同审核的档案管理制度，及时记录和归档审核过程中的相关文件和信息，为日后的合同纠纷处理提供依据。

在合同审核过程中，教育机构需要重点关注合同的法律风险。这包括合同的合法性、有效性和可执行性等方面。合同应当符合相关法律法规的规定，不得违反国家法律法规和公共利益，不得侵犯他人的合法权益。合同的内容和条款应当明确具体，确保各方权利和义务清晰明确，避免发生歧义和纠纷。

这些条款往往涉及教育机构的权利和义务，可能影响到教育机构的合法权益。需要对这些条款进行仔细审查，确保其合法有效，不会给教育机构造成不利影响。还应当对可能引发法律纠纷的条款进行风险评估，制定相应的风险应对措施，减少法律风险的发生。

这包括与合同签订方充分沟通合同的内容和条款，明确各方的权利和义务，解决双方之间的分歧和矛盾。通过加强沟通和协商，可以增进合同签订双方的互信和合作，减少合同纠纷的发生，保障教育机构和相关主体的合法权益。

2. 合同备案

在活页式教材管理中，法律风险防范和合同备案是保障版权和规避法律纠纷的重要措施之一。通过建立健全的法律风险防范机制和合同备案制度，可以有效地保护教材版权，防范侵权行为，确保教材管理的合法性和规范性。

法律风险防范是活页式教材管理的基础。教材版权涉及知识产权法、合同法等多个法律领域，存在着复杂的法律风险和法律责任。在活页式教材管理中，应建立专门的法律顾问团队，及时了解和分析相关法律法规，制定相应的法律政策和管理措施，以规避潜在的法律风险。

合同备案是规范活页式教材管理的重要手段之一。合同备案是指将教材版权合同等重要文件进行备案登记，以确保合同内容的合法性和有效性。在活页式教材管理中，应建立健全的合同管理制度，明确合同的签订、履行和变更程序，及时将相关合同备案登记，以提高教材版权的合法性和可信度。

还应加强版权保护意识，建立完善的版权保护机制。教材版权是教育工作者的重要财产，应当引起重视和保护。在活页式教材管理中，应建立版权保护意识教育培训机制，加强对教育工作者的版权保护知识和技能培训，提高其对版权保护的认识和意识。

还应建立健全的版权维权机制，及时应对侵权行为。一旦发现侵权行为，应立即采取法律手段进行维权，保护教材版权。在活页式教材管理中，应建立专门的版权维权团队，积极应对侵权行为，维护教材版权的合法权益。

二、活页式教材管理中的法律风险处理

（一）内部调解

在活页式教材管理中，处理法律风险是确保教材合法运营的重要环节。而内部调解作为一种法律风险处理方式，可以有效地解决教材管理中的纠纷和争议，降低教材面临的法律风险，维护教材的合法权益。

内部调解是指在教材管理内部，通过协商和调解解决教材相关方之间的纠纷和争议。与传统的诉讼方式相比，内部调解具有效率高、成本低、保密性好等优势，能够更快速、更灵活地解决问题，减少法律风险的扩大。

在进行内部调解时，重要的是要建立健全的内部调解机制和流程。教材管理者应当制定详细的内部调解规则和程序，明确各方的权利和义务，确保调解工作的顺利进行。还需要建立专门的内部调解团队，培训专业的调解人员，提高内部调解工作的效率和质量。

内部调解的核心在于协商和妥协，双方应当以解决问题为目标，积极寻求共同利益点，达成互利共赢的协议。在内部调解过程中，教材管理者可以发挥中立公正的作用，帮助双方沟通协商，化解矛盾纠纷，最终达成调解协议，避免法律纠纷的发生和扩大。

内部调解还可以促进教材管理内部的和谐稳定。通过内部调解，教材相关方可以更好地理解彼此的立场和诉求，增进相互之间的信任和理解，有利于建立良好的合作关系，提升教材管理的效率和质量，维护教材的合法权益。

在进行内部调解时，也需要注意一些问题和风险。需要保障调解过程的公正和透明，避免出现利益输送和不公平对待的情况。需要尊重双方的意见和权利，确保调解协议的合法性和有效性。需要及时跟踪和监督调解协议的执行情况，确保协议得到有效履行，避免因执行不力而导致的二次纠纷。

（二）法律诉讼

在活页式教材管理中，处理法律风险和应对法律诉讼是至关重要的环节。随着数字化教育的迅速发展，教育资源的管理和利用变得越来越复杂，制定合理的法律风险处理机制和应对法律诉讼策略，对于保障教育资源的合法权益和促进教育事业的健康发展至关重要。

针对可能存在的法律风险，需要建立完善的法律风险处理机制。这包括建立健全的

法律顾问团队，定期进行法律风险评估，制定相应的应对策略和预案等。通过建立完善的法律风险处理机制，可以及时发现和解决潜在的法律风险，保障教育资源的合法权益。

针对法律诉讼可能存在的情况，需要制定合理的应对策略和应对措施。一旦发生法律诉讼，应及时启动应对机制，积极应对，以最大程度减少法律风险造成的损失。需要及时与律师团队沟通协商，制定合理的诉讼策略，争取最有利的诉讼结果。

针对法律风险处理和法律诉讼应对中可能存在的问题和挑战，需要采取一系列有效措施加以应对。需要加强对相关法律法规的学习和了解，提高教育资源管理人员的法律意识和风险防范能力。需要建立健全的法律风险管理制度，明确各方责任和义务，加强对法律风险的监督和管理。需要建立健全的应对机制，明确应对流程和责任分工，提高应对法律风险和诉讼的效率和效果。

需要加强对法律诉讼过程中可能存在的风险和问题的应对能力。一旦发生法律诉讼，应及时启动应对机制，积极应对，争取最有利的诉讼结果。应加强与律师团队的沟通协商，制定合理的诉讼策略，全力维护教育资源的合法权益。

（三）争议解决条款

在活页式教材管理中，处理法律风险和制定争议解决条款是确保教育机构合法权益的重要一环。随着活页式教材的广泛应用，教育机构面临的法律风险也日益复杂。为了有效应对这些风险，教育机构需要制定合适的争议解决条款，明确争议解决的程序和方式，保障教育机构的合法权益。

制定争议解决条款的首要任务是明确争议解决的程序和方式。争议解决条款应当包括争议解决的程序、争议解决的方式、争议解决的时间等内容，确保双方在发生争议时能够依据合同约定进行有效解决。可以约定首先通过协商和谈判解决争议，如果协商不成，则提交至仲裁机构或法院进行仲裁或诉讼解决。

争议解决条款还应当明确仲裁机构或法院的选择和管辖权。根据合同双方的意愿和实际情况，可以约定选择仲裁机构或法院进行争议解决，并明确其管辖范围和程序。在选择仲裁机构或法院时，教育机构需要综合考虑其专业性、效率性和公正性等因素，确保争议能够得到公正、迅速和有效解决。

争议解决条款还应当明确争议解决的时间和方式。教育机构和相关主体可以约定争议解决的时间期限，避免因争议解决时间过长而导致合作关系的恶化。还应当约定争议解决的方式，可以选择口头协商、书面函件或仲裁程序等方式进行争议解决，确保争议能够按照合同约定得到解决。

在制定争议解决条款时，教育机构还需要考虑合同履行中可能出现的特殊情况和问题，以及如何应对这些情况和问题。可以约定在发生特定情况时，双方有权解除合同或修改合同条款，以应对合同履行过程中可能出现的意外情况和风险。

除了制定争议解决条款外，教育机构还应当加强对合同履行过程中法律风险的监控和管理。及时发现并处理合同履行中可能存在的风险和问题，防止其进一步发展成为争议，保障教育机构的合法权益。还应当加强与合同签订方的沟通和协商，尽量通过友好解决的方式处理争议，避免因争议解决而影响合作关系。

第九章 活页式教材管理的创新与发展

第一节 活页式教材管理创新模式探索

一、活页式教材中数字化管理的创新模式

（一）在线资源库

活页式教材中数字化管理的创新模式是教育领域的一项重要发展趋势。随着数字技术的不断发展和普及，传统的教材管理模式已经难以满足教学需求，数字化管理模式应运而生。其中，建立在线资源库是数字化管理的重要组成部分，为教育工作者和学生提供了更加便捷、丰富的教学资源和学习工具。

数字化管理模式通过建立在线资源库实现了教学资源的集中管理和共享。在线资源库可以集成各种教学资源，包括教材、课件、视频、图片、音频等，为教育工作者和学生提供了丰富多样的学习资源。教育工作者可以根据教学需求选择和利用在线资源库中的教学资源，提高教学效果和教学质量。

在线资源库为教育工作者和学生提供了便捷的获取和利用教学资源的途径。传统的教学资源获取方式往往受到地域和时间的限制，而在线资源库可以随时随地进行访问和利用，极大地方便了教育工作者和学生的教学和学习活动。教育工作者可以根据教学需要自主选择和使用在线资源库中的教学资源，提高了教学的灵活性和效率。

建立在线资源库还可以促进教育资源的共享和协作。教育工作者和学生可以通过在线资源库共享自己的教学资源和经验，与其他教育工作者和学生进行交流和合作，共同提高教学质量和效果。通过建立在线资源库，可以打破地域和学科的界限，实现教育资源的共享和互通，促进教育的跨学科和跨地域发展。

建立在线资源库还可以提供个性化的学习服务。通过对用户的学习行为和偏好进行分析，可以为用户推荐符合其需求的教学资源和学习工具，提供个性化的学习服务。教育工作者和学生可以根据自己的学习需求和兴趣选择和利用在线资源库中的教学资源，提高学习效果和学习动力。

（二）移动端应用

活页式教材的数字化管理已经成为教育领域的一种创新模式，而移动端应用作为数字化管理的重要载体，为活页式教材的管理带来了全新的可能性和机遇。通过移动端应用，可以实现对活页式教材的便捷管理、个性化定制和交互式学习，为教育教学提供了更加灵活和多样化的解决方案。

教材管理者可以通过移动端应用实时查阅和管理教材的相关信息，包括教材内容、版权信息、销售情况等，随时随地掌握教材的动态。还可以通过移动端应用进行教材的在线编辑和更新，实现教材内容的及时更新和调整，保持教材的新颖性和时效性。

通过移动端应用，教材管理者可以根据用户的需求和兴趣，为其推荐相关的教材内容和学习资源，实现个性化学习体验。还可以根据用户的学习情况和反馈，调整和优化教材内容，提升教学效果和用户满意度。

通过移动端应用，学生可以通过触摸屏幕、点击按钮等方式与教材内容进行互动，参与到学习过程中来，提高学习的趣味性和参与度。还可以通过移动端应用实现教材内容的多媒体展示，包括文字、图片、音频、视频等形式，丰富教学内容，提升学习效果。

除了教材管理和学习应用外，还可以开发一些辅助教学的应用，如课堂互动应用、作业批改应用等，为教学过程提供更多的支持和帮助。还可以结合人工智能、大数据等技术，开发智能化的教学辅助工具，提升教学效率和质量。

移动端应用的安全性和稳定性需要得到保障，避免出现数据泄露和系统崩溃等问题。还需要解决移动端应用与传统教学方式的融合和转变，确保移动端应用能够与传统教学模式有机结合，发挥其最大的作用。

1. 移动学习APP

在活页式教材管理中，数字化管理的创新模式是教育领域发展的重要趋势之一。随着信息技术的迅速发展，传统的教材管理方式已经不能满足日益增长的教育需求，探索数字化管理的创新模式，实现教育资源的高效利用和共享，对于促进教育事业的发展具有重要意义。

移动学习APP作为数字化管理的创新模式之一，已经成为教育领域的热门话题。移动学习APP可以将教育资源以数字化形式呈现，并通过手机、平板电脑等移动设备进行传播和使用，具有灵活性、便捷性和互动性等特点，受到了广泛关注。在活页式教材管理中，移动学习APP的应用可以极大地促进教育资源的数字化管理和普及。

通过将教材内容以电子书籍、视频、音频等形式数字化，可以实现教材的集中管理、快速传播和实时更新。教师和学生可以通过移动学习APP随时随地访问和使用教材内容，提高教学效率和学习便利性，推动教育资源的数字化转型和普及。

移动学习APP可以提供个性化的学习体验。通过移动学习APP，教师可以根据学生的学习需求和兴趣特点，定制个性化的教学内容和学习资源，提供针对性的学习指导和支持。学生可以根据自身的学习进度和兴趣爱好选择适合自己的教材内容和学习方式，实现个性化学习，提高学习效果和学习动力。

通过移动学习APP，教师和学生可以轻松分享教学资源和学习成果，进行在线讨论和互动交流。教师可以将优质的教学资源分享给其他教师和学生，促进教育资源的共享和交流；学生可以通过移动学习APP与同学和老师进行互动交流，共同探讨问题，提高学习效果和学习动力。

移动学习APP的使用需要一定的技术水平和设备支持，一些地区和学生可能存在使用条件不足的情况，影响了移动学习APP的普及和推广。

为了更好地推动移动学习APP在活页式教材管理中的应用，可以采取一系列有效措施加以应对。加大对移动学习APP的宣传推广力度，提高教师和学生的使用意识和技能，促进移动学习APP的普及和推广。加强对移动学习APP的技术支持和服务保障，提供及时的技术支持和故障处理服务，确保移动学习APP的稳定运行和良好体验。加强对移动学习APP的监管和管理，规范开发和运营行为，保障用户的合法权益和信息安全。

2. 推送通知功能

在活页式教材中，数字化管理的创新模式正逐渐成为教育领域的一大趋势。其中，推送通知功能作为数字化管理的重要组成部分，为教育机构、教师和学生提供了便捷高效的沟通工具，极大地促进了教育资源的共享和教学效率的提升。推送通知功能不仅能够及时向相关人员发送重要信息和通知，还能够个性化地推送学习资料和教学内容，为教育管理带来了全新的体验和机遇。

教育机构可以利用推送通知功能向教师和学生发送重要通知和信息，如课程安排、考试时间、校园活动等，实现信息的即时传递和沟通。教师可以通过推送通知功能向学生发送课程资料和学习任务，提醒学生完成作业和复习计划，促进学生的学习积极性和效果。学生则可以通过推送通知功能随时了解到最新的学习资讯和教学动态，及时调整学习计划和行动，提高学习效率和成绩。

教育机构可以根据不同用户的身份和需求，制定个性化的推送策略和内容，实现精准推送。可以根据教师的科目和教学计划，向其推送相关的教学资源和信息；也可以根据学生的学习兴趣和水平，向其推送符合其需求的学习资料和课程推荐。通过个性化推送，可以提高信息的准确性和针对性，增强用户的参与度和满意度，促进教育资源的优化配置和利用。

随着人工智能和大数据技术的发展，推送通知功能不仅可以实现个性化推送，还可以根据用户的历史行为和偏好，智能调整推送内容和频率，提高推送的精准度和效果。可以根据学生的学习记录和成绩情况，向其推送针对性的学习建议和辅导资料；也可以根据教师的教学反馈和评价，向其推送个性化的教学支持和培训资源。通过智能化推送，可以更好地满足用户的需求和期望，提升教育管理的效率和质量。

隐私保护、信息安全和数据管理等方面的问题，需要教育机构和相关主体加强管理和监控，保障用户的合法权益和信息安全。推送通知功能的滥用和过度推送可能会引发用户的不满和抵触，影响用户的体验和信任度。教育机构在应用推送通知功能时，需要审慎权衡各种因素，避免出现不良影响，实现推送通知功能的最大化价值。

二、活页式教材中协作与共享管理的创新模式

（一）资源共享平台

资源共享平台作为协作与共享管理的创新模式之一，旨在为教师和学生提供一个集中管理、共享和协作的平台。资源共享平台可以整合各类教育资源，包括教材、教案、试题、课件等，为教学和学习提供丰富的资源支持。教师和学生可以通过资源共享平台轻松获取所需的教育资源，实现资源的共享和协作，促进教育资源的高效利用和共享。

通过资源共享平台，教师可以将自己开发的教学资源上传到平台上，与其他教师进行分享和交流。教师还可以通过资源共享平台找到其他教师分享的优质资源，节省资源开发的时间和精力，提高教学效率和质量。

学生可以通过资源共享平台获取到丰富的学习资源，包括教材、试题、课件等，丰富学习内容，提高学习效果。学生还可以通过资源共享平台与同学进行学习交流和协作，共同探讨问题、解决困难，促进学习进步和共同成长。

学校可以将自身的教育资源整合到资源共享平台上，与社会资源进行共享和交流。资源共享平台还可以为学校提供一个展示平台，展示学校的教育成果和特色，吸引更多的社会资源参与到教育事业中来，共同推动教育事业的发展。

资源共享平台需要投入大量的人力、物力和财力进行建设和运营，可能存在一定的成本压力和技术难度。资源共享平台的建设需要吸引更多的教师和学生参与进来，才能实现资源的丰富和共享。资源共享平台的运营需要建立健全的管理机制，保障平台的安全和稳定运行，防止信息泄露和滥用。

为了更好地推动资源共享平台在活页式教材管理中的应用，可以采取一系列有效措施加以应对。加大对资源共享平台的宣传推广力度，提高教师和学生的使用意识和技能，促进资源共享平台的普及和推广。加强对资源共享平台的技术支持和服务保障，提供及时的技术支持和故障处理服务，确保资源共享平台的稳定运行和良好体验。加强对资源共享平台的监管和管理，规范开发和运营行为，保障用户的合法权益和信息安全。

（二）联合教材编写

在活页式教材中，协作与共享管理的创新模式正逐渐成为教育领域的关键趋势。在

传统教材编写模式下，教师往往独立进行教材编写，而在新的协作与共享模式下，教师可以通过联合教材编写，共同分享资源和经验，实现教材内容的多元化和优质化。这种创新模式不仅能够促进教育资源的共享和利用，还可以提高教材的质量和适用性，为教育教学带来更多的可能性和机遇。

教师可以通过联合教材编写平台，与其他教育工作者进行联系和合作，共同分享教学资源和经验，共同讨论和完善教材内容。这种协作模式不仅能够有效地利用各方的优势和专长，还可以促进教育工作者之间的交流和合作，提高教材的质量和适用性，为学生提供更丰富、更优质的学习资源。

通过联合教材编写平台，教育机构可以将自己的教材资源开放共享，让更多的教育工作者和学生共享资源，实现资源的共享和优化配置。这种开放式的协作模式不仅能够提高教育资源的利用率和效率，还可以促进教育领域的合作和发展，推动教育事业的进步和创新。

在传统教材编写模式下，教材往往单一化和固定化，缺乏个性化和差异化的特点。而在联合教材编写模式下，教育工作者可以根据自己的教学特点和学生需求，灵活调整和完善教材内容，实现教学内容的个性化定制，提高教学效果和学生满意度。

通过联合教材编写平台，教育工作者可以共同讨论和完善教材内容，吸取他人的经验和教训，及时调整和改进教学内容，提高教学质量和效果。这种协作模式不仅能够促进教师的专业成长和发展，还可以提高学生的学习效果和成绩，实现教育质量的持续提升。

（三）开放教育资源

在活页式教材中，协作与共享管理的创新模式是推动教育领域发展的重要趋势之一。这一模式强调了教育资源的共享和协作，通过建立开放教育资源平台，为教育工作者和学生提供了更加灵活、丰富的教学资源和学习环境。

协作与共享管理模式通过建立开放教育资源平台实现了教育资源的集中管理和共享。开放教育资源平台可以汇集各种教学资源，包括教材、课件、视频、音频等，为教育工作者和学生提供了丰富多样的学习资源。教育工作者可以在平台上分享自己的教学资源和经验，与其他教育工作者进行交流和合作，共同提高教学质量和效果。

传统的教学资源获取方式往往受到地域和时间的限制，而开放教育资源平台可以随时随地进行访问和利用，极大地方便了教育工作者和学生的教学和学习活动。教育工作者可以根据自己的教学需求自主选择和使用平台上的教学资源，提高了教学的灵活性和效率。

教育工作者和学生可以通过平台分享自己的教学资源和经验，与其他教育工作者和学生进行交流和合作，共同提高教学质量和效果。通过建立开放教育资源平台，可以打破地域和学科的界限，实现教育资源的共享和互通，促进教育的跨学科和跨地域发展。

通过对用户的学习行为和偏好进行分析，可以为用户推荐符合其需求的教学资源和学习工具，提供个性化的学习服务。教育工作者和学生可以根据自己的学习需求和兴趣选择和利用平台上的教学资源，提高学习效果和学习动力。

第二节　活页式教材管理技术应用前景分析

一、活页式教材管理技术的应用现状

（一）电子教材平台

通过电子教材平台，教师可以将教材以电子书籍、视频、音频等形式上传到平台上，实现教材的集中管理和实时更新。教师可以随时随地访问和使用电子教材平台，对教材内容进行编辑、修改和更新，提高了教材管理的效率和便利性。

电子教材平台为教师的教学提供了丰富的教学资源和功能。电子教材平台不仅提供了教材内容，还提供了丰富的教学辅助工具，如教学视频、教学课件、教学案例等，帮助教师更好地进行教学设计和教学实施。电子教材平台还提供了个性化的学习功能，可以根据学生的学习情况和需求，提供个性化的学习指导和支持。

学生可以通过电子教材平台随时随地访问和使用教材内容，进行自主学习和复习。电子教材平台还提供了丰富的学习资源和学习功能，如在线作业、学习评测、学习互动等，帮助学生提高学习效率和学习成绩。

电子教材平台的建设和运营需要投入大量的人力、物力和财力，对于一些教育机构来说可能存在一定的压力和难度。电子教材平台的使用需要一定的技术水平和设备支持，一些地区和学生可能存在使用条件不足的情况，影响了电子教材平台的普及和推广。

为了更好地推动电子教材平台在活页式教材管理中的应用，可以采取一系列有效措施加以应对。加大对电子教材平台的宣传推广力度，提高教师和学生的使用意识和技能，促进电子教材平台的普及和推广。加强对电子教材平台的技术支持和服务保障，提供及时的技术支持和故障处理服务，确保电子教材平台的稳定运行和良好体验。加强对电子教材平台的监管和管理，规范开发和运营行为，保障用户的合法权益和信息安全。

（二）云计算技术

活页式教材管理技术的应用现状中，云计算技术正逐渐成为教育领域的重要组成部分。云计算技术以其高效、灵活、可扩展的特点，为教育机构提供了强大的技术支持，为活页式教材管理带来了全新的可能性和机遇。在当前的教育实践中，云计算技术已经得到广泛应用，涉及教育资源的存储、共享、处理和管理等多个方面，为教育管理带来了诸多便利和效益。

教育机构可以利用云存储服务将教学资源和活页式教材存储在云端服务器上，实现资源的集中管理和统一调配。这种方式不仅能够节省教育机构的存储成本和管理成本，还可以提高教育资源的安全性和可靠性，实现教育资源的动态管理和共享利用。

为活页式教材管理带来更多的可能性。通过云计算平台，教育机构可以实现对教学数据和学生信息的实时采集、存储、处理和分析，为教育管理提供精准的数据支持和决策依据。可以利用云计算技术对学生的学习行为和学习成绩进行分析，发现学生的学习特点和问题，为个性化教学和学习辅导提供依据和支持。

促进教育资源的共享和合作。通过云计算平台，教育工作者可以随时随地进行教学资源的共享和协作，实现教师之间、教师与学生之间、学生之间的信息交流和资源共享。这种方式不仅能够提高教学资源的利用率和效率，还可以促进教学方法和经验的交流和分享，提升教学质量和效果。

实现教育资源的个性化定制和服务。通过云计算平台，教育机构可以根据教学需求和学生特点，灵活调整和定制教学内容和服务，实现个性化教学和学习支持。可以根据学生的学习进度和兴趣，为其提供个性化的学习计划和资源推荐，提高学习的效果和满意度。

1. 云存储

活页式教材管理技术的应用现状呈现出日益多样化和智能化的趋势，其中，云存储作为一种重要的技术手段，在活页式教材管理中发挥着越来越重要的作用。云存储技术通过将数据存储于云端服务器，并通过网络进行访问和管理，为教育工作者和学生提供了便捷、灵活、安全的教学资源存储和共享平台。

随着互联网技术的普及和云计算技术的发展，云存储已经成为了活页式教材管理中的主流技术之一。教育机构和教育工作者可以通过云存储平台将教材、课件、作业等教学资源上传至云端服务器，实现教学资源的集中管理和统一存储。学生可以通过云存储平台随时随地获取和使用教学资源，提高了学习的便捷性和灵活性。

云存储为教育管理部门提供了高效的教育资源管理和监管手段。教育管理部门可以通过云存储平台对教材、课件等教学资源进行统一管理和监控，了解教学资源的使用情况和效果，为教育决策提供数据支持。

云存储平台通常具有严格的安全措施和备份机制，可以保障教学资源的安全性和完整性。教育工作者和学生可以通过云存储平台共享教学资源，实现教学资源的共享和协作，提高了教学资源的利用效率和学习效果。

随着人工智能、大数据等技术的不断发展，云存储平台也在不断创新和完善，为教育工作者和学生提供更加智能化、个性化的教学资源管理和服务。未来，随着云存储技术的不断发展和应用，活页式教材管理将迎来更加广阔的发展空间和机遇。

2.云服务

活页式教材管理技术的应用现状正在日益普及和深化，而云服务作为一种重要的技术手段，为活页式教材管理带来了全新的可能性和机遇。云服务的应用不仅可以实现教材内容的数字化存储和管理，还可以促进教育资源的共享和交流，为教育教学提供更加便捷和高效的解决方案。

通过将教材内容上传至云端服务器，可以实现教材内容的集中存储和统一管理，方便教材管理者进行查阅和管理。还可以实现教材内容的备份和同步，确保教材内容的安全性和可靠性。

教材管理者可以将教材内容分享给其他教育机构或教师，实现教育资源的共享和交流，促进教育教学的合作与发展。学生也可以通过云服务平台获取到丰富的教育资源，拓宽学习视野，提升学习效果。

可以实现教育数据的集中管理和统一分析，为教育管理和决策提供数据支持。还可以实现教育教学过程的数字化监控和评估，提高教学质量和效率。

在当前的教育实践中，许多教育机构和学校已经开始尝试将云服务应用于活页式教材管理中。他们建立了自己的云端平台，将教材内容、教学资源等信息上传至云端服务器，实现教材内容的集中管理和共享。还利用云服务平台开展教学活动，如在线教学、远程培训等，拓展教育教学的边界，提高教学效率和质量。

数据安全和隐私保护是云服务应用中的重要问题，需要加强对数据的加密和权限控制，保障教育数据的安全性和机密性。还需要解决云服务平台的稳定性和性能问题，确保教育教学活动的顺利进行。

二、活页式教材管理技术的应用前景

（一）虚拟现实技术

活页式教材管理技术的应用前景在当前数字化时代展现出了巨大的潜力，而虚拟现实技术作为一种新兴的技术手段，为活页式教材的管理和利用带来了全新的可能性。虚拟现实技术通过模拟真实场景和情境，为学生提供身临其境的学习体验，有望在教育领域中发挥重要作用，推动活页式教材管理技术的应用和发展。

教师可以将抽象的概念和内容转化为具体的场景和情境，让学生身临其境地进行学习。通过虚拟现实技术，学生可以在虚拟实境中探索地理环境、历史场景等，深入了解相关知识，提高学习的趣味性和效果。

教师可以根据学生的学习需求和兴趣特点，定制个性化的学习内容和学习环境，提供针对性的学习指导和支持。学生可以根据自身的学习进度和兴趣爱好选择适合自己的学习路径和方式，实现个性化学习，提高学习效果和学习动力。

通过虚拟现实技术，教师可以创建各种虚拟实境，模拟实际情境，为学生提供更加具体和直观的学习体验。教师还可以利用虚拟现实技术开发各种教学应用程序和资源，如虚拟实验室、虚拟实景演示等，丰富教学内容，提高教学效果。

虚拟现实技术的成本较高，包括硬件设备和软件开发等方面的投入，对于一些教育机构来说可能存在一定的压力和难度。虚拟现实技术的使用需要一定的技术水平和操作能力，一些教师和学生可能存在使用难度和门槛，影响了虚拟现实技术的普及和推广。

为了更好地推动虚拟现实技术在活页式教材管理中的应用，可以采取一系列有效措施加以应对。加大对虚拟现实技术的宣传推广力度，提高教师和学生的使用意识和技能，促进虚拟现实技术的普及和推广。加强对虚拟现实技术的技术支持和服务保障，提供及时的技术支持和故障处理服务，确保虚拟现实技术的稳定运行和良好体验。加强对虚拟现实技术的研发和创新，不断优化技术性能和用户体验，推动虚拟现实技术在教育领域的广泛应用和发展。

（二）智能教室

活页式教材管理技术的应用前景中，智能教室作为重要的组成部分，正逐渐成为教育领域的关注焦点。智能教室利用先进的信息技术和智能化设备，为教学活动提供了更加丰富、便捷和高效的教学环境，为教育教学带来了全新的体验和机遇。在当前的教育实践中，智能教室已经得到了广泛应用，并展现出了巨大的发展潜力和应用前景。

通过智能化设备和互联网技术，教育机构可以将各种数字化教学资源整合到智能教室中，包括教学视频、网络课件、电子书籍等，为教学活动提供了丰富多样的教学内容和资源。学生可以通过智能教室随时随地获取所需的学习资源，实现个性化学习和自主学习，提高学习的效率和成效。

智能教室配备了先进的教学设备和互联网技术，教师可以根据教学需求和学生特点，灵活选择和组合各种教学工具和方法，实现多媒体教学、远程教学、个性化教学等多种教学模式的切换和结合。这种灵活多样的教学方法不仅能够提高教学的趣味性和吸引力，还可以满足学生不同的学习需求和兴趣，促进学生的全面发展和个性化成长。

智能教室配备了先进的教学管理系统和智能化设备，可以实现对教学过程的实时监控和管理，包括教学资源的调配、学生的考勤管理、教学进度的跟踪等。教育机构和教师可以通过智能教室系统随时了解到教学情况和学生学习情况，及时调整教学策略和措施，提高教学管理的效率和水平。

智能教室配备了智能化设备和人工智能技术，可以实现对学生学习行为和学习状态的实时监测和分析，为学生提供个性化的学习建议和指导。教育机构和教师可以根据学生的学习情况和需求，为其提供个性化的学习计划和资源推荐，帮助学生更好地完成学业，实现个性化发展和全面成长。

(三)混合现实课堂

活页式教材管理技术的应用前景在不断拓展,而混合现实课堂作为一种创新的教学模式,正在逐渐受到关注并应用于教育领域。混合现实技术结合了虚拟现实和现实世界,为教育工作者提供了全新的教学手段和学习体验,为活页式教材管理带来了新的发展前景。

通过混合现实技术,教育工作者可以将虚拟对象与现实世界相结合,为学生呈现出丰富多样的学习内容和情境。在学习生物课程时,学生可以通过混合现实技术观察和探索生物组织和器官的结构,增强学生的学习兴趣和参与度,提高学习效果。

可以实现学生与虚拟对象之间的互动,并通过网络连接实现学生之间的合作和交流。教育工作者可以设计各种交互式的学习活动,引导学生进行合作探究和共同学习,促进学生之间的互动和合作,培养学生的团队合作精神和创新能力。

教育工作者可以根据学生的学习需求和兴趣,设计个性化的学习内容和情境。在学习历史课程时,学生可以通过混合现实技术沉浸式地体验历史事件和文化场景,根据自己的兴趣和学习进度进行学习,提高学习效果和学习动力。

教育工作者可以将虚拟学习环境与实际学习场景相结合,为学生提供更加广阔的学习空间和学习资源。学生可以通过混合现实技术参观名胜古迹、探索自然风光,拓宽自己的视野,提高学习的全面性和深度性。

第三节 活页式教材管理业务拓展与多元化发展

一、活页式教材管理的业务拓展

(一)跨学科教材开发

活页式教材管理的业务拓展已经成为当前教育领域的一项重要发展趋势,而跨学科教材开发作为业务拓展的重要方向之一,为活页式教材管理带来了全新的发展机遇和挑战。跨学科教材开发不仅可以丰富教材内容,提升教学质量,还可以促进不同学科之间的融合与发展,推动教育教学的创新与进步。

通过跨学科教材开发,可以打破学科之间的界限,促进跨学科思维和创新能力的培养,为学生提供更加丰富和多样的学习体验。还可以加强不同学科之间的联系和互动,促进知识的综合应用和交叉传递,提升学生的综合素养和能力水平。

还需要加强教材内容的设计和编写,确保教材内容的丰富性和多样性,满足不同学科和年级的教学需求。还需要加强对教材开发过程中的质量控制和评估,确保教材内容的科学性和实用性。

政府可以加大对跨学科教材开发的政策支持和资金投入，为跨学科教材开发提供政策保障和资源支持。教育机构可以加强与行业企业、科研机构等的合作，共同开展跨学科教材开发工作，共享资源和经验，推动教材开发工作取得更好的成效。

在当前的教育实践中，许多教育机构和教材管理者已经开始尝试开发跨学科教材，取得了一定的成效和经验。他们在跨学科教材开发中注重整合各学科的优势资源，设计和编写具有跨学科特色的教材内容，为学生提供更加丰富和多样的学习体验。还注重与教育机构、出版社等相关单位的合作，共同推进跨学科教材开发工作，推动教育教学的创新与进步。

不同学科之间的知识融合和教学内容的整合需要教师具备跨学科教学的能力和水平，这对教师的教学素养和能力提出了更高的要求。跨学科教材开发的质量评估和审核标准也需要进一步完善，确保教材内容的科学性和实用性。

（二）国际化教材服务

活页式教材管理的业务拓展方向之一是国际化教材服务。随着全球化进程的加快和国际教育交流的不断深化，国际化教材服务在教育领域中的需求日益增长。活页式教材管理通过提供国际化教材服务，能够满足不同国家和地区的教育需求，促进教育资源的共享和交流，推动教育事业的跨越式发展。

不同国家和地区的教育体系和教学方法存在差异，针对不同国家和地区的教育需求提供定制化的教材服务是至关重要的。活页式教材管理可以根据不同国家和地区的教育标准和课程要求，定制开发相应的教材内容，满足不同国家和地区教育机构和学生的需求。

国际化教材服务可以促进教育资源的共享和交流。通过国际化教材服务，不同国家和地区的教育机构可以共享和交流教材资源，丰富教学内容，提高教学质量。学生也可以通过国际化教材服务获取到世界各地的优质教育资源，拓宽学习视野，提高学习效果。

通过国际化教材服务，不同国家和地区的教育机构可以开展教材合作开发和教学交流活动，共同探讨教育问题，分享教学经验，促进教育改革和发展。国际化教材服务还可以为学生提供海外学习和交流的机会，拓宽国际视野，增强跨文化交流能力。

不同国家和地区的教育体系存在差异，教育资源的共享和交流受到文化、语言、法律等多方面因素的制约，需要克服各种障碍和困难。国际化教材服务的开发和运营需要投入大量的人力、物力和财力，对于一些教育机构来说可能存在一定的压力和难度。

为了更好地推动国际化教材服务的业务拓展，可以采取一系列有效措施加以应对。加强国际合作和交流，建立多层次、多领域的合作机制，促进教育资源的共享和交流。加强国际化教材服务平台的建设和运营，提供更加便捷、高效的教材服务，满足不同国家和地区的教育需求。加强对国际化教材服务的推广和宣传，提高教育机构和学生的使用意识和技能，促进国际化教材服务的普及和推广。

1. 国际课程合作

活页式教材管理的业务拓展中，国际课程合作是一个具有重要意义和广阔前景的方向。随着全球化进程的不断推进，国际间教育交流与合作日益频繁，活页式教材的应用也逐渐走向国际舞台。通过与国际机构和教育机构的合作，可以实现教育资源的共享和优化配置，促进教育教学的国际化和多样化，为学生提供更加丰富、全面的教育教学体验。

国际课程合作为活页式教材管理的业务拓展提供了全新的发展机遇。通过与国际教育机构和课程提供商的合作，可以引进国际先进的教学理念和教学资源，丰富教育教学内容，提高教学质量和水平。可以引进国外知名教育机构的优质课程和教学资源，结合国内实际情况进行本土化改编，为学生提供更加全面和多元的学习体验。

国际教育机构的合作，可以实现教育资源的共享和互通，包括教学视频、网络课件、电子书籍等多种教育资源。这种资源共享模式不仅能够节约教育资源的开发和获取成本，还可以提高教学资源的利用率和效率，促进教育资源的优化配置和共享利用。

国际课程合作还可以促进教育教学的国际化和多样化。通过与国际教育机构的合作，可以引进国外先进的教学理念和教学方法，丰富教育教学内容，提高教学质量和效果。可以引进国际通用的教学标准和评估体系，提高教学的规范化和科学化水平，促进教育教学的国际化和多样化发展。

通过与国际教育机构的合作，可以提高教育机构的国际知名度和声誉，吸引更多的国际学生和教育资源，推动教育事业的全球化发展。还可以借助国际课程合作的平台，与国际教育机构进行深度合作，共同开展教育项目和研究项目，促进教育教学的创新和发展，提升教育机构的国际竞争力和影响力。

2. 多语言教材

活页式教材管理的业务拓展已经逐渐走向多语言教材，这一趋势为教育领域带来了全新的发展机遇。随着全球化的不断推进和跨文化交流的增加，多语言教材的需求日益增长，而活页式教材管理作为一种灵活、便捷的教学资源管理方式，正逐渐成为多语言教材的重要载体。

传统的教材管理模式往往只能满足本地语言的教学需求，而多语言教材的出现为教育工作者和学生提供了更加丰富、多样的教学资源。通过活页式教材管理平台，教育工作者可以上传和管理多种语言的教学资源，满足不同地区和学生群体的教学需求，提高了教学的灵活性和适应性。

通过活页式教材管理平台，教育工作者和学生可以分享和借鉴来自不同国家和地区的教学资源和经验，促进了跨文化交流和合作。教育工作者可以从全球范围内获取和利用优质的教学资源，丰富教学内容和方法，提高教学效果和质量；学生可以接触到多种语言和文化，拓展自己的视野和知识，增强跨文化交流和合作能力。

多语言教材的出现还可以提高教学资源的利用效率和效果。通过活页式教材管理平台，教育工作者可以根据学生的语言水平和学习需求，灵活地选择和使用多语言教材，提供个性化的学习服务。教育工作者可以根据学生的语言特点和学习需求设计不同语言版本的教学资源，提高了教学资源的利用效率和学习效果。

通过活页式教材管理平台，教育工作者和学生可以分享自己的教学资源和经验，与其他教育工作者和学生进行交流和合作，共同提高教学质量和效果。教育工作者可以将自己的教学资源上传至平台，与其他教育工作者进行资源共享和合作，丰富教学内容和方法，提高教学效果和质量。

二、活页式教材管理的多元化发展

（一）教学辅助工具开发

活页式教材管理的多元化发展已成为当前教育领域的一个显著趋势，而开发教学辅助工具则是多元化发展的重要方向之一。教学辅助工具的开发不仅可以丰富教学资源，提升教学效果，还可以促进教育教学模式的创新和发展，为教育事业的进步贡献力量。

教学辅助工具的开发可以满足不同学科和年级的教学需求。通过开发教学辅助工具，可以为各个学科开发相应的教学资源和工具，如数学公式计算器、语言翻译工具、实验模拟软件等，满足教师和学生的不同需求，提升教学效果和质量。

通过开发教学辅助工具，可以探索和应用新的教学方法和技术，如个性化教学、游戏化教学、混合式教学等，丰富教学手段，提升教学效果，促进学生的全面发展。

政府可以加大对教学辅助工具开发的政策支持和资金投入，为教育事业的发展提供有力保障。教育机构可以加强与科研机构、企业等的合作，共同开展教学辅助工具的开发工作，共享资源和经验，推动教育教学的创新和发展。

在当前的教育实践中，许多教育机构和企业已经开始尝试开发各种类型的教学辅助工具，取得了一定的成效和经验。他们通过开发教学辅助工具，丰富教育资源，提升教学效果，促进教育教学模式的创新和发展，推动教育事业的进步。

教学辅助工具的开发也面临一些挑战和问题。教学辅助工具的开发需要投入大量的人力、物力和财力，成本较高，周期较长，需要加强项目管理和风险控制。还需要解决教学辅助工具的使用问题，如用户体验、操作简易性等，确保教学辅助工具的实用性和普及度。

（二）教育咨询服务

活页式教材管理的多元化发展方向之一是教育咨询服务。随着教育领域的不断发展和变化，教育咨询服务在教育管理和教学实践中扮演着越来越重要的角色。活页式教材管理通过提供多元化的教育咨询服务，能够更好地满足教育机构、教师和学生的需求，促进教育事业的健康发展。

教育机构在日常运营和管理中面临诸多挑战，包括教学质量管理、师资队伍建设、课程设计等方面的问题。活页式教材管理可以通过提供专业化的教育咨询服务，帮助教育机构解决实际问题，提高管理效率和教学质量。

教师在教学实践中可能面临教学方法、教学内容设计、学生管理等方面的困难和挑战。活页式教材管理可以通过提供个性化的教育咨询服务，为教师提供专业化的教学指导和支持，帮助教师提高教学水平和教学效果。

学生在学习过程中可能面临学习方法、学习动力、课业压力等方面的问题。活页式教材管理可以通过提供个性化的教育咨询服务，为学生提供学习指导和辅导，帮助他们解决学习问题，提高学习成绩和学习动力。

教育咨询服务在实践中也面临一些挑战和问题。教育咨询服务的专业化水平和服务质量需要不断提升，需要有一支高素质、专业化的咨询团队。教育咨询服务的推广和普及需要投入大量的人力、物力和财力，对于一些教育机构来说可能存在一定的压力和难度。

为了更好地推动教育咨询服务的多元化发展，可以采取一系列有效措施加以应对。加强教育咨询服务团队的建设和培训，提高咨询服务的专业化水平和服务质量。加强对教育咨询服务的宣传推广，提高教育机构、教师和学生的使用意识和技能，促进教育咨询服务的普及和推广。加强对教育咨询服务的监管和管理，规范咨询服务行为，保障用户的合法权益和服务质量。

（三）教育文化产品推广

活页式教材管理的多元化发展中，教育文化产品的推广是一个具有重要意义和广阔前景的方向。教育文化产品作为活页式教材管理业务的延伸和补充，不仅可以丰富教育教学内容，还可以促进教育教学的多样化和个性化发展，为学生提供更加丰富、全面的学习体验和服务保障。

带来更加丰富和多元的教学资源。通过推广教育文化产品，可以引进各种优质的教学资源和教学工具，包括教学视频、教学游戏、教学漫画等，丰富教育教学内容，提高教学质量和效果。这些教育文化产品不仅能够激发学生的学习兴趣和积极性，还可以提高教学效率和成效，促进学生全面发展和个性化成长。

推广教育文化产品，可以引入各种新颖的教学方法和教学工具，如游戏化教学、艺术化教学、体验式教学等，丰富教育教学形式，提高教学效果和吸引力。这些教育文化产品不仅能够激发学生的学习兴趣和创造力，还可以促进学生的全面发展和个性化成长，实现教育教学的多样化和个性化发展。

可以提供各种定制化的教学服务和学习支持,如个性化学习计划、专业化学科辅导、实践性学习项目等,满足学生不同的学习需求和兴趣。这些教育文化产品不仅能够提高学生的学习效率和成效,还可以促进学生的全面发展和个性化成长,为学生提供更加个性化、多样化的学习体验和服务保障。

通过推广教育文化产品,可以创造各种丰富多彩的学习场景和学习氛围,如校园文化节、学科竞赛、社团活动等,激发学生的学习兴趣和创造力,丰富学生的课余生活,促进学生的全面发展和个性化成长。这些教育文化产品不仅能够提高学生的学习积极性和参与度,还可以培养学生的综合素养和创新能力,为学生的未来发展奠定良好的基础。

第四节 活页式教材管理行业未来趋势与展望

一、活页式教材管理行业的未来趋势

(一)智能化管理

活页式教材管理行业正朝着智能化管理方向迅速发展,这一趋势将为教育领域带来革命性的变革。随着人工智能、大数据、云计算等新一代信息技术的不断成熟和应用,智能化管理已经成为活页式教材管理行业的重要发展方向,为教育工作者和学生提供了更加智能化、个性化的教学资源管理和学习服务。

智能化管理技术将为活页式教材管理带来更加智能、高效的教学资源管理方式。通过人工智能和大数据技术,活页式教材管理平台可以根据教育工作者和学生的个性化需求和学习行为,智能地推荐和匹配教学资源,为教育工作者提供个性化的教学资源管理服务,提高了教学资源的利用效率和质量。

通过人工智能技术,活页式教材管理平台可以分析和识别学生的学习特点和需求,为学生推荐适合其水平和兴趣的教学资源和学习内容,提供个性化的学习路径和学习支持,提高了学习的效果和体验。

大数据和云计算技术,活页式教材管理平台可以实现教学资源的集中管理和共享,为教育工作者和学生提供了便捷、灵活的教学资源获取和共享方式,促进了教育资源的共享和协作,提高了教学资源的利用效率和学习效果。

通过人工智能技术,活页式教材管理平台可以分析和评估学生的学习情况和表现,为教育工作者提供个性化的教学评价和反馈,帮助教育工作者更好地了解学生的学习需求和困难,调整教学策略,提高教学效果和质量。

（二）虚拟实验室

活页式教材管理行业的未来趋势之一是虚拟实验室的发展。随着科技的不断进步和教育需求的不断增长，虚拟实验室作为一种新型的教学手段和学习平台，正在逐渐受到人们的关注和重视。虚拟实验室可以模拟真实的实验环境和操作过程，为学生提供更加直观、生动的学习体验，拓展教学手段，促进学生的学习和发展。

通过虚拟实验室，学生可以在任何时间、任何地点进行实验操作，无需受到时间和空间的限制，方便灵活，提高实验效率，节约资源，降低成本。

通过虚拟实验室，学生可以进行各种实验操作，如物理实验、化学实验、生物实验等，模拟不同的实验场景，观察实验现象，探索实验规律，提高实验操作能力和科学素养。

虚拟实验室的发展还可以促进教育教学模式的创新和发展。通过虚拟实验室，可以实现个性化学习、自主探究、合作交流等教学模式的创新，丰富教学手段，提高教学效果，激发学生的学习兴趣和积极性，促进学生的全面发展。

在当前的教育实践中，虚拟实验室已经开始得到一些学校和机构的应用和推广。他们通过引入虚拟实验室，丰富实验教学内容，提升实验教学效果，为学生提供更加直观、生动的学习体验。还通过虚拟实验室开展在线实验课程、虚拟实验竞赛等活动，拓展教育教学的边界，提高教学质量和效果。

虚拟实验室的发展也面临一些挑战和问题。虚拟实验室的开发需要投入大量的人力、物力和财力，技术门槛较高，周期较长，需要加强项目管理和技术研发。还需要解决虚拟实验室的使用问题，如用户体验、操作简易性等，确保虚拟实验室的实用性和普及度。

二、活页式教材管理行业的未来展望

（一）教育服务包

活页式教材管理行业的未来展望之一是教育服务包的发展。随着教育领域的不断发展和变革，教育服务包作为一种新型的教育服务模式，受到越来越多教育机构和学生的青睐。教育服务包将教育资源、教学内容、教学方法等整合为一个完整的服务包，为教育机构、教师和学生提供全方位、个性化的教育服务和支持，有望成为未来活页式教材管理行业的重要发展方向。

教育机构在日常教学和管理中需要面对诸多挑战和问题，包括教材采购、课程设计、师资培训等方面的需求。教育服务包可以将这些教育服务整合为一个完整的包裹，为教育机构提供一站式的教育解决方案，降低管理成本，提高管理效率。

教师在教学实践中可能面临教学方法、教学内容设计、学生管理等方面的困难和挑战。教育服务包可以根据教师的需求和特点，提供个性化的教学支持和指导，帮助教师解决实际问题，提高教学水平和教学效果。

学生在学习过程中可能面临学习方法、学习动力、课业压力等方面的问题。教育服务包可以根据学生的学习需求和特点，提供个性化的学习支持和辅导，帮助学生解决学习问题，提高学习成绩和学习动力。

教育服务包的定制化和个性化服务需要投入大量的人力、物力和财力，对于一些教育机构来说可能存在一定的压力和难度。教育服务包的推广和普及需要加强宣传推广和用户培训，提高教育机构、教师和学生的使用意识和技能。

为了更好地推动教育服务包的发展，可以采取一系列有效措施加以应对。加强对教育服务包的研发和创新，不断优化服务内容和服务模式，提高服务质量和用户体验。加强对教育服务包的宣传推广，扩大服务覆盖范围，增加用户数量，促进教育服务包的普及和推广。加强对教育服务包的监管和管理，规范服务行为，保障用户的合法权益和服务质量。

（二）跨领域整合

活页式教材管理行业的未来展望中，跨领域整合将成为一个关键的发展方向。随着信息技术和教育技术的不断发展，活页式教材管理行业面临着越来越多的机遇和挑战。跨领域整合将有助于整合各方资源，拓展业务领域，提升服务水平，推动行业向更加多元化和智能化方向发展。

活页式教材管理行业可以更好地利用先进技术手段，开发更加智能化、个性化的教学资源和教学工具，提升教学质量和效果。结合人工智能技术和大数据分析技术，可以实现对学生学习行为和学习情况的智能监控和个性化分析，为教学提供精准的数据支持和决策依据。

教育内容产业和出版业的合作，活页式教材管理行业可以更好地利用各种优质的教育资源和教学内容，丰富教学资源，提升教学质量和效果。可以与教育内容产业合作开发多媒体教学资源、电子书籍等教育产品，为教学提供更加丰富、生动的教学内容和教学工具。

通过与教育培训机构和在线教育平台的合作，活页式教材管理行业可以更好地利用各种教育服务资源和教学工具，提供个性化、多样化的教育服务，满足学生不同的学习需求和兴趣。可以与教育培训机构合作开展在线课程、远程教育等教育项目，为学生提供更加灵活、便捷的学习服务。

跨领域整合将促进活页式教材管理行业与政府部门、学术机构等各方力量的深度合作。通过与政府部门和学术机构的合作，活页式教材管理行业可以更好地利用政府政策支持和学术研究成果，推动行业的发展和进步。可以与政府部门合作开展教育科技政策研究、教育技术创新等合作项目，为行业的发展提供政策支持和技术保障。

(三)产学研合作

活页式教材管理行业的未来展望之一是产学研合作将成为推动行业发展的重要动力。随着教育信息化的深入发展,产学研合作已经成为推动教育技术创新和产业升级的重要模式,为活页式教材管理行业带来了新的发展机遇和动力。

产学研合作将为活页式教材管理行业带来更加丰富、前沿的技术和理念。通过产学研合作,教育机构、企业和科研院所可以共同开展教育技术研发和创新,共享资源和成果,加速教育技术的研究和应用,为活页式教材管理行业带来更加丰富、前沿的技术和理念,推动行业的发展和进步。

教育机构、企业和科研院所可以共同开展教育实践和案例研究,深入了解教育领域的需求和挑战,提出更加贴近实际、有效的教育解决方案,为活页式教材管理行业提供更加实践、应用的教育解决方案,提高教育技术的实效性和可持续发展能力。

通过产学研合作,教育机构、企业和科研院所可以共同建立开放的创新生态,促进教育资源和技术的共享和交流,激发创新活力,推动教育技术的不断进步。教育机构和企业可以共同开发教育技术产品和服务,探索新的商业模式,共享创新成果,共同推动行业的发展和进步。

产学研合作,教育机构、企业和科研院所可以共同开展人才培养项目和课程设计,结合行业需求和前沿技术,培养具有创新精神和实践能力的高素质人才,为活页式教材管理行业培养更加全面、系统的人才队伍,推动行业的人才发展和壮大。

第十章 活页式教材管理的挑战与应对

第一节 活页式教材管理面临的挑战与问题

一、活页式教材管理面临的挑战

活页式教材管理所面临的挑战之一是技术更新速度过快。随着科技的不断发展,教材内容需要及时更新以反映最新的知识和发现。活页式教材的制作和更新过程相对烦琐,需要投入大量时间和资源。管理者需要找到有效的方法来应对技术更新的挑战,以确保教材内容的及时性和准确性。

另一个挑战是版权管理的复杂性。活页式教材可能涉及多个作者和版权所有者,管理者需要确保教材的使用符合相关的法律法规,同时保护作者和版权所有者的权益。在跨境合作和跨学科领域的教材制作中,版权管理更是一项具有挑战性的任务,需要各方共同努力来解决。

活页式教材的质量控制也是一个重要挑战。由于教材内容可能经常更新,管理者需要确保新内容的质量和准确性。由于制作过程的复杂性,质量控制可能变得困难。管理者需要建立有效的质量管理体系,包括审核和反馈机制,以确保教材的质量达到预期水平。

另一个挑战是教师和学生的接受度。尽管活页式教材具有灵活性和及时性的优势,但教师和学生可能需要时间来适应新的教学方式和工具。一些教师可能担心使用活页式教材会增加他们的工作量,而一些学生可能更喜欢传统的纸质教材。管理者需要积极推动教师和学生的接受度,提供培训和支持,帮助他们更好地利用活页式教材。

活页式教材管理面临的挑战之一是信息安全和隐私保护。随着教育技术的发展,活页式教材可能涉及大量的个人和敏感信息。管理者需要采取有效的措施来保护这些信息的安全性和隐私性,防止未经授权的访问和使用。这需要综合考虑技术、政策和管理等方面,制定相应的安全策略和措施,确保活页式教材的安全可控。

(一)技术更新换代快

在活页式教材管理面临的挑战中,技术更新换代的速度是其中之一。随着科技的不断进步，新一代的技术不断涌现，这给活页式教材的管理带来了新的挑战。与传统的纸质教材相比，数字化技术的更新速度更快，因此管理者需要不断跟进最新的技术趋势，确保教材的内容能够及时更新，以满足教学的需要。

另一个挑战是技术更新带来的教师培训需求增加。随着新技术的不断涌现，教师需要不断学习和掌握这些新技术，以便有效地使用活页式教材进行教学。这需要投入大量的时间和资源来进行培训，而且培训的内容和形式也需要与不断更新的技术相适应，这对学校和教育机构的管理者提出了更高的要求。

技术更新换代还带来了与之相适应的设备需求。数字化教材可能需要特定的硬件设备或软件平台来实现最佳效果。学校和教育机构需要不断更新和升级他们的设备，以适应新技术的需求。这不仅需要大量的资金投入，还需要对设备进行及时维护和管理，以确保其正常运行。

另一个挑战是教材内容的管理和更新。随着技术的不断更新，教材内容也需要不断更新和调整，以保持与最新技术的同步。这需要教育管理者建立起高效的内容管理系统，确保教材内容能够及时更新，并且能够满足不同教学需求。还需要考虑到教材内容的版权和授权问题，以确保教材的合法使用。

技术更新换代还带来了对教育政策和法规的挑战。随着新技术的应用，教育政策和法规也需要不断调整和更新，以适应新形势下的教学需求。这需要政府部门和相关机构及时跟进技术的发展，制定相关政策和法规，为活页式教材的管理提供有力的保障和支持。

（二）信息安全风险

管理活页式教材面临的挑战之一是信息安全风险。在数字化时代，信息泄露和盗窃已成为普遍问题，而活页式教材的管理也不例外。由于活页式教材的特性，如易于复制和传播，其信息容易受到未经授权的访问。这为不法分子提供了机会，他们可以窃取教材内容或植入恶意软件，造成教学秩序混乱或个人信息泄露。信息安全风险成为管理活页式教材时必须认真对待的重要问题之一。

另一个挑战是信息完整性的保障。活页式教材可能会受到篡改，而这种篡改可能是有意的，也可能是无意的。不法分子可能会修改教材内容以传播错误信息或误导读者。另一方面，系统错误或技术故障也可能导致教材内容的损坏或丢失，从而影响教学质量和学习效果。保障活页式教材的信息完整性对于教育机构至关重要，这需要采取有效的管理措施和技术手段来确保教材内容的原始性和准确性。

信息安全风险还涉及数据泄露的风险。活页式教材中可能包含敏感性高的个人信息，如学生的姓名、身份证号码等。如果这些信息泄露给未经授权的第三方，将可能导致严重的后果，如身份盗窃、个人隐私泄露等。教育机构需要建立严格的数据保护机制，包括加密存储、访问控制、监控审计等，以最大程度地减少数据泄露的风险，保护学生和教职员工的个人信息安全。

除此之外，信息安全风险还可能导致教学资源的不公平利用。在数字化教育环境中，教材的获取和使用变得更加便利，但也增加了教学资源被滥用或非法传播的风险。盗版教材的出现可能导致教育资源的不公平分配，影响教育的公平性和质量。教育机构需要加强对教材的版权保护和监管，制定相关政策和法规，确保教学资源的合法获取和使用，维护教育的公平性和正义性。

1. 数据泄露

活页式教材管理在当前社会中面临着日益严峻的挑战，其中之一是数据泄露问题。数据泄露不仅可能导致敏感信息暴露，还可能对教育系统造成深远的影响。这些后果不仅对学生和教师造成影响，还可能损害整个教育系统的信誉和效率。

面对数据泄露问题，教育机构需要加强数据安全意识和管理。建立健全的数据安全制度和技术保障措施至关重要。这包括加密敏感信息、限制数据访问权限、定期进行安全审计等措施，以有效保护学生和教师的个人数据不被泄露或滥用。

尽管有这些措施，数据泄露仍然可能发生，因此及时的应急响应也至关重要。在发生数据泄露事件时，教育机构需要迅速采取行动，包括通知受影响的个人、报告相关部门以及展开调查等措施，以最大程度地减少损失并恢复受影响者的信任。

除了内部管理措施外，教育机构还需要与外部合作伙伴和服务提供商密切合作，共同应对数据泄露问题。这包括确保外部服务提供商符合数据安全标准，签订保密协议，并定期审查其数据安全措施，以确保教育数据不会因外部服务提供商而受到威胁。

教育机构还需要加强对学生和教师的数据保护意识培训，提高他们对数据安全的认识和防范意识。只有通过全员参与和共同努力，才能更好地保护活页式教材中的数据安全，确保教育信息系统的稳定运行和学习环境的安全。

2. 版权保护

活页式教材管理面临的一个重要挑战是版权保护。随着数字化技术的发展，教育资源的传播方式发生了巨大变化，活页式教材作为一种新型教材形式，更加容易被复制和传播。这也带来了版权保护的难题。在数字化环境下，教材的版权容易被侵犯，管理者需要采取措施来保护教材的合法权益，维护作者和版权所有者的利益。

一个挑战是网络环境下的侵权问题。活页式教材往往以电子形式存在于网络上，这增加了教材版权被侵犯的风险。网络上存在大量盗版资源和侵权行为，教材作者和版权所有者很难追踪和阻止侵权行为。管理者需要加强对网络环境下的版权保护，采取技术手段和法律手段来打击侵权行为，维护教材的合法权益。

另一个挑战是跨境版权保护的复杂性。随着教育国际化的发展，活页式教材可能涉及跨境合作和跨国传播，这给版权保护带来了新的挑战。不同国家的版权法律和规定不同，管理者需要了解和遵守各国的版权法律，确保教材的跨境传播符合法律规定，并保护作者和版权所有者的权益不受侵犯。

版权保护还面临着技术进步带来的挑战。随着数字水印技术和加密技术的不断发展，侵权者可能采取更加隐蔽和高级的手段来窃取教材内容。管理者需要及时更新技术手段，提高版权保护的水平，防止教材内容被非法复制和传播。

社会意识和法律意识的不足也是版权保护面临的挑战之一。一些人对版权意识不强，对教材的复制和传播行为缺乏认识，这容易导致教材的版权被侵犯。管理者需要加强版权教育和宣传，提高社会对版权保护的重视程度，促进良好的版权保护环境的形成和发展。

二、活页式教材管理面临的问题

活页式教材作为一种新型教学资源管理形式，其在推广和使用过程中遇到了诸多问题。活页式教材在内容的完整性和系统性上存在一定的挑战。由于教材被分散成多个活页，学生在学习过程中容易遗漏部分内容，造成知识的断裂。这不仅影响了学生对知识的系统理解，还可能导致教学效果的下降。

活页式教材的物理管理也面临不少困难。教师和学生需要花费更多的时间和精力来整理和保存这些活页，增加了管理的复杂性和工作量。尤其在日常教学中，频繁的活页更换和更新需要更多的时间和精力，这在一定程度上降低了教学效率。

活页式教材在经济成本上也存在一定的问题。制作和印刷活页教材相比于传统的整本教材，其成本要高出不少。活页教材不仅需要更多的纸张和印刷工序，且在物流运输过程中也更易损坏，从而增加了学校和家庭的经济负担。

从教学效果来看，活页式教材的灵活性虽然较强，但也可能导致教学计划的不稳定性。教师在使用活页教材时，需要根据教学进度和学生情况频繁调整教学内容，这不仅增加了教师的工作量，也可能影响教学的一致性和连贯性。

学生的学习习惯也受到活页式教材的影响。许多学生习惯于整本教材的学习方式，而活页教材的形式使得他们需要不断适应新的学习方法。这种变化可能导致部分学生在学习过程中产生不适应，进而影响学习效率。

信息化管理的不足也是活页式教材面临的一个重要问题。在许多学校，活页式教材的电子化和信息化管理尚未完全普及，传统的纸质管理方式依然占据主导地位。这不仅增加了管理的难度，也使得教师和学生无法充分利用现代信息技术的优势来提升学习和教学效率。

教师的适应和培训也是一大挑战。活页式教材的推广需要教师具备更高的灵活性和适应能力，同时也需要学校提供相应的培训和支持。许多学校在这方面的投入和支持力度不足,导致教师在使用活页式教材时面临许多困扰和困难。

学生的反馈和意见在活页式教材管理中也需要得到更多的重视。由于学生是教材的直接使用者,他们的使用体验和反馈对于教材的改进和优化具有重要意义。在实际管理过程中,学生的意见往往被忽视或未能得到充分采纳,这使得活页式教材的改进过程变得缓慢和不够有效。

在评价和考核机制上,活页式教材也面临一些问题。传统的教材评价和考核机制主要针对整本教材,而活页式教材的特殊性使得现有的评价体系难以完全适用。这需要教育部门和学校根据活页式教材的特点,制定更加科学和合理的评价标准和考核方式。

管理上的协调和配合也是一个不可忽视的问题。活页式教材的推广和使用需要学校、教师、学生以及教材供应商等多方的紧密配合。实际操作中各方之间的沟通和协调往往不到位,导致教材管理过程中出现各种问题和矛盾,影响了活页式教材的推广效果。

在制度和政策保障方面,活页式教材也面临着一些不足。尽管活页式教材在一定程度上受到国家和地方教育部门的支持,但在具体的制度和政策保障上仍存在许多不完善之处。缺乏明确和具体的指导政策,使得学校在实施过程中缺乏依据和标准,增加了管理的难度和不确定性。

学生的使用频率和满意度调查显示,活页式教材的实际使用效果并不理想。许多学生表示,活页式教材在实际学习中并未显著提升学习效果,反而增加了整理和查找资料的时间和精力。这一反馈反映了活页式教材在实际应用中存在的问题,需要引起教育部门和教材开发者的重视。

活页式教材的更新和维护也是一大难题。由于活页式教材的内容更新频率较高,学校和教师需要花费大量时间和资源来进行教材的更新和维护工作。这不仅增加了教学管理的复杂性,也给教师和学生带来了不小的压力和负担。

(一)教育体制改革

活页式教材管理在教育体制改革中面临着诸多问题。教育资源配置不均衡,导致一些地区的学校无法及时更新活页式教材。教师对活页式教材的使用和管理方法缺乏统一标准,造成教学效果参差不齐。学生对于活页式教材的维护和使用意识较低,容易造成教材浪费和损坏。解决这些问题需要教育管理部门和学校共同努力。

教育体制改革过程中,活页式教材管理也面临着信息化和数字化转型的挑战。教材的电子化和在线化需求不断增长,需要教育部门加大对数字化教育资源的投入和支持。教师和学生也需要接受相关的信息技术培训,提升他们运用数字化教材的能力。

活页式教材管理在教育体制改革中还需面对教学内容更新和质量保障的问题。随着知识更新速度加快,教育教学内容需要及时更新,但如何确保更新后的教材质量和教学效果是一个亟待解决的难题。建立健全的教材审核和评估机制,加强教学质量监控,是解决这一问题的关键。

在教育体制改革背景下,活页式教材管理还需要面对与课程标准和教学大纲的衔接问题。教材内容与课程标准的契合度直接影响到教学质量和学生学习效果。需要加强教材编写过程中对课程标准的引导和依托,确保教材与教学大纲相互匹配。

在教育体制改革的大背景下,活页式教材管理还需面对社会需求和教育发展的挑战。教育教学要与时俱进,紧密结合社会发展需求,才能更好地满足学生的学习需求和社会需求。教育管理部门需要引导和支持活页式教材管理与社会需求和教育发展相适应,促进教育事业的健康发展。

(二)教育资源不均衡

活页式教材管理系统在教育资源分配上的不均衡问题,是当前教育领域面临的重要挑战之一。活页式教材管理系统虽然具有灵活性和可更新性的优点,但其实施过程中的资源分配不均衡问题日益显现。尤其是在不同地区和不同学校之间,由于经济水平、教师素质和管理能力等方面的差异,导致活页式教材的使用效果存在显著差异。

从经济层面来看,活页式教材管理需要较高的经费投入。经济发达地区的学校通常能够获得更多的资金支持,可以购买更多种类、更高质量的教材资源,而经济落后地区的学校则可能面临资金短缺的问题,无法及时更新和补充教材内容。这样一来,学生们所能接触到的教育资源存在明显差距,进而影响到他们的学习效果和知识获取。

在教师素质方面,不同地区的教师培训和专业水平参差不齐。经济发达地区的教师通常能够获得更多的培训机会和资源,熟练掌握活页式教材的使用方法,并能根据学生的实际情况灵活调整教学内容。而在经济欠发达地区,教师可能缺乏相应的培训和指导,对活页式教材的理解和应用能力有限,难以充分发挥其优势。这种情况下,教材资源虽在形式上是均衡的,但在实际教学中的利用效率却大相径庭。

管理能力的差异也加剧了教育资源的不均衡现象。活页式教材管理需要学校具备较强的组织和协调能力,能够有效地进行教材的分发、使用和回收。经济发达地区的学校往往具备较为完善的管理体系和技术支持,能够高效地实施这一管理模式。而在经济欠发达地区,学校的管理能力相对薄弱,可能面临教材分发不及时、资源浪费等问题,无法保障学生能够及时获得所需的教材内容。

活页式教材管理系统的推广和实施过程中,还存在地区之间的信息和资源共享不充分的问题。尽管现代信息技术的发展使得远程教育和在线资源共享成为可能,但在实际操作中,许多经济欠发达地区仍然面临网络基础设施薄弱、数字设备短缺等困难,难以充分利用这些先进的教育资源和技术手段。这样一来,活页式教材管理的优势难以在这些地区得到充分体现,进一步加剧了教育资源分配的不均衡。

政策和制度层面的支持不平衡也是一个重要因素。国家和地方政府虽然在政策层面上鼓励和支持活页式教材的推广，但在具体实施中，政策落实的力度和效果存在较大差异。一些地区由于政策执行不到位，导致资金、资源和技术支持难以到达基层学校，从而影响了活页式教材管理的整体效果。

在文化和观念层面，不同地区的家长和学生对活页式教材的接受程度和使用习惯也存在差异。经济发达地区的家长和学生通常对新型教育模式和教材形式持开放态度，乐于接受和尝试新的教育资源和方法。而在经济欠发达地区，传统的教育观念和模式根深蒂固，家长和学生可能对活页式教材持怀疑态度，不愿意主动适应和使用新的教材形式，从而影响了其推广和应用效果。

总的来说，活页式教材管理系统在教育资源分配上的不均衡问题涉及多个方面，既有经济层面的投入差异，也有教师素质和管理能力的不同，还有政策落实和观念接受上的差异。这些问题的存在，不仅影响了活页式教材管理系统的实际效果，也进一步加剧了地区之间、学校之间教育资源的差距。

要解决这些问题，需要多方面的共同努力。政府应加大对经济欠发达地区的资金和资源投入，确保这些地区的学校能够获得足够的支持和保障。加强教师培训，提升教师对活页式教材的理解和应用能力，特别是要重点关注经济欠发达地区的教师队伍建设。还需要完善教材管理的技术支持和信息共享平台，确保不同地区的学校能够公平地获得和利用现代教育技术和资源。

（三）用户需求多样化

活页式教材管理系统在应对用户需求多样化方面面临诸多挑战。当前，教育领域的快速发展和技术的不断进步，使得学生和教师对教材的需求变得日益多样化。不同地区、学校和班级的学生在知识基础、学习能力和兴趣爱好等方面存在较大差异，导致对教材内容和形式的需求也各不相同。

不同的教育阶段对教材的需求呈现出显著的多样性。小学生需要更多图文并茂、生动有趣的教材来激发他们的学习兴趣，而中学生则更加注重知识的系统性和逻辑性，高中生则需要更深入、更专业的内容以应对升学考试。这种需求的多样化要求活页式教材能够灵活调整和更新，以适应各个阶段学生的学习需要。

学生的个体差异也是用户需求多样化的重要因素。每个学生的学习能力、兴趣爱好和知识接受度都不尽相同，有些学生可能对某一学科特别感兴趣，希望获得更多相关的扩展知识，而有些学生则需要更多基础性、引导性的内容来打牢学习基础。活页式教材需要能够根据学生的个体差异进行定制和调整，这对教材管理提出了更高的要求。

在教师方面，教学风格和教学目标的差异也使得对教材的需求呈现多样化。一些教师倾向于传统的教学方法，注重教材的系统性和完整性，而另一些教师则喜欢运用现代教育技术，采用多媒体资源和互动式教学方法，希望教材具有更多的灵活性和创新性。活页式教材必须能够兼顾不同教师的需求，为他们提供适合其教学风格和教学目标的资源。

不同地区的教育环境和文化背景也导致教材需求的多样化。城市学校通常配备了先进的教学设备，教师和学生可以利用多种多样的教育资源，而农村和偏远地区的学校则可能缺乏这些条件，需要更加简洁、实用的教材。不同文化背景的学生对教材内容的接受度和兴趣点也各有不同，活页式教材需要能够反映和尊重这些文化差异，以增强学生的学习体验和兴趣。

在教材内容上，随着社会的发展和科学技术的进步，新知识和新信息不断涌现，学生和教师对教材的时效性和前瞻性提出了更高的要求。传统的教材更新速度较慢，往往无法及时反映最新的科学研究成果和社会变化，而活页式教材则需要具备更快的更新能力，及时补充和替换陈旧的内容，以满足学生和教师对最新知识的需求。

面对多样化的需求，活页式教材管理还需要考虑到学生和教师对教材使用方式的不同偏好。一些学生和教师习惯于纸质教材，认为其阅读体验和笔记效果更好，而另一些则偏爱电子教材，认为其便于携带和检索。活页式教材系统需要能够同时提供纸质和电子版本，并且确保两者之间的内容一致和互补，以满足不同用户的需求。

管理和维护活页式教材的复杂性也是一个不可忽视的问题。多样化的需求意味着教材的种类和数量将显著增加，如何有效地管理和更新这些教材，确保每个学生和教师都能及时获得所需的内容，成为活页式教材管理面临的重大挑战。需要建立高效的管理系统和信息平台，确保教材的分发和更新过程高效、准确。

在政策和制度层面，教育部门需要制定和完善相关政策，鼓励和支持活页式教材的开发和应用。具体而言，应制定明确的标准和规范，确保活页式教材的质量和内容符合教育要求。还需要提供资金和技术支持，帮助学校和教师更好地应用和管理活页式教材，以满足多样化的教育需求。

社会和家庭的参与也是解决这一问题的重要因素。家长和社区可以通过参与教材的选择和评估，提供宝贵的反馈和建议，帮助活页式教材更好地适应学生的需求。社会各界的支持和参与，也可以为活页式教材的开发和应用提供更多资源和帮助，促进教育资源的共享和优化。

第二节　活页式教材管理的应对策略与措施

一、活页式教材管理的技术应对策略

活页式教材管理系统在现代教育中的应用面临诸多技术挑战，但通过合理的技术应对策略，这些问题可以得到有效解决。构建一个高效的数字化教材管理平台至关重要。

该平台应具备强大的数据处理能力和灵活的资源管理功能，能够支持大规模的教材存储和快速检索，确保教师和学生能够随时随地访问所需的教材内容。

优化教材的数字化转换技术也是必要的。将传统纸质教材转换为数字格式，不仅要确保内容的完整性和准确性，还需要对教材进行结构化处理，以便于检索和使用。这涉及先进的光学字符识别（OCR）技术和智能排版技术的应用，能够自动识别和转换文本、图片、公式等多种类型的教材内容。

开发智能推荐系统是提高教材使用效率的重要手段。通过大数据分析和机器学习技术，智能推荐系统可以根据学生的学习历史、兴趣爱好和知识水平，精准推荐个性化的学习内容。这不仅可以提高学生的学习效率，还能增强他们的学习兴趣，使教材的使用更加符合个体需求。

在教材管理过程中，云计算技术的应用可以大大提高资源的共享和利用效率。云计算平台可以提供强大的存储和计算能力，支持大规模的教材数据存储和处理。通过云平台，学校和教师可以方便地上传、更新和共享教材资源，同时学生也可以随时访问最新的学习内容。

采用区块链技术可以提升教材管理的安全性和透明度。区块链的分布式账本和不可篡改性可以确保教材的版权和使用记录得到有效保护，防止教材资源的非法复制和滥用。区块链技术还可以实现教材分发和使用过程的透明化，确保每一个环节都有据可查，提高教材管理的可信度和可靠性。

为了提高教材的互动性和生动性，虚拟现实（VR）和增强现实（AR）技术的应用也是一个重要方向。VR 和 AR 技术可以将抽象的知识形象化、生动化，使学生能够通过沉浸式的体验更直观地理解和掌握复杂的概念和知识点。这不仅提高了学习的趣味性和参与度，还可以大大增强学生的学习效果。

在教学实践中，人工智能（AI）技术的应用可以极大地提升教学的个性化和智能化水平。AI 技术可以帮助教师分析学生的学习数据，发现他们的学习瓶颈和知识盲点，从而提供有针对性的辅导和建议。智能辅导系统还可以根据学生的学习进度和理解情况，动态调整教学内容和策略，确保每个学生都能获得最适合自己的学习资源。

建设强大的网络基础设施是实现活页式教材管理的重要保障。稳定高速的网络连接不仅能确保教材资源的实时更新和传输，还能支持在线教育和远程教学的顺利进行。特别是在经济欠发达地区，加强网络基础设施建设可以有效缩小教育资源差距，促进教育公平。

在技术应用过程中，数据隐私和安全问题必须得到充分重视。采用先进的数据加密技术和安全协议，确保学生和教师的个人数据在传输和存储过程中不被泄露和篡改。建立健全的网络安全管理机制，及时监测和防范各种网络攻击和安全威胁，保障教材管理系统的安全稳定运行。

通过不断完善技术支持和服务体系，可以提高活页式教材管理的整体效能。设立专业的技术支持团队，提供24小时的在线帮助和技术咨询服务，及时解决用户在使用过程中遇到的问题和困难。定期开展技术培训和使用指导，提高教师和学生对新技术和新工具的使用能力，确保他们能够充分利用活页式教材的各项功能。

为了提升活页式教材的内容质量，开展多方合作与交流也是一种有效策略。教育部门可以与高校、科研机构、教育技术公司等合作，共同开发高质量的教材资源。建立教材内容的审核和评估机制，确保教材内容的科学性、权威性和适用性，为学生提供高质量的学习资源。

推动技术标准化建设，有助于规范活页式教材的开发和管理。制定和推广统一的技术标准和规范，确保不同平台和系统之间的兼容性和互操作性。这不仅可以提高教材资源的共享和利用效率，还能促进技术创新和应用的普及。

在政策层面，政府应制定支持活页式教材管理和应用的政策措施。提供专项资金和技术支持，鼓励和引导学校和教育机构积极采用和推广活页式教材管理系统。加强政策宣传和引导，提高社会各界对活页式教材的认识和重视，为技术应用创造良好的环境和条件。

（一）技术更新与整合

活页式教材管理系统的技术更新与整合是当前教育技术发展的重要方向。数字化技术的不断进步为活页式教材管理提供了坚实的基础。利用先进的数字化转换技术，可以将传统的纸质教材快速、高效地转换为电子版。光学字符识别（OCR）技术的应用，能够准确识别并数字化大量的文本、图片和公式，使教材的内容在电子设备上实现无缝展示和使用。

教材内容的结构化处理是数字化管理的重要环节。通过自然语言处理（NLP）技术，将教材内容按照知识点、章节和主题进行系统化处理，不仅便于教师和学生检索和使用，还能为后续的数据分析和智能推荐提供基础数据支持。结构化的教材内容可以与其他教育资源进行有效整合，形成一个系统的知识网络。

智能推荐系统在活页式教材管理中的应用越来越广泛。通过大数据分析和机器学习算法，智能推荐系统能够根据学生的学习行为和成绩数据，精准推荐个性化的学习内容和教材资源。这样不仅可以提高学生的学习效率和学习兴趣，还能帮助教师更好地了解学生的需求和学习进度，提供有针对性的教学支持。

云计算技术的引入为活页式教材管理提供了强大的存储和计算能力。通过将教材资源存储在云端，教师和学生可以随时随地访问所需的学习内容。云计算平台的高并发处理能力，能够支持大规模的用户同时访问和使用教材资源，确保系统的稳定性和响应速度。云计算技术还支持教材资源的实时更新和同步，保证每一位用户都能及时获取最新的教材内容。

为了提升教材管理的安全性和透明度，区块链技术成为了一个重要的选择。区块链技术的分布式账本和不可篡改性，可以确保教材资源的版权和使用记录得到有效保护，防止非法复制和滥用。区块链技术还可以实现教材分发和使用过程的透明化，所有操作都有迹可循，提高了教材管理的可信度和可靠性。

虚拟现实（VR）和增强现实（AR）技术为教材内容的展示和互动提供了新的可能。利用 VR 和 AR 技术，可以将抽象的知识形象化、生动化，使学生通过沉浸式体验更直观地理解和掌握复杂的概念和知识点。在生物学课程中，学生可以通过 VR 技术观察和探索细胞结构和生物过程，从而大大提高学习的趣味性和效果。

人工智能（AI）技术的应用极大地提升了教材管理和教学的智能化水平。AI 技术可以帮助教师分析学生的学习数据，发现他们的学习瓶颈和知识盲点，从而提供有针对性的辅导和建议。智能辅导系统可以根据学生的学习进度和理解情况，动态调整教学内容和策略，确保每个学生都能获得最适合自己的学习资源和支持。

网络基础设施建设是实现活页式教材管理的基础保障。稳定高速的网络连接不仅能够确保教材资源的实时更新和传输，还能支持在线教育和远程教学的顺利进行。特别是在经济欠发达地区，加强网络基础设施建设可以有效缩小教育资源差距，促进教育公平。利用 5G 技术，可以进一步提升网络传输速度和稳定性，为活页式教材的应用提供更优质的网络环境。

在数据隐私和安全方面，采用先进的数据加密技术和安全协议至关重要。确保学生和教师的个人数据在传输和存储过程中不被泄露和篡改，是教材管理系统运行的关键。建立健全的网络安全管理机制，及时监测和防范各种网络攻击和安全威胁，保障教材管理系统的安全稳定运行，维护用户的信任。

技术支持和服务体系的不断完善，可以显著提高活页式教材管理的整体效能。设立专业的技术支持团队，提供 24 小时的在线帮助和技术咨询服务，及时解决用户在使用过程中遇到的问题和困难。定期开展技术培训和使用指导，提高教师和学生对新技术和新工具的使用能力，确保他们能充分利用活页式教材的各项功能，最大化其教育价值。

多方合作与交流是提升活页式教材内容质量的重要手段。教育部门可以与高校、科研机构、教育技术公司等合作，共同开发高质量的教材资源。建立教材内容的审核和评估机制，确保教材内容的科学性、权威性和适用性，为学生提供高质量的学习资源。通过合作与交流，可以实现教育资源的共享和优化，促进教材内容的不断丰富和完善。

推动技术标准化建设，有助于规范活页式教材的开发和管理。制定和推广统一的技术标准和规范，确保不同平台和系统之间的兼容性和互操作性。这不仅可以提高教材资源的共享和利用效率，还能促进技术创新和应用的普及。技术标准化建设是实现教育信息化和智能化的重要保障。

在政策层面，政府应制定支持活页式教材管理和应用的政策措施。提供专项资金和技术支持，鼓励和引导学校和教育机构积极采用和推广活页式教材管理系统。加强政策宣传和引导，提高社会各界对活页式教材的认识和重视，为技术应用创造良好的环境和条件。政策的支持和引导，是活页式教材管理系统成功应用的重要保障。

社会和家庭的参与在活页式教材管理中也不可忽视。家长和社区可以通过参与教材的选择和评估，提供宝贵的反馈和建议，帮助活页式教材更好地适应学生的需求。社会各界的支持和参与，可以为活页式教材的开发和应用提供更多资源和帮助，促进教育资源的共享和优化，推动教育质量的提升。

（二）信息安全管理

活页式教材管理系统的技术应对策略中，信息安全管理是一个至关重要的环节。当前，随着教育信息化的不断推进，保护教材管理系统中的信息安全变得愈发重要。构建坚固的信息安全架构是保障系统安全的基础。通过分层安全防护体系，可以在系统的各个层面实施安全防护措施，确保从网络入口到数据存储的全方位安全保护。

在数据传输过程中，采用加密技术可以有效防止信息被窃取和篡改。传输层安全协议（TLS）和安全套接字层（SSL）是两种常用的加密技术，能够对数据传输进行加密，确保数据在传输过程中不被非法截取和篡改。使用虚拟专用网络（VPN）技术，可以为远程访问提供安全的通信通道，进一步保障数据的传输安全。

数据存储的安全性同样需要高度重视。使用先进的加密算法对存储的数据进行加密处理，可以防止数据在存储介质上被非法访问和盗取。常见的加密算法如 AES(高级加密标准)和 RSA(公钥加密算法)，能够提供强大的数据保护能力。采用分布式存储技术，可以将数据分散存储在多个节点上，避免单点故障和数据集中带来的安全风险。

为了防范恶意软件和病毒的侵害，活页式教材管理系统需要部署完善的防病毒和防恶意软件措施。定期更新防病毒软件和恶意软件库，及时检测和清除潜在的安全威胁。启用实时监控和行为分析技术，可以识别和阻止异常行为和潜在的攻击活动，保障系统的安全运行。

访问控制是信息安全管理的重要组成部分。通过设置严格的访问权限，可以确保只有授权用户才能访问和操作教材管理系统中的敏感数据和资源。采用基于角色的访问控制（RBAC）模型，可以根据用户的角色和职责分配相应的权限，确保不同用户只能访问与其工作相关的资源，防止未经授权的访问和操作。

用户身份验证是保障系统安全的关键环节。使用多因素身份验证（MFA）技术，可以显著提高用户身份验证的安全性。多因素身份验证通常包括密码、短信验证码、生物识别（如指纹、面部识别）等多种验证方式，只有通过所有验证的用户才能获得系统访问权限。这种多层次的验证机制可以有效防止密码泄露和账户被盗用的风险。

日志记录和审计是信息安全管理的重要手段。通过记录系统的各种操作日志，可以对用户的操作行为进行追踪和审计，及时发现和处理异常行为和潜在的安全威胁。定期审计系统日志，可以帮助管理人员了解系统的运行状态和安全状况，及时采取措施应对可能的安全隐患。

定期进行安全评估和漏洞扫描，可以帮助发现系统中的安全漏洞和隐患。采用专业的安全评估工具和技术，定期对系统进行全面的安全检查和漏洞扫描，及时修补和消除发现的安全漏洞。建立安全应急响应机制，可以在发生安全事件时迅速响应和处理，最大限度地减少安全事件带来的损失和影响。

教育和培训是提升信息安全意识和技能的有效途径。通过定期开展信息安全培训，可以提高教师和学生的信息安全意识，增强他们对安全威胁的防范能力。制定和宣传信息安全政策和规范，明确用户在使用系统时的安全责任和行为规范，促进安全意识的普及和落实。

信息安全技术的不断发展，为活页式教材管理系统的安全防护提供了更多选择。采用人工智能（AI）和机器学习技术，可以实现智能化的安全威胁检测和响应。通过对系统运行数据和用户行为数据的分析，AI技术可以识别出潜在的安全威胁和异常行为，提供实时的安全预警和防护措施。

在信息安全管理过程中，法规和标准的遵循至关重要。各国和地区对信息安全都有相应的法律法规和标准要求，教育机构应严格遵循相关法规和标准，确保系统的安全管理符合法律要求。遵循《通用数据保护条例》（GDPR）和《网络安全法》等法规，确保数据处理和保护符合规定，保障用户的隐私和数据安全。

与专业的安全服务机构合作，可以为信息安全管理提供有力支持。通过与专业安全服务机构的合作，学校和教育机构可以获得最新的安全技术和服务支持，定期进行安全评估和改进，提升系统的整体安全防护能力。专业机构的技术和经验，可以帮助教育机构更好地应对复杂多变的安全威胁。

信息安全管理是一个持续不断的过程，需要不断更新和完善。随着技术的发展和安全威胁的演变，信息安全管理策略也需要不断调整和优化。通过持续的技术更新和管理优化，教育机构可以始终保持系统的高水平安全防护能力，确保活页式教材管理系统的安全、稳定运行。

1. 数据加密

活页式教材管理系统的技术应对策略中，数据加密是保障信息安全的重要手段。理解数据加密的基本原理对于设计和实现安全的教材管理系统至关重要。数据加密是通过特定的算法将明文数据转换为密文数据，只有拥有解密密钥的授权用户才能恢复原始信息。这种机制可以有效防止未经授权的访问和数据泄露，保护教材内容的机密性和完整性。

在活页式教材管理系统中，传输数据的安全性是关键问题之一。利用传输层安全协议（TLS）可以为数据传输提供加密保护，确保数据在客户端和服务器之间传输过程中不被截取和篡改。TLS 协议不仅加密了传输的数据，还验证了通信双方的身份，防止中间人攻击（Man-in-the-Middle Attack）。通过强制使用 HTTPS 协议，可以进一步提升系统的传输安全性。

数据存储的加密同样至关重要。采用高级加密标准（AES）等强加密算法对存储的数据进行加密处理，可以有效防止数据在存储介质上被非法访问和盗取。AES 是一种对称加密算法，具有高效、安全的特点，广泛应用于各类数据保护场景。加密后的数据即使被盗取，也难以在没有密钥的情况下解密，从而保护了数据的机密性。

密钥管理是数据加密的重要环节。通过采用密钥管理系统（KMS），可以实现密钥的安全生成、存储、分发和销毁。KMS 能够提供密钥的自动化管理和生命周期管理，确保密钥的安全性和可用性。使用硬件安全模块（HSM）来存储和保护密钥，可以进一步提升密钥管理的安全级别。HSM 是一种专用的加密处理器，能够提供强大的物理和逻辑安全保护。

在活页式教材管理系统中，数据的访问控制和加密相结合，可以实现更高的安全性。基于角色的访问控制（RBAC）模型能够根据用户的角色和职责分配访问权限，确保只有授权用户才能访问特定的数据。结合数据加密技术，可以对不同级别的用户设置不同的加密策略，进一步细化数据访问控制，保护敏感信息。

数据库加密是保护系统中大规模数据安全的重要手段。通过全数据库加密（TDE），可以对整个数据库进行加密保护，而无需对应用程序进行大幅修改。TDE 在数据库层对数据进行透明加密，既能保护数据的安全性，又不会影响数据库的性能。应用程序层加密（ALE）可以对特定的敏感数据进行加密处理，提供更加灵活的安全策略。

日志数据的安全同样需要加密保护。系统的操作日志记录了用户的访问和操作行为，是进行安全审计和追踪的重要依据。通过对日志数据进行加密，可以防止日志被篡改和非法访问，确保审计数据的真实性和完整性。日志数据加密还可以保护用户隐私，防止敏感信息泄露。

数据备份和恢复的安全也是数据加密的重要应用场景。在进行数据备份时，使用加密技术对备份数据进行加密处理，可以防止备份数据在存储和传输过程中被非法访问和盗取。通过制定完善的数据备份和恢复策略，可以确保在数据丢失或损坏时能够安全、快速地恢复数据，保障系统的连续性和稳定性。

为了实现数据加密的有效管理，教育机构需要制定和实施全面的数据加密策略。包括确定需要加密的数据范围、选择合适的加密算法和密钥管理方案、定期审查和更新加密策略等。通过科学合理的数据加密策略，可以在保障数据安全的优化系统的性能和可用性。

加密技术的不断发展为活页式教材管理系统提供了更多的安全选择。量子加密技术作为一种前沿技术，利用量子力学的基本原理，可以实现几乎不可破解的加密保护。虽然量子加密技术尚未普及，但其未来的发展前景为教育信息安全提供了新的可能性。

在实际应用中，数据加密需要与其他安全措施相结合，形成多层次的安全防护体系。除了加密技术，还需要结合身份验证、访问控制、网络安全、防病毒和防恶意软件等措施，全面保障活页式教材管理系统的安全性。通过多层次的安全防护，可以有效应对各种复杂的安全威胁和攻击，保护系统的安全和稳定。

教育和培训是提升数据加密应用能力的重要途径。通过定期开展信息安全培训，提高教师和学生对数据加密技术的理解和应用能力，可以增强他们的安全意识和防护能力。制定和宣传数据加密相关的政策和规范，明确数据加密在信息保护中的重要作用，促进加密技术的普及和应用。

与专业安全机构合作，可以为数据加密技术的应用提供有力支持。通过与安全服务提供商的合作，教育机构可以获得最新的加密技术和解决方案，定期进行安全评估和优化，提升系统的整体安全防护能力。专业机构的技术和经验，可以帮助教育机构更好地应对复杂多变的安全威胁。

信息安全法规和标准的遵循对数据加密技术的应用提出了明确要求。各国和地区对信息安全有相应的法律法规和标准，教育机构应严格遵循相关法规和标准，确保系统的安全管理符合法律要求。遵循《通用数据保护条例》（GDPR）和《网络安全法》等法规，确保数据加密的实施符合规定，保障用户的隐私和数据安全。

2. 版权保护

活页式教材管理的技术应对策略中，版权保护是一个至关重要的方面。数字水印技术可以有效防止教材内容的非法复制和传播。通过在教材内容中嵌入难以察觉的数字水印信息，如作者姓名、版权声明等，可以在不影响阅读体验的情况下标识版权信息。这种技术不仅可以识别盗版行为，还可以追踪和定位非法传播的源头。

数字版权管理（DRM）系统是保护电子教材版权的重要工具。DRM技术可以对数字内容进行加密和控制，确保只有授权用户才能访问和使用教材内容。通过设定访问权限和使用期限，DRM系统可以限制教材的复制、打印和分享行为，有效防止教材内容的非法分发和滥用。DRM系统还可以记录用户的访问和使用情况，便于版权保护的监控和管理。

区块链技术在版权保护中的应用越来越广泛。区块链的分布式账本和不可篡改性可以为教材的版权登记和管理提供强有力的支持。通过将教材的版权信息记录在区块链上，可以实现版权的永久存证和透明管理。每一次版权交易和使用记录都可以被完整记录和追踪，确保版权的合法性和透明度，防止版权纠纷和侵权行为的发生。

为了防止教材内容被未经授权转载和使用，教材发布平台需要实施严格的访问控制和认证机制。采用多因素身份验证（MFA）技术，可以显著提高用户身份验证的安全性。通过结合密码、生物识别、短信验证码等多种验证方式，可以确保只有经过严格认证的用户才能访问和使用教材内容。这种多层次的验证机制可以有效防止账户被盗用和非法访问，保护教材版权。

数字签名技术也是保护教材版权的有效手段。通过对教材内容进行数字签名，可以验证内容的完整性和来源的真实性，确保教材内容在传输和使用过程中未被篡改和伪造。数字签名技术基于公钥加密算法，可以提供强大的安全保护，确保教材的版权信息和内容的一致性。

为保护电子教材的版权，使用加密技术对教材内容进行加密处理也是必不可少的。通过高级加密标准（AES）等强加密算法，可以将教材内容进行加密，确保只有授权用户才能解密和阅读。这种技术可以有效防止教材内容在存储和传输过程中被非法访问和盗取，保护教材的版权和机密性。

在教材的传播和使用过程中，使用防盗版技术可以进一步保护版权。防盗版技术包括硬件锁、软件保护等多种手段，可以限制教材的复制和传播。使用硬件加密狗可以在物理层面上限制教材的访问，只有插入加密狗的设备才能访问教材内容。软件保护技术可以通过代码混淆、反调试等手段防止教材被逆向工程和破解。

为了提高版权保护的效果，教育机构可以与专业的版权保护机构合作。专业机构可以提供全面的版权保护方案和技术支持，帮助教育机构实现教材版权的有效管理和保护。通过与版权保护机构的合作，教育机构可以获得最新的版权保护技术和解决方案，提升教材版权保护的整体水平。

政策和法律法规的支持对版权保护至关重要。各国和地区对版权保护有相应的法律法规，教育机构应严格遵循相关法规，确保教材的版权保护符合法律要求。遵循《中华人民共和国著作权法》和《数字千年版权法案》（DMCA）等法规，确保教材的版权保护措施合法合规。政策和法规的支持可以为版权保护提供强有力的法律保障，促进版权保护的有效实施。

教育和培训在版权保护中的作用不可忽视。通过定期开展版权保护教育和培训，可以提高教师和学生的版权意识，增强他们对版权保护的重视和理解。制定和宣传版权保护政策和规范，明确用户在使用教材时的版权责任和行为规范，促进版权保护意识的普及和落实。通过教育和培训，可以营造尊重版权、保护版权的良好氛围。

技术标准的制定和推广有助于规范版权保护的实施。通过制定统一的版权保护技术标准，可以确保不同平台和系统之间的兼容性和互操作性，提高版权保护的效率和效果。技术标准的推广可以促进版权保护技术的普及和应用，推动版权保护的标准化和规范化发展。

随着人工智能（AI）技术的发展，智能版权保护技术也逐渐成为保护教材版权的新趋势。通过机器学习和深度学习算法，可以对教材的使用行为进行智能分析和监控，识别和预防潜在的版权侵权行为。AI技术可以自动化处理大量的版权数据，提供实时的版权保护预警和响应，有效提升版权保护的智能化水平。

数据分析技术在版权保护中的应用可以提供有力的支持。通过对用户行为数据和使用数据的分析，可以发现异常使用行为和潜在的侵权行为，及时采取措施应对和处理。数据分析技术可以为版权保护提供科学的决策依据和技术支持，提升版权保护的效果和效率。

在教材的版权保护中，用户体验的平衡也是一个需要关注的问题。通过设计合理的版权保护措施，既要确保教材版权的有效保护，又要避免过度保护对用户体验造成的不良影响。在实现版权保护的提供便捷的访问和使用方式，提高用户的满意度和使用体验。用户体验的平衡可以促进版权保护措施的顺利实施，增强用户对版权保护的认同和支持。

版权保护不仅是技术问题，更是管理和制度的问题。通过建立完善的版权保护管理机制，可以实现对教材版权的全面管理和保护。包括版权登记、使用授权、侵权处理等多个环节，通过规范化、制度化的管理措施，可以保障教材版权的合法权益。管理和制度的完善可以为版权保护提供有力的支撑和保障。

二、活页式教材管理的应对措施

活页式教材管理系统需要采取一系列应对措施来应对各种挑战和问题。建立完善的用户需求调研机制至关重要。通过定期开展用户需求调研，收集用户的反馈和意见，了解他们的需求和期望，可以及时调整和优化系统功能和服务，提高用户满意度和使用体验。用户需求调研可以采用多种方式，包括在线问卷调查、用户反馈意见收集、用户体验测试等，确保系统能够及时满足用户的需求。

通过建立严格的内容审核机制，对教材内容进行审核和评估，确保内容的准确性、权威性和合法性。内容审核可以包括人工审核和自动审核两种方式，人工审核可以对教材内容进行深入的专业评估，而自动审核可以通过算法和技术手段对教材内容进行快速检测和筛选，提高审核效率和准确性。

建立版权保护机制，加强对教材内容的版权管理和维护，保护教材作者的合法权益。版权保护包括数字版权管理、数字水印技术、区块链技术等多种手段，通过这些手段可以对教材内容进行加密、标识和追踪，防止教材内容的非法复制和传播，保障版权的合法权益。

建立访问控制和使用监控机制，对用户的访问和使用行为进行监控和记录，及时发现和处理违规行为，保障教材内容的安全和合法使用。监控机制可以包括日志记录、行为分析、异常检测等多种技术手段，通过这些手段可以全面了解用户的行为和操作，及时发现潜在的安全隐患和风险。

通过建立完善的安全防护体系，包括网络安全、数据安全、身份认证等多个方面，保障系统的安全运行和数据的安全性。安全防护体系可以包括防火墙、入侵检测系统、数据加密、访问控制等多种技术手段，通过这些手段可以防止系统遭受网络攻击、数据泄露、非法访问等安全威胁，保障系统的稳定性和安全性。

通过建立专业的技术支持团队，提供全天候的技术支持和服务保障，及时解决用户的技术问题和困扰，确保系统能够稳定运行和及时响应用户的需求。技术支持团队可以提供在线帮助、电话咨询、远程支持等多种服务方式，为用户提供全面、及时的技术支持和服务保障。

通过不断改进和优化系统功能和服务，提高系统的性能和用户体验，保持系统的竞争优势和市场地位。持续改进可以采用敏捷开发、用户反馈、市场调研等多种方式，及时了解用户的需求和市场变化，及时调整和优化系统，保持系统的持续发展和创新能力。

（一）质量优先

在活页式教材管理系统中，质量优先是保障系统健康发展和用户满意的重要原则之一。建立健全的质量管理体系至关重要。通过建立质量管理制度、流程和标准，确保教材内容的准确性、权威性和可信度。质量管理体系应包括内容审核、版权保护、用户反馈处理等多个环节，通过这些环节的协同作用，提高教材管理系统的整体质量水平。

注重教材内容的精细化和个性化。通过采用先进的教育技术和教学方法，设计和制作高质量的教材内容，满足不同用户的学习需求和学习习惯。教材内容可以根据用户的年龄、学科、学习目标等因素进行个性化定制，提供丰富多样的学习资源和学习体验，提高用户的学习效果和学习动力。

加强对教材内容的审核和评估。建立专业的内容审核团队，对教材内容进行严格的审核和评估，确保内容的准确性、权威性和合法性。审核内容涉及文字、图片、视频等多种形式，需要采用多种技术手段和方法，包括人工审核、自动审核、专家评估等，确保教材内容的质量和可靠性。

重视教材的视觉和交互设计。通过采用优秀的设计师和技术团队，设计和制作符合用户审美和操作习惯的教材界面和交互方式，提高用户的使用体验和满意度。视觉设计包括教材的页面布局、色彩搭配、图文排版等方面，交互设计包括用户界面设计、操作流程设计、反馈机制设计等方面，通过这些设计，提高用户的学习兴趣和体验感。

加强对用户反馈的收集和处理。建立完善的用户反馈机制，及时收集用户的意见和建议，针对性地改进和优化系统功能和服务，提高用户的满意度和忠诚度。用户反馈可以通过在线问卷调查、用户评价、客服沟通等多种方式进行收集，通过这些反馈，了解用户的需求和期望，及时调整和改进系统，提高系统的质量和用户体验。

加强对教材使用情况的监测和分析。建立完善的数据分析系统，对教材的使用情况进行实时监测和分析，了解用户的学习行为和学习习惯，发现和解决潜在的问题和障碍，提高教材的使用效率和效果。数据分析可以涉及用户访问数据、学习行为数据、教材评价数据等多个方面，通过这些数据的分析，优化系统功能和服务，提高教材的质量和使用效果。

加强对系统运行状态的监控和维护。建立专业的运维团队，负责系统的日常监控和维护，及时发现和解决系统故障和问题，确保系统的稳定运行和服务质量。运维团队可以采用监控系统、报警机制、故障排查等多种手段，保障系统的高可用性和高可靠性，提高用户的满意度和信赖度。

（二）服务优化

活页式教材管理系统需要不断优化服务，以提升用户体验和系统效率。建立用户服务中心是关键一步。用户服务中心可提供多种服务，包括用户咨询、技术支持、投诉处理等，为用户提供全方位的服务支持。用户服务中心可以通过电话、邮件、在线聊天等多种方式进行沟通，确保用户能够及时获得帮助和解决问题。

建立在线帮助平台是优化服务的重要途径。在线帮助平台可提供用户使用指南、常见问题解答、操作视频等多种资源，帮助用户快速解决问题和掌握系统使用技巧。在线帮助平台应设计简洁清晰的界面，方便用户浏览和搜索相关信息，提高用户的自助服务体验。

注重用户体验设计是优化服务的关键。通过优化用户界面设计、交互流程设计、反馈机制设计等，提高用户的使用体验和满意度。用户体验设计应关注用户的需求和行为习惯，简化操作步骤、减少用户学习成本，提高用户的操作效率和舒适度。

完善的用户反馈机制可及时收集用户的意见和建议，根据用户反馈及时调整和优化系统功能和服务，提高用户的满意度和忠诚度。用户反馈可以通过在线反馈表、意见建议箱、用户评价等多种形式进行收集，通过这些反馈，了解用户需求和期望，及时改进服务质量和用户体验。

通过定期开展用户需求调研，了解用户的需求和偏好，及时调整和优化系统功能和服务，提高用户的满意度和忠诚度。用户需求调研可以采用在线问卷调查、用户访谈、焦点小组讨论等多种方式进行，通过这些调研，深入了解用户需求和期望，指导系统优化和改进。

建立专业的运维团队，负责系统的日常监控和维护，及时发现和解决系统故障和问题，确保系统的稳定运行和服务质量。运维团队应采用监控系统、报警机制、故障排查等多种手段，提高系统的可用性和可靠性，保障用户的正常使用和满意度。

(三)多样化内容

活页式教材管理系统应对措施的多样化内容是确保系统能够灵活应对各种挑战和问题的重要保证。多样化的教材内容是关键之一。系统应提供丰富多样的教材资源，涵盖各个学科领域、不同年龄段和学习水平的用户需求。这包括教科书、参考书、练习题、案例分析等多种形式的教材内容，以满足用户多样化的学习需求和兴趣爱好。

系统应提供多种教学方法和学习策略，包括直播教学、录播课程、在线讨论、个性化学习路径等，以满足不同用户的学习需求和学习风格。通过采用多种教学方法和策略，系统可以提供更加灵活和个性化的学习体验，提高用户的学习效果和学习动力。

除了传统的教材内容外，系统还应提供丰富多样的学习资源和工具，如视频教程、互动课件、在线练习、虚拟实验等，以丰富用户的学习体验和提高学习效果。这些学习资源和工具可以满足用户不同的学习需求和学习方式，提供更加丰富和多样化的学习体验。

系统应提供多种用户支持和服务渠道，包括在线咨询、电话服务、邮件支持、社交媒体等，以方便用户随时随地获取帮助和解决问题。系统还应提供个性化的用户服务，根据用户的需求和偏好，提供定制化的学习建议和服务方案，提高用户的满意度和忠诚度。

多样化的技术支持和保障也是优化系统的重要途径。系统应采用多种先进的技术手段和工具，确保系统的稳定运行和安全性能。这包括网络安全技术、数据加密技术、自动化运维技术等，以保障系统的安全可靠和高效运行。系统还应建立灵活可靠的备份和恢复机制，以应对突发事件和数据丢失风险，确保用户数据和学习进度的安全性和可靠性。

系统应与教育机构、出版机构、教育科技公司等多方合作，共享资源和优势，共同推动系统的发展和完善。通过与合作伙伴的合作，系统可以获取更多的教材资源、教学内容和技术支持，提高系统的服务质量和用户满意度。

第三节 活页式教材管理的风险管理与应急预案

一、活页式教材管理的风险管理

(一)识别与评估风险

在活页式教材管理中，识别与评估风险是确保系统安全稳定运行的重要环节。关注内容质量风险是必要的。教材内容的准确性、权威性和合法性直接影响用户学习效果和系统信誉。需要建立内容审核机制，确保教材内容经过严格审核和评估，防止虚假信息、误导性内容或侵权问题的出现，保障用户权益和系统声誉。

技术安全风险是需要重视的。活页式教材管理系统涉及大量用户数据和敏感信息，如学习记录、个人资料等，因此面临着数据泄露、网络攻击等技术安全风险。为了应对这些风险，系统应采用先进的网络安全技术，建立健全的数据加密和访问控制机制，加强系统的防火墙和入侵检测系统，确保用户数据的安全性和系统的稳定运行。

版权侵权风险是需要警惕的。教材内容涉及版权保护问题，如果未经授权或超出授权范围使用他人作品，可能会引发版权侵权风险，给系统和用户带来法律纠纷和经济损失。系统应建立完善的版权管理机制，确保教材内容的合法性和合规性，遵循版权法律法规，保护教材作者的合法权益，避免版权风险的发生。

用户安全风险是需要关注的。用户在使用活页式教材管理系统时，可能会受到网络诈骗、个人信息泄露等安全风险的威胁，影响用户的学习体验和信任度。为了防范这些风险，系统应加强用户身份认证和访问控制，提高用户账号和密码的安全性，加强对用户行为的监控和分析，及时发现和处理异常行为，保障用户的安全和隐私。

技术故障风险是需要重视的。活页式教材管理系统涉及大量的技术设备和软件系统，可能会出现硬件故障、软件漏洞等技术问题，影响系统的正常运行和用户的学习体验。为了应对这些风险，系统应建立健全的技术支持和维护机制，提高系统的稳定性和可靠性，及时发现和解决技术故障，保障系统的正常运行。

市场竞争风险是需要警惕的。活页式教材管理系统面临着激烈的市场竞争，随时可能受到来自竞争对手的挑战和压力，影响系统的市场地位和用户份额。为了降低市场竞争风险，系统应建立灵活多样的营销策略，提高产品的竞争力和吸引力，不断创新和优化服务，满足用户的需求和期望，保持市场的竞争优势和领先地位。

1. 技术风险

活页式教材管理系统面临各种技术风险，需要采取有效措施应对。网络安全风险是其中之一。随着活页式教材管理系统的普及和应用，网络攻击的风险也在增加。黑客可能会利用系统漏洞进行网络攻击，导致用户数据泄露或系统瘫痪。为应对这一风险，系统应加强网络安全防护，包括建立防火墙、加密通信、安全认证等措施，确保系统网络的安全可靠。

数据安全风险是需要重视的。活页式教材管理系统涉及大量用户数据和敏感信息，如学习记录、个人资料等，一旦泄露或被篡改，将对用户造成严重影响。为了降低数据安全风险，系统应采用数据加密技术，对用户数据进行加密存储和传输，建立严格的权限控制和访问控制机制，确保用户数据的安全性和保密性。

技术漏洞风险是需要警惕的。活页式教材管理系统可能存在各种技术漏洞，如软件漏洞、系统漏洞等，一旦被恶意利用，将给系统带来严重危害。为了防范技术漏洞风险，系统应定期进行安全漏洞扫描和漏洞修补，及时更新系统补丁和安全补丁，提高系统的抗攻击能力和稳定性。

数据丢失风险也是需要考虑的。活页式教材管理系统中的大量数据可能会因为系统故障、人为操作失误或意外事件等原因导致数据丢失，给系统和用户带来损失和困扰。为了降低数据丢失风险，系统应建立完善的数据备份和恢复机制，定期进行数据备份和归档，确保数据的安全性和可靠性，降低数据丢失的风险。

系统兼容性风险也是需要重视的。活页式教材管理系统可能需要与其他系统或设备进行数据交互或接口对接，如果系统兼容性不佳，可能会导致数据传输失败或系统崩溃等问题。为了降低兼容性风险，系统应在设计和开发阶段就考虑到系统的兼容性要求，确保系统能够与各种不同平台和设备进行良好的兼容，提高系统的稳定性和可靠性。

系统性能风险也需要考虑。随着用户量的增加和系统功能的扩展，系统可能会出现性能瓶颈或系统崩溃等问题，影响系统的正常运行和用户体验。为了降低系统性能风险，系统应采用合适的技术架构和数据库设计，优化系统性能和响应速度，提高系统的稳定性和可用性。

2. 法律风险

活页式教材管理系统在运营过程中可能会面临各种法律风险，因此有必要采取相应措施来降低这些风险。版权侵权是其中之一。教材内容涉及版权问题，若未经授权或超出授权范围使用他人作品，可能引发版权纠纷，导致法律诉讼和经济损失。为了降低版权侵权风险，系统应建立严格的版权管理机制，确保教材内容的合法来源和使用权，遵循版权法律法规，保护版权人的合法权益。

个人信息保护是需要关注的法律风险。活页式教材管理系统涉及大量用户个人信息的收集、存储和处理，如学习记录、个人资料等，若个人信息泄露或滥用，可能触犯相关隐私保护法律，给系统和用户带来法律责任和信任危机。为了降低个人信息泄露风险，系统应建立严格的个人信息保护制度，加强对用户个人信息的安全管理和访问控制，确保个人信息的安全性和保密性，合规处理用户个人信息。

违规内容是需要警惕的法律风险。活页式教材管理系统中可能存在违反法律法规或道德规范的内容，如色情信息、暴力内容、虚假广告等，若系统未能及时发现和处理这些违规内容，可能引发法律责任和公众质疑。为了降低违规内容风险，系统应建立内容审核机制，加强对教材内容的监管和管理，及时发现和处理违规内容，保障系统的合法合规运营。

知识产权纠纷是需要重视的法律风险。活页式教材管理系统可能涉及知识产权的许可、转让、侵权等问题，如专利技术、商标权、商业秘密等，若未能妥善处理知识产权问题，可能引发知识产权纠纷，给系统和用户带来法律风险和经济损失。为了降低知识产权纠纷风险，系统应建立知识产权管理制度，明确知识产权的归属和使用权限，与相关权利人进行合作和协商，确保系统的合法运营和知识产权安全。

网络安全法律风险也是需要考虑的。随着网络安全法律法规的不断完善和加强，活页式教材管理系统可能需要遵守各种网络安全法规，如网络安全法、个人信息保护法等，若系统未能合规运营，可能面临法律追责和行政处罚。为了降低网络安全法律风险，系统应加强对网络安全法规的学习和了解，建立完善的网络安全管理制度，确保系统的合规运营和用户数据的安全性。

（二）制定风险管理策略

活页式教材管理系统的风险管理策略至关重要，可以确保系统的安全稳定运行。制定完善的风险管理政策是关键。系统应建立健全的风险管理体系，包括明确风险管理的责任部门和人员、制定风险管理的政策和流程、建立风险评估和监控机制等，确保风险管理工作的有效开展和持续改进。

进行全面的风险评估是必要的。系统应对各个方面的风险进行全面评估，包括技术风险、法律风险、市场风险等，分析风险的可能性和影响程度，确定优先处理的重点风险，为制定针对性的风险管理策略提供依据。

建立严格的风险监控机制是关键。系统应建立实时监控和预警机制，对系统运行中可能出现的风险进行监测和识别，及时发现和预警风险事件，采取相应措施进行应对和处理，防止风险事件扩大化和蔓延，保障系统的安全稳定运行。

加强风险防范措施也是重要的。系统应采取多层次、多方面的风险防范措施，包括技术防范、制度防范、管理防范等，全面提高系统的抗风险能力。加强网络安全技术，建立严格的数据访问控制和权限管理机制，提高系统的抗攻击能力和安全性。

建立灵活的应急响应机制是必要的。系统应建立健全的应急响应预案，明确风险事件的应对流程和责任人员，建立应急响应小组，及时响应和处理各类突发风险事件，降低风险事件对系统和用户的影响，保障系统的稳定运行。

加强风险管理的持续改进也是重要的。系统应定期评估和审查风险管理工作的效果和进展，发现问题和不足之处，及时调整和改进风险管理策略和措施，提高风险管理的有效性和适应性，确保系统风险管理工作的持续健康发展。

1. 技术防护措施

活页式教材管理系统的技术防护措施是确保系统安全稳定运行的重要保障。加强网络安全是关键。系统应采用先进的网络安全技术，建立完善的网络安全防护体系，包括防火墙、入侵检测系统、反恶意软件系统等，防止网络攻击和恶意入侵，保障系统的网络安全。

加强身份认证和访问控制是重要的。系统应采用多因素身份认证技术，如密码、指纹、人脸识别等，确保用户身份的真实性和合法性，防止非法用户的入侵和篡改。建立严格的访问控制机制，对用户的访问权限进行细致管理，只允许授权用户访问敏感数据和系统功能，防止未经授权的访问和操作。

加强数据加密是必要的。系统应采用强大的数据加密技术，对用户数据和敏感信息进行加密存储和传输，确保数据在传输和存储过程中的安全性和保密性，防止数据被窃取或篡改，保护用户的隐私和权益。

加强漏洞修补和安全更新也是重要的。系统应定期对系统软件和应用程序进行漏洞扫描和安全评估，及时发现和修补存在的安全漏洞和弱点，保障系统的安全性和稳定性。定期更新系统的安全补丁和软件版本，确保系统能够及时应对新的安全威胁和攻击，提高系统的抗攻击能力和安全性。

加强日志记录和监控也是重要的。系统应建立完善的日志记录和监控系统，对系统的操作和访问行为进行实时监控和记录，及时发现和警示异常行为和安全事件，加强对系统的安全监管和管理，保障系统的安全稳定运行。

加强安全培训和意识提升也是必要的。系统管理人员和用户应接受安全培训，了解安全政策和操作规程，提高安全意识和自我防范能力，减少安全风险和事故的发生。加强对用户的安全教育和培训，提高用户的安全意识和自我保护能力，共同维护系统的安全稳定运行。

2. 法律合规措施

活页式教材管理在现代教育体系中占有重要地位，确保其合法合规至关重要。从法律法规、版权保护、信息安全、环保要求、学生权益、教师责任以及政府监督等方面详细探讨活页式教材管理的法律合规措施。

遵守国家和地方的教育法律法规是活页式教材管理的基本要求。教育部门发布的相关法律法规和政策文件明确了教材编写、出版、使用和管理的规范。在编写和出版活页式教材时，教育机构和出版单位必须严格按照这些规定执行，以保证教材内容的准确性和权威性。

版权保护是活页式教材管理中的一个重要环节。活页式教材涉及大量的图书、文章和多媒体内容，这些内容的使用必须遵守《中华人民共和国著作权法》等相关法律。教育机构和出版单位在使用他人作品时，必须获得合法授权，并支付相应的费用，以避免侵犯著作权。

信息安全也是活页式教材管理中需要关注的一个方面。随着互联网技术的发展，活页式教材的数字化和在线发布变得越来越普遍。为了保护学生和教师的个人信息不被泄露，教育机构和出版单位应当采取有效的信息安全措施，如数据加密、访问控制等。

环保要求在活页式教材管理中也不可忽视。活页式教材通常由纸张印刷而成，在其生产和使用过程中会产生一定的环境影响。教育机构和出版单位应当尽量采用环保材料和工艺，减少纸张的浪费，并鼓励教材的循环利用，以降低对环境的影响。

维护学生权益是活页式教材管理的重要目标之一。学生作为教材的主要使用者，其权益必须得到充分保障。教育机构应当确保教材的内容符合学生的年龄和认知水平，并且不得包含任何有害信息。教材的定价应当合理，避免给学生家庭带来过重的经济负担。

教师在活页式教材管理中也承担着重要责任。教师是教材的直接使用者，其教学行为直接影响到学生的学习效果。教育机构应当对教师进行必要的培训，使其能够正确使用活页式教材。教师在使用教材过程中应当尊重知识产权，避免未经授权的复制和传播。

政府部门对活页式教材的管理和监督也至关重要。政府部门应当制定并实施相关政策法规，加强对教材编写、出版和使用过程的监督检查，确保教材质量和安全。政府还应当建立投诉和举报机制，方便学生和家长反映问题，保障其合法权益。

（三）风险监控与反馈机制

明确识别活页式教材管理中的潜在风险是构建风险监控机制的第一步。这些风险包括内容质量不高、版权纠纷、信息泄露、环保问题等。通过对这些风险的全面分析，教育机构可以制定有针对性的防范措施，确保教材管理的顺利进行。

建立完善的监控机制是防范风险的重要手段。教育机构应当设置专门的风险管理部门，负责对活页式教材的编写、出版、发行和使用过程进行全程监控。该部门应当定期进行风险评估，并根据评估结果采取相应的应对措施。

设计科学的反馈流程是提升风险管理效果的关键。教育机构应当建立畅通的反馈渠道，方便教师、学生和家长反映使用中遇到的问题。这些反馈信息应当及时收集并分类整理，以便迅速采取纠正措施。反馈流程应当透明，确保各方了解问题处理的进展和结果。

利用现代技术手段可以显著提高风险监控和反馈的效率。信息化系统可以实现对教材使用情况的实时监控，及时发现和处理潜在风险。通过大数据分析，可以识别出教材内容中的不当信息，并自动生成风险报告。这样的技术手段能够大大提高风险管理的精准度和及时性。

定期对相关人员进行培训和教育是风险防范的重要环节。教育机构应当组织教师、编辑、出版人员等定期参加风险管理培训，提升其风险识别和处理能力。通过案例分析和模拟演练，使相关人员能够在实际工作中有效应对各种风险。

法律保障也是活页式教材管理风险监控与反馈机制的重要组成部分。教育机构应当在法律框架内进行风险管理，确保各项措施符合法律要求。应当积极争取政府部门的支持，通过立法和政策引导，推动活页式教材管理的规范化和制度化。

借鉴国际经验可以为活页式教材管理提供有益的参考。许多国家在教材管理方面积累了丰富的经验，教育机构可以通过国际交流和合作，学习和引进先进的风险管理理念和技术。欧美国家在教材版权保护和信息安全管理方面有着严格的制度，这些经验值得我们借鉴。

1. 实时监控系统

活页式教材管理在现代教育中越来越受到重视，其实时监控系统的建设至关重要。为了确保教材质量和管理效率，建立一个高效的实时监控系统是必要的。本文将从系统设计、数据采集、监控指标、技术架构、安全保障、用户培训、反馈机制以及未来发展等方面详细探讨活页式教材管理的实时监控系统。

设计一个科学合理的系统框架是构建实时监控系统的基础。系统设计应当以用户需求为导向，充分考虑各类用户的使用场景和需求。通过梳理教材管理的各个环节，明确系统功能模块，包括教材编写、审核、出版、发行、使用和反馈等环节，从而为系统建设奠定坚实基础。

数据采集是实时监控系统运行的关键环节。为了实现对教材管理全过程的监控，需要采集大量的数据，包括教材内容数据、使用数据、反馈数据等。教育机构应当建立标准化的数据采集流程，确保数据的完整性和准确性。通过采用物联网技术和传感器设备，可以实现对教材物理状态的实时监测。

确定监控指标有助于提升系统的有效性。监控系统应当涵盖多个维度的监控指标，如教材内容的合法性、使用频率、用户满意度等。通过设置科学的监控指标，可以及时发现问题并采取相应措施，确保教材管理的高效运行。

技术架构是实时监控系统的核心。系统应当采用先进的技术架构，包括云计算、大数据、人工智能等技术，以实现数据的实时处理和分析。通过分布式计算和存储，可以提升系统的处理能力和响应速度，确保监控数据的实时性和准确性。

安全保障在实时监控系统中尤为重要。为了保护教材内容和用户信息的安全，系统必须具备强大的安全防护能力。教育机构应当采取多层次的安全措施，包括数据加密、访问控制、身份认证等，防止数据泄露和非法访问。定期进行安全审计和漏洞扫描，及时发现并修复安全隐患。

用户培训是确保系统有效运行的关键环节。教育机构应当为系统使用者提供全面的培训，确保其掌握系统的使用方法和功能。通过举办培训班、编写操作手册、提供在线课程等方式，提高用户的使用技能，确保系统的顺利推广和应用。

反馈机制在实时监控系统中不可或缺。系统应当建立高效的反馈机制，方便用户及时反映使用中的问题和意见。教育机构应当设立专门的反馈处理部门，负责收集和分析用户反馈，并根据反馈结果不断优化和改进系统功能，提升用户体验和系统效果。

未来发展是实时监控系统持续优化的重要方向。随着技术的不断进步，实时监控系统也需要不断升级和更新。教育机构应当密切关注技术发展动态，积极引进和应用新技术，不断提升系统的智能化和自动化水平。未来可以探索利用区块链技术提高数据的透明性和安全性，或者通过人工智能技术实现更加智能的风险预警和问题诊断。

2. 定期风险评估

明确风险识别是定期风险评估的第一步。风险识别的目的是发现教材管理过程中可能存在的各类风险点。这些风险可能包括教材内容的合法性、版权问题、信息安全隐患、使用效果、环保要求等。通过系统的风险识别，教育机构能够全面了解教材管理中潜在的风险，为后续评估工作打下基础。

选择科学合理的评估方法是进行风险评估的关键。定量分析和定性分析是常用的评估方法。定量分析通过数据统计和模型计算，提供客观的风险评估结果；定性分析则依赖专家的经验和判断，补充定量分析的不足。教育机构应当结合实际情况，综合运用这两种方法，确保评估结果的准确性和全面性。

组织流程的规范化是确保评估工作的有效实施的重要保证。教育机构应当制定详细的评估计划，明确评估的目标、范围、步骤和时间节点。建立由相关专家、管理人员和一线教师组成的评估小组，分工协作，确保评估工作的顺利开展。应当设置评估监督机制，确保评估过程的公平、公正和透明。

利用现代技术手段可以显著提高风险评估的效率和准确性。大数据分析和人工智能技术在风险评估中具有广泛的应用前景。通过数据挖掘和机器学习，可以从海量数据中发现潜在的风险趋势和模式，为风险评估提供科学依据。教育机构应当积极引进和应用先进的技术手段，不断提升风险评估的智能化水平。

遵守法律法规是进行风险评估的基本前提。教育机构应当严格遵循国家和地方相关法律法规，确保评估工作的合法性和合规性。尤其是在涉及教材内容和版权问题时，应当特别注意法律风险，避免违法行为带来的不良后果。通过依法评估，保障教材管理的合法性和规范性。

人员培训是提升评估质量的重要环节。教育机构应当定期对参与评估的人员进行专业培训，提高其风险识别和评估能力。培训内容应包括风险管理理论、评估方法和技术工具的使用等。通过系统的培训，确保评估人员具备必要的专业素养和技能，提升评估工作的整体水平。

评估结果的应用是风险评估的最终目的。教育机构应当对评估结果进行深入分析，找出存在的问题和风险点，制定针对性的改进措施和防范策略。定期跟踪和检查改进措施的落实情况，确保风险得到有效控制。应当建立评估结果的反馈机制，及时向相关部门和人员通报评估情况和处理结果，推动持续改进。

社会参与是提高风险评估透明度和可信度的重要途径。家长、媒体和公众应当积极参与和监督教材管理的风险评估工作。教育机构应当建立信息公开机制，定期向社会公布评估结果和改进措施，接受社会监督和评议。通过广泛的社会参与，提升评估工作的公信力和透明度，推动教材管理的规范化和科学化。

国际交流与合作可以为风险评估提供宝贵的经验和启示。许多国家在教材管理和风险评估方面积累了丰富的经验，教育机构可以通过国际交流，学习和借鉴这些先进的理念和方法。通过参加国际会议、合作研究项目等形式，获取最新的评估技术和工具，不断提升风险评估的水平和能力。

二、活页式教材管理的应急预案

（一）应急预案的制定

识别潜在风险是制定应急预案的首要步骤。教育机构需要全面分析活页式教材管理过程中可能遇到的各种风险，包括内容泄露、版权纠纷、印刷错误、物流延误、信息系统故障等。通过风险识别，可以为应急预案的制定提供依据，确保预案具有针对性和实用性。

制定应急预案必须遵循科学合理的原则。应急预案应当具有可操作性、系统性和前瞻性。预案的内容应当详细具体，明确各项应急措施的实施步骤和责任分工。教育机构应当结合自身实际情况，制定符合本单位特点的应急预案，并确保预案具有一定的灵活性，以应对不同类型的突发事件。

组织机构的设置是确保应急预案有效实施的重要保障。教育机构应当成立专门的应急管理委员会，负责应急预案的制定、实施和监督工作。委员会成员应包括管理层、教学人员、技术支持人员和法律顾问等，确保应急决策的全面性和专业性。委员会应当明确各成员的职责，确保在突发事件发生时能够快速响应和协调。

建立预警机制是提高应急响应效率的关键。预警机制包括信息监测、风险评估和预警发布等环节。教育机构应当利用信息技术手段，建立教材管理全过程的监测系统，及时发现和报告潜在风险。通过预警机制，可以为应急响应争取宝贵时间，降低突发事件对教材管理的影响。

应急响应措施的制定是应急预案的核心内容。教育机构应当根据不同类型的突发事件，制定相应的应急响应措施。在发生内容泄露事件时，应当迅速采取法律手段保护版权，并及时通知相关利益方；在发生印刷错误时，应当立即停止发行并启动备用方案，确保教材的及时供应。应急响应措施应当明确具体，具有可操作性，确保在突发事件发生时能够迅速有效地实施。

合理的资源配置是确保应急预案顺利实施的基础。教育机构应当提前准备应急所需的各种资源，包括人力资源、物资储备、技术支持等。特别是在信息系统故障等技术性突发事件中，技术支持资源的及时到位尤为重要。通过合理的资源配置，可以确保应急预案在实际操作中的可行性和有效性。

定期的培训和演练是提高应急预案执行力的重要手段。教育机构应当定期组织应急预案的培训和演练，使全体人员熟悉应急措施和流程。通过模拟演练，可以发现预案中存在的问题和不足，及时进行修订和完善。培训和演练应当覆盖所有相关人员，确保在突发事件发生时每个人都知道如何应对和处置。

应急预案的评估和改进是确保预案持续有效的重要环节。教育机构应当在每次突发事件结束后，对应急预案的实施效果进行全面评估，找出预案中的不足和改进点。通过总结经验教训，不断优化和完善应急预案，提升预案的科学性和可操作性，确保在未来的突发事件中能够更加从容应对。

法律和政策支持也是制定和实施应急预案的重要保障。教育机构应当严格遵守国家和地方的相关法律法规，确保应急预案的合法性和合规性。应当积极争取政府部门的支持和指导，确保应急预案能够得到充分的资源保障和政策支持。在法律顾问的帮助下，教育机构可以制定更加完善和可行的应急预案。

社会各界的参与和支持对应急预案的制定和实施也具有重要意义。家长、媒体和公众应当了解和支持教育机构的应急预案工作，积极参与和监督预案的实施。教育机构可以通过多种渠道向社会公开应急预案的相关信息，提升社会各界对应急预案的理解和支持，形成应急管理的合力。

国际交流与合作可以为应急预案的制定提供宝贵经验。许多国家在教育应急管理方面积累了丰富的经验，教育机构可以通过国际交流，学习和借鉴这些先进的管理理念和方法。通过参加国际会议、合作研究项目等形式，获取最新的应急管理技术和工具，不断提升应急预案的水平和能力。

1. 应急组织结构

设立应急组织结构必须遵循科学合理的原则。应急组织结构应当具有明确的层级和职责分工，以确保在突发事件发生时能够迅速响应和高效运作。教育机构应当根据实际情况，制定适合本单位特点的应急组织结构，确保组织设置具有灵活性和应变能力。

构建清晰的指挥体系是应急组织结构的核心。指挥体系应当包括指挥中心、应急小组和一线执行团队。指挥中心负责整体协调和决策，应急小组负责具体应急措施的制定和执行，一线执行团队负责具体任务的落实。通过层级分明的指挥体系，可以确保信息传递和指令执行的高效性。

各级职责的明确是确保应急组织结构高效运作的重要保障。指挥中心的主要职责包括决策指挥、资源调配和信息发布；应急小组的主要职责包括风险评估、措施制定和监督实施；一线执行团队的主要职责包括具体操作和现场处置。通过明确各级职责，可以确保在突发事件发生时各部门各司其职，协同作战。

建立高效的信息沟通机制是确保应急组织结构顺畅运行的关键。信息沟通机制应当包括信息收集、信息传递和信息反馈三个环节。教育机构应当利用现代信息技术手段，建立畅通的信息沟通渠道，确保在突发事件发生时各级人员能够及时获取准确信息，并迅速做出反应。通过高效的信息沟通，可以提高应急响应的速度和效率。

应急决策的科学性和及时性直接影响应急组织结构的有效性。指挥中心在突发事件发生时，应当迅速组织召开应急会议，听取各方面的情况汇报，进行科学分析和判断，迅速做出决策。应急决策应当基于充分的信息和科学的分析，确保措施的有效性和可操作性。应当建立应急决策的监督机制，确保决策的执行和落实。

合理的资源管理是应急组织结构运作的基础。教育机构应当建立完善的应急资源储备和管理制度，确保在突发事件发生时能够迅速调配所需资源。应急资源包括人力资源、物资储备、技术支持等。通过合理的资源管理，可以确保应急措施的顺利实施，最大限度地降低突发事件的影响。

定期的培训和演练是提升应急组织结构执行力的重要手段。教育机构应当定期组织应急培训和演练，使全体人员熟悉应急预案和应急组织结构。通过培训和演练，可以发现组织结构中存在的问题和不足，及时进行调整和优化。培训和演练应当覆盖所有相关人员，确保在突发事件发生时每个人都能够迅速响应和有效处置。

应急组织结构的评估和改进是确保其持续有效的重要环节。教育机构应当在每次突发事件结束后，对应急组织结构的运行情况进行全面评估，找出存在的问题和不足，制定改进措施。通过总结经验教训，不断优化和完善应急组织结构，提升其应急管理能力和水平。

法律和政策支持是应急组织结构顺利运行的重要保障。教育机构应当严格遵守国家和地方的相关法律法规，确保应急组织结构的合法性和合规性。应当积极争取政府部门的支持和指导，确保应急组织结构能够得到充分的资源保障和政策支持。在法律顾问的帮助下，教育机构可以制定更加完善和可行的应急组织结构。

社会各界的参与和支持对应急组织结构的建设和运行也具有重要意义。家长、媒体和公众应当了解和支持教育机构的应急组织结构工作，积极参与和监督应急组织结构的实施。教育机构可以通过多种渠道向社会公开应急组织结构的相关信息，提升社会各界对应急组织结构的理解和支持，形成应急管理的合力。

2. 应急响应流程

识别潜在风险是应急响应流程的基础。教育机构需要全面分析教材管理过程中可能出现的各种风险，包括内容泄露、版权纠纷、印刷错误、物流延误、信息系统故障等。通过系统的风险识别，可以为制定应急响应流程提供科学依据，确保流程具有针对性和可操作性。

建立有效的预警机制是启动应急响应的关键。预警机制应当包括风险监测、预警等级划分和预警信息发布等环节。教育机构应当利用现代信息技术手段，建立教材管理全过程的监测系统，及时发现潜在风险，并根据风险的严重程度确定预警等级，及时向相关人员发布预警信息，为应急响应赢得宝贵时间。

应急响应的启动应当迅速而有序。当预警机制发出预警信息后，教育机构应当立即启动应急响应流程。应急响应启动的第一步是召开紧急会议，通报风险情况，制定初步应急方案。指挥中心应当迅速集结各应急小组，明确各小组的职责和任务，确保各环节的应急工作能够迅速展开。

信息传递的畅通是应急响应流程顺利进行的重要保障。教育机构应当建立高效的信息传递机制，确保在应急响应过程中各级人员能够及时获取准确的信息。信息传递机制应当包括信息收集、信息传递和信息反馈三个环节，利用现代通讯手段，如电话、邮件、即时通讯工具等，确保信息传递的快速和准确。

资源调配是应急响应流程中的重要环节。在突发事件发生后，教育机构应当迅速调配所需的人力、物资和技术资源，确保应急措施能够顺利实施。资源调配应当事先做好准备，建立应急资源储备库，并明确各类资源的调配流程和责任人。通过合理的资源调配，可以确保应急响应的高效性和可行性。

制定具体应急措施是应急响应流程的核心。根据不同类型的突发事件，教育机构应当制定相应的应急措施。在发生内容泄露事件时，应当立即采取法律手段保护版权，并迅速通知相关利益方；在发生印刷错误时，应当立即停止发行错误教材，启动备用方案，确保教材的及时供应。具体应急措施应当明确具体，具有可操作性，确保在突发事件发生时能够迅速实施。

协调与合作是确保应急响应流程高效运作的关键。教育机构应当与相关部门、合作单位、法律顾问等保持密切合作，形成应急管理的合力。通过建立应急联动机制，确保在突发事件发生时各方能够迅速响应和协同作战，共同应对风险，最大限度地减少突发事件的影响。

定期的培训和演练是提升应急响应能力的重要手段。教育机构应当定期组织应急预案的培训和演练，使全体人员熟悉应急响应流程和具体措施。通过模拟演练，可以发现应急响应流程中存在的问题和不足，及时进行修订和完善。培训和演练应当覆盖所有相关人员，确保在突发事件发生时每个人都知道如何应对和处置。

应急响应流程的评估与改进是确保其持续有效的重要环节。教育机构应当在每次突发事件结束后，对应急响应的效果进行全面评估，找出流程中的问题和不足，制订改进措施。通过总结经验教训，不断优化和完善应急响应流程，提升应急管理能力和水平，确保在未来的突发事件中能够更加从容应对。

法律和政策支持是应急响应流程顺利实施的重要保障。教育机构应当严格遵守国家和地方的相关法律法规，确保应急响应流程的合法性和合规性。应当积极争取政府部门的支持和指导，确保应急响应流程能够得到充分的资源保障和政策支持。在法律顾问的帮助下，教育机构可以制定更加完善和可行的应急响应流程。

（二）应急预案的实施

预案制定是应急预案实施的基础。教育机构应当根据活页式教材管理的实际情况，制定详细的应急预案。预案应包括风险识别、应急组织架构、应急响应程序、资源配置方案等内容。预案的制定应充分考虑可能出现的各种突发事件，确保预案具有针对性和可操作性。通过详细的预案制定，可以为应急预案的实施提供明确的指导和依据。

培训和演练是应急预案实施的重要环节。教育机构应当定期对相关人员进行应急预案的培训，使其熟悉预案的内容和具体操作流程。通过培训，确保所有人员都具备必要的应急处置能力。教育机构应当组织定期的模拟演练，通过演练检验预案的可行性和有效性，发现并解决预案中的问题和不足。培训和演练是确保应急预案在实际操作中能够顺利实施的重要保障。

建立预警机制是提高应急预案实施效率的关键。预警机制包括风险监测、预警等级划分和预警信息发布等环节。教育机构应当利用现代信息技术手段，建立活页式教材管理全过程的监测系统，及时发现潜在风险。根据风险的严重程度，确定预警等级，并及时向相关人员发布预警信息。通过预警机制，可以为应急响应争取宝贵时间，提高应急预案实施的及时性和有效性。

应急响应启动是应急预案实施的重要步骤。当预警机制发出预警信息后，教育机构应当立即启动应急响应程序。应急响应启动的第一步是召开紧急会议，通报风险情况，制定初步应急方案。指挥中心应迅速集结各应急小组，明确各小组的职责和任务，确保各环节的应急工作能够迅速展开。通过快速启动应急响应，可以有效控制和处置突发事件。

信息传递的畅通是确保应急预案实施顺利进行的重要保障。教育机构应当建立高效的信息传递机制，确保在应急响应过程中各级人员能够及时获取准确的信息。信息传递机制应包括信息收集、信息传递和信息反馈三个环节，利用现代通讯手段，如电话、邮件、即时通讯工具等，确保信息传递的快速和准确。通过高效的信息传递，可以提高应急响应的协调性和效率。

资源调配是应急预案实施中的重要环节。教育机构应当迅速调配所需的人力、物资和技术资源，确保应急措施能够顺利实施。资源调配应事先做好准备，建立应急资源储备库，并明确各类资源的调配流程和责任人。通过合理的资源调配，可以确保应急预案在实际操作中的可行性和有效性，最大限度地降低突发事件的影响。

制定具体应急措施是应急预案实施的核心。根据不同类型的突发事件，教育机构应制定相应的应急措施。在发生内容泄露事件时，应立即采取法律手段保护版权，并迅速通知相关利益方；在发生印刷错误时，应立即停止发行错误教材，启动备用方案，确保教材的及时供应。具体应急措施应明确具体，具有可操作性，确保在突发事件发生时能够迅速实施。

协调与合作是确保应急预案实施高效运作的关键。教育机构应当与相关部门、合作单位、法律顾问等保持密切合作，形成应急管理的合力。通过建立应急联动机制，确保在突发事件发生时各方能够迅速响应和协同作战，共同应对风险，最大限度地减少突发事件的影响。协调与合作是确保应急预案实施顺利进行的重要保障。

评估与改进是确保应急预案持续有效的重要环节。教育机构应当在每次突发事件结束后，对应急预案的实施效果进行全面评估，找出预案中的问题和不足，制定改进措施。通过总结经验教训，不断优化和完善应急预案，提升其科学性和可操作性。评估与改进是确保应急预案在未来的突发事件中能够更加从容应对的重要步骤。

政策和法律支持是应急预案实施的重要保障。教育机构应当严格遵守国家和地方的相关法律法规，确保应急预案的合法性和合规性。应积极争取政府部门的支持和指导，确保应急预案能够得到充分的资源保障和政策支持。在法律顾问的帮助下，教育机构可以制定更加完善和可行的应急预案，确保其在实际操作中能够顺利实施。

1. 应急培训与演练

活页式教材作为一种灵活多样的教学工具，在教育中扮演着重要角色。任何管理系统都有可能面临突发事件，为了确保应急预案的有效实施，系统性地开展应急培训与演练显得尤为必要。本文将从应急培训的重要性、培训计划的制定、培训内容的设计、演练的重要性、演练计划的制定、演练内容的实施、演练后的评估与改进、参与人员的职责、培训与演练的资源保障以及法律与政策支持等方面，详细探讨活页式教材管理的应急培训与演练。

理解应急培训的重要性是开展培训工作的基础。应急培训能够提升教育机构工作人员的应急意识和应急能力，使其在突发事件发生时能够迅速有效地应对。通过系统的培训，工作人员可以熟悉应急预案的各个环节，明确各自的职责和任务，确保在实际操作中能够准确无误地执行应急措施。应急培训是确保应急预案顺利实施的重要保障。

制定详细的培训计划是开展应急培训的前提。教育机构应根据自身实际情况，制定科学合理的培训计划。培训计划应包括培训目标、培训对象、培训内容、培训方式、培训时间安排等。通过制定详细的培训计划，可以确保应急培训工作有序进行，达到预期效果。

设计科学的培训内容是确保培训效果的关键。应急培训的内容应涵盖风险识别、应急预案的各个环节、应急措施的具体实施、应急资源的调配等方面。培训内容应当理论与实践相结合，通过案例分析、模拟操作等方式，使培训对象能够深入理解和掌握应急预案的具体内容和操作方法。通过科学的培训内容设计，可以提高应急培训的针对性和实用性。

演练的重要性不容忽视。应急演练是检验应急预案可行性和有效性的重要手段。通过模拟突发事件，演练可以发现预案中存在的问题和不足，为预案的优化和改进提供依据。应急演练不仅是对应急预案的检验，也是对应急人员应急能力的锻炼和提升。演练是确保应急预案在实际操作中能够顺利实施的重要环节。

制定详细的演练计划是开展应急演练的基础。教育机构应根据自身实际情况和可能面临的突发事件类型，制定科学合理的演练计划。演练计划应包括演练目标、演练对象、演练内容、演练方式、演练时间安排等。通过制定详细的演练计划，可以确保应急演练工作有序进行，达到预期效果。

实施演练内容是确保演练效果的关键。应急演练的内容应当贴近实际，具有针对性和操作性。演练应涵盖突发事件的各个环节，包括风险识别、预警发布、应急响应、资源调配、具体应急措施的实施等。通过全流程模拟突发事件，可以全面检验应急预案的可行性和有效性，发现和解决预案中存在的问题和不足。

演练后的评估与改进是确保应急预案持续有效的重要环节。每次演练结束后，教育机构应当对演练效果进行全面评估，总结经验教训，找出存在的问题和不足，并制订改进措施。通过评估与改进，不断优化和完善应急预案，提高其科学性和可操作性，确保在未来的突发事件中能够更加从容应对。

明确参与人员的职责是确保应急培训与演练顺利进行的关键。应急培训与演练涉及多个部门和人员，各参与人员应明确各自的职责和任务，确保在培训与演练过程中各司其职，协同配合。通过明确职责，可以提高培训与演练的效率和效果，确保各项工作顺利进行。

提供充足的资源保障是开展应急培训与演练的重要前提。教育机构应当为应急培训与演练提供必要的资源保障，包括人力资源、物资储备、技术支持等。特别是在演练过程中，技术支持资源的及时到位尤为重要。通过提供充足的资源保障，可以确保培训与演练工作的顺利开展，达到预期效果。

法律与政策支持是应急培训与演练顺利实施的重要保障。教育机构应当严格遵守国家和地方的相关法律法规，确保应急培训与演练的合法性和合规性。应积极争取政府部门的支持和指导，确保应急培训与演练工作能够得到充分的资源保障和政策支持。在法律顾问的帮助下，教育机构可以制订更加完善和可行的应急培训与演练计划，确保其在实际操作中能够顺利实施。

2. 应急事件处理

风险识别与预警机制是应急事件处理的基础。教育机构应当全面分析和识别活页式教材管理中可能存在的各种风险，如内容泄露、版权纠纷、印刷错误、物流延误等。通过建立完善的预警机制，能够及时发现潜在风险，并根据风险的严重程度发布预警信息，为应急处理争取时间。

构建科学的应急事件处理组织架构至关重要。一个明确的组织架构能够确保在突发事件发生时，相关人员能够迅速响应并协同工作。应急组织应包括指挥中心、应急小组和一线执行团队，明确各层级的职责和任务，确保在应急事件处理过程中各司其职、协调配合。

信息传递与沟通的畅通是应急事件处理顺利进行的重要保障。教育机构应当建立高效的信息传递机制，确保在应急事件发生时，各级人员能够及时获取准确的信息。信息传递机制应包括信息收集、传递和反馈三个环节，利用现代通讯手段，如电话、邮件、即时通讯工具等，确保信息传递的快速和准确。

资源调配与保障是应急事件处理中的重要环节。在突发事件发生后，教育机构应当迅速调配所需的人力、物资和技术资源，确保应急措施能够顺利实施。资源调配应事先做好准备，建立应急资源储备库，并明确各类资源的调配流程和责任人。通过合理的资源调配，可以确保应急事件处理的高效性和可行性。

具体应急措施的实施是应急事件处理的核心。根据不同类型的突发事件，教育机构应制定相应的应急措施。在发生内容泄露事件时，应立即采取法律手段保护版权，并迅速通知相关利益方；在发生印刷错误时，应立即停止发行错误教材，启动备用方案，确保教材的及时供应。具体应急措施应明确具体，具有可操作性，确保在突发事件发生时能够迅速实施。

协调与合作是确保应急事件处理高效运作的关键。教育机构应当与相关部门、合作单位、法律顾问等保持密切合作，形成应急管理的合力。通过建立应急联动机制，确保在突发事件发生时各方能够迅速响应和协同作战，共同应对风险，最大限度地减少突发事件的影响。

应急事件处理培训是提升应急管理能力的重要手段。教育机构应当定期对相关人员进行应急事件处理的培训，使其熟悉应急预案的各个环节和具体操作流程。通过培训，确保所有人员都具备必要的应急处置能力，提高应急事件处理的效率和效果。

模拟演练是检验应急事件处理方案可行性和有效性的重要手段。教育机构应当组织定期的模拟演练，通过模拟突发事件，检验应急预案的可行性和有效性，发现并解决预案中的问题和不足。模拟演练不仅是对应急预案的检验，也是对应急人员应急能力的锻炼和提升。

评估与改进是确保应急事件处理持续有效的重要环节。每次应急事件处理结束后，教育机构应当对处理效果进行全面评估，总结经验教训，找出存在的问题和不足，并订订改进措施。通过评估与改进，不断优化和完善应急预案，提高其科学性和可操作性，确保在未来的突发事件中能够更加从容应对。

法律和政策支持是应急事件处理顺利实施的重要保障。教育机构应当严格遵守国家和地方的相关法律法规，确保应急事件处理的合法性和合规性。应积极争取政府部门的支持和指导，确保应急事件处理能够得到充分的资源保障和政策支持。在法律顾问的帮助下，教育机构可以制定更加完善和可行的应急预案，确保其在实际操作中能够顺利实施。

（三）应急预案的维护

理解应急预案维护的意义是进行维护工作的基础。随着社会和技术的发展，突发事件的形式和特点也在不断变化，旧的应急预案可能无法满足新的应对需求。定期维护应急预案，更新其中的内容和措施，能够提高其实用性和适应性，确保在实际操作中能够顺利实施，最大程度地降低损失。

确定维护周期是进行维护工作的前提。应急预案的维护周期应根据教育机构的特点和实际情况进行确定，一般建议每年至少进行一次全面维护。在特殊情况下，如突发事件频发或预案内容发生重大变化时，应及时调整维护周期，确保应急预案的及时更新和完善。

明确维护内容是进行维护工作的关键。应急预案的维护内容应包括但不限于对风险评估、应急组织架构、应急响应程序、资源配置方案等方面的更新和修订。通过全面审视预案内容，发现并解决可能存在的问题和不足，确保预案的准确性和可操作性。

规范维护程序是进行维护工作的保障。教育机构应当建立科学合理的应急预案维护程序，明确维护的具体步骤和责任人，确保维护工作有序进行。维护程序应包括信息收集、评估分析、修订更新、审批发布等环节，通过规范的程序流程，提高维护工作的效率和质量。

人员培训与演练是保障应急预案维护有效实施的重要环节。教育机构应定期对相关人员进行应急预案维护培训，提高其对维护工作的认识和理解。组织定期的模拟演练，检验维护程序的可行性和有效性，发现并解决潜在问题，为实际维护工作做好充分准备。

技术更新与应用是保障应急预案维护有效性的重要保障。教育机构应当及时跟踪和应用新技术、新方法，将其运用到应急预案的维护工作中。利用信息化技术对预案进行在线更新和管理，提高更新速度和效率；利用数据分析技术对风险评估和预警机制进行优化，提高应对突发事件的能力。

信息化管理是提升应急预案维护效率的重要手段。教育机构应当建立完善的应急预案信息化管理系统，将预案内容、更新记录、维护流程等信息进行统一管理和存档。通过信息化管理，可以实现对预案的实时监控和管理，提高维护工作的可追溯性和可控性。

资源保障是确保应急预案维护顺利进行的重要保障。教育机构应当为预案维护工作提供必要的人力、物资和技术支持，确保维护工作能够顺利进行。特别是在更新和修订预案内容时，应提供充足的时间和人力资源，确保预案的及时更新和完善。

协调与合作是保障应急预案维护顺利实施的重要保障。教育机构应当与相关部门、合作单位、专业机构等保持密切合作，形成合力。通过建立应急预案维护的合作机制，共同开展预案维护工作，共享资源和经验，提高维护工作的效率和效果。

1. 定期审查与更新

理解定期审查与更新的目的与意义是进行审查工作的基础。定期审查与更新旨在及时发现应急预案中存在的问题和不足，确保其与实际情况相符合，提高其可操作性和适应性。通过定期审查与更新，可以使应急预案与时俱进，保持其持续有效性，为应对突发事件提供可靠的保障。

确定更新周期是进行审查工作的前提。审查与更新的周期应根据教育机构的特点和实际情况进行确定，一般建议每年至少进行一次全面审查与更新。在特殊情况下，如遭遇重大突发事件、法律法规变化等，应及时调整审查与更新周期，确保应急预案的及时更新和完善。

明确审查内容的范围是进行审查工作的关键。审查内容应涵盖应急预案的各个方面，包括风险评估、应急组织架构、应急响应程序、资源配置方案等。应关注当前社会热点、法律法规变化等因素，及时调整相关内容，确保预案的全面性和实用性。

规范审查程序是进行审查工作的保障。教育机构应建立科学合理的应急预案审查与更新程序，明确审查的具体步骤和责任人，确保审查工作有序进行。审查程序应包括信息收集、问题分析、方案修订、审批发布等环节，通过规范的程序流程，提高审查工作的效率和质量。

人员培训与演练是保障应急预案审查与更新有效实施的重要环节。教育机构应定期对相关人员进行应急预案审查与更新培训，提高其对审查工作的认识和理解。组织定期的模拟演练，检验审查与更新程序的可行性和有效性，发现并解决潜在问题，为实际审查工作做好充分准备。

技术更新与应用是保障应急预案审查与更新效果的重要保障。教育机构应及时掌握和应用新技术、新方法，将其运用到预案的审查与更新工作中。利用信息化技术对预案进行在线更新和管理，提高更新速度和效率；利用数据分析技术对风险评估和预警机制进行优化，提高应对突发事件的能力。

信息化管理是提升应急预案审查与更新效率的重要手段。教育机构应建立完善的应急预案信息化管理系统，将审查与更新的记录、流程、结果等信息进行统一管理和存档。通过信息化管理，可以实现对预案审查与更新工作的实时监控和管理，提高审查与更新工作的可追溯性和可控性。

资源保障是确保应急预案审查与更新顺利进行的重要保障。教育机构应为审查与更新工作提供必要的人力、物资和技术支持，确保审查与更新工作能够顺利进行。特别是在修订预案内容时，应提供充足的时间和人力资源，确保预案的及时更新和完善。

协调与合作是保障应急预案审查与更新顺利实施的重要保障。教育机构应与相关部门、合作单位、专业机构等保持密切合作，形成合力。通过建立应急预案审查与更新的合作机制，共同开展审查与更新工作，共享资源和经验，提高审查与更新工作的效率和效果。

2. 持续改进机制

理解持续改进机制的意义与目的是建立改进工作的基础。持续改进机制旨在通过不断的反馈、评估和调整，使应急预案与时俱进，保持其持续有效性和适应性。通过持续改进，可以发现和解决应急预案中存在的问题和不足，提高其应对突发事件的能力，确保教育机构在应急情况下能够迅速有效地应对。

确定改进周期是进行改进工作的前提。改进周期应根据教育机构的特点和实际情况进行确定，一般建议每年至少进行一次全面改进。在特殊情况下，如发生重大突发事件、法律法规变化等，应及时调整改进周期，确保应急预案的及时调整和完善。

明确改进内容的范围是进行改进工作的关键。改进内容应涵盖应急预案的各个方面，包括风险评估、应急组织架构、应急响应程序、资源配置方案等。应关注当前社会热点、技术发展趋势等因素，及时调整相关内容，确保预案的全面性和实用性。

规范改进程序是进行改进工作的保障。教育机构应建立科学合理的应急预案改进程序，明确改进的具体步骤和责任人，确保改进工作有序进行。改进程序应包括问题识别、改进方案制定、实施评估、反馈调整等环节，通过规范的程序流程，提高改进工作的效率和质量。

人员培训与演练是保障应急预案改进机制有效实施的重要环节。教育机构应定期对相关人员进行应急预案改进培训，提高其对改进工作的认识和理解。组织定期的模拟演练，检验改进程序的可行性和有效性，发现并解决潜在问题，为实际改进工作做好充分准备。

技术更新与应用是保障应急预案改进机制效果的重要保障。教育机构应及时掌握和应用新技术、新方法，将其运用到预案的改进工作中。利用信息化技术对预案改进的过程进行在线管理和监控，提高改进速度和效率；利用数据分析技术对突发事件的趋势进行分析，指导预案的优化和调整。

信息化管理是提升应急预案改进机制效率的重要手段。教育机构应建立完善的应急预案信息化管理系统，将改进的记录、流程、结果等信息进行统一管理和存档。通过信息化管理，可以实现对改进工作的实时监控和管理，提高改进工作的可追溯性和可控性。

资源保障是确保应急预案改进机制顺利进行的重要保障。教育机构应为改进工作提供必要的人力、物资和技术支持，确保改进工作能够顺利进行。特别是在制定和实施改进方案时，应提供充足的时间和人力资源，确保预案的及时改进和完善。

协调与合作是保障应急预案改进机制顺利实施的重要保障。教育机构应与相关部门、合作单位、专业机构等保持密切合作，形成合力。通过建立应急预案改进的合作机制，共同开展改进工作，共享资源和经验，提高改进工作的效率和效果。

第四节　活页式教材管理的危机处理与品牌恢复

一、活页式教材管理的危机处理

（一）建立风险预警系统

理解建立风险预警系统的意义与目的是确保系统的有效性。风险预警系统旨在及时识别和评估潜在的风险因素，帮助教育机构预防和应对可能发生的危机事件，从而保障学校的正常运行和师生的安全。通过建立风险预警系统，可以有效提升应对突发事件的能力，减少损失并降低风险带来的影响。

确定系统构建的原则是建立系统的基础。系统构建应遵循科学、准确、及时、可操作的原则，确保预警信息的准确性和可靠性。应根据教育机构的实际情况和需求，灵活确定预警指标和警戒线，充分考虑到各类风险因素的特点和影响程度。

明确预警指标的确定是建立系统的关键。预警指标应包括但不限于自然灾害、社会安全、教育质量、学生健康、校园安全等方面的指标，涵盖教育管理的各个环节。应根据指标的重要性和敏感性，确定不同的预警等级和应对措施，确保系统能够及时发现和应对各类风险。

数据采集与分析是建立系统的重要环节。教育机构应建立完善的数据采集和分析机制，收集和整理相关数据，对数据进行定期分析和评估，发现潜在的风险因素和异常情况。利用先进的数据分析技术，对数据进行挖掘和研究，提高预警系统的准确性和及时性。

应急响应机制是建立系统的关键环节。教育机构应建立健全的应急响应机制，明确各级部门和责任人的职责和权限，制定应对措施和处置方案，提高应对突发事件的能力和效率。应定期组织演练和模拟演练，检验应急响应机制的可行性和有效性，为实际应对工作做好充分准备。

技术支持与应用是建立系统的重要保障。教育机构应利用先进的信息技术和通信技术，建立强大的预警系统平台，实现对预警信息的及时收集、分析和发布。结合大数据、人工智能等技术手段，提高系统的智能化和自动化水平，提升预警系统的效率和准确性。

管理与监督是建立系统的重要保障。教育机构应建立健全的管理和监督机制，加强对预警系统的日常管理和运行监控，及时发现和解决存在的问题和不足。加强对预警系统的评估和审查，不断优化和完善系统的各项功能和性能。

人员培训与意识提升是建立系统的重要环节。教育机构应定期对相关人员进行应急预警培训，提高其对预警系统的认识和理解，提升其应对突发事件的能力和应对水平。

加强学校师生的安全教育和应急意识培养，增强其自我保护意识和应对能力，为预警系统的有效运行提供坚实的基础。

（二）制定详细的危机管理计划

了解制定计划的意义与目的是确保计划的有效性。制定详细的危机管理计划可以帮助教育机构提前预见可能发生的危机情景，明确应对措施和责任分工，提高对突发事件的应对能力和反应速度。制定计划还可以加强教育机构内部各部门之间的沟通与协作，形成统一战线，共同应对危机挑战。

设计计划内容是制定计划的重要环节。计划内容应包括但不限于危机类型、应对措施、责任人及其职责、沟通渠道、应急资源、应急处置流程、后续跟进措施等。应根据教育机构的实际情况和特点，灵活确定计划内容，确保计划的全面性和实用性。

规范实施程序是制定计划的保障。制定详细的危机管理计划后，教育机构应建立科学合理的实施程序，明确各项工作的具体步骤和时间节点，确保计划的有序实施。实施程序应包括但不限于危机发生时的应急启动流程、信息收集与评估流程、应急资源调配流程、危机处置和后续跟进流程等。

建立有效的沟通与协调机制是制定计划的重要保障。教育机构应建立健全的内部和外部沟通机制，明确信息传递的渠道和流程，确保危机信息的及时准确传达和共享。加强与政府部门、媒体、社会组织等外部合作伙伴的沟通与协调，形成合力，共同应对危机挑战。

人员培训与演练是制定计划的重要环节。教育机构应定期对相关人员进行危机管理培训，提高其对危机管理计划的理解和掌握程度，增强其应对危机的能力和意识。组织定期的模拟演练和实战演练，检验计划的可行性和有效性，发现并解决潜在问题，为实际危机处理工作做好充分准备。

建立评估与改进机制是制定计划的关键环节。教育机构应定期对危机管理计划进行评估和审查，发现并解决存在的问题和不足，及时调整和完善计划内容。根据实际应急情况和反馈意见，不断改进和优化计划，提高其适应性和实用性，确保计划始终保持领先水平。

二、活页式教材管理的品牌恢复

（一）坦诚沟通与公众关系

了解坦诚沟通的意义与目的是确保沟通工作的有效性。坦诚沟通是指教育机构面对危机或负面舆情时，通过诚实、透明的方式与公众进行沟通，主动公布信息，解释事件的来龙去脉，提供真实的情况和处理进展，增加公众的信任和理解。坦诚沟通的目的在于增加公众的认同感和支持度，减少误解和猜测，缓解危机，恢复品牌形象。

建立公众关系的原则是构建良好关系的基础。公众关系建立应遵循真诚、尊重、平等、信任的原则，积极主动地与各利益相关方进行沟通和合作，增进相互了解和信任，共同推动危机处理和品牌恢复工作。应建立长期稳定的公众关系，不断积累公众的信任和支持，提升品牌的影响力和美誉度。

选择合适的沟通策略是实现坦诚沟通的关键。教育机构在面对危机和负面舆情时，应根据情况的严重程度和影响范围，灵活选择适当的沟通策略，包括主动公开信息、及时回应疑问、开展公开听证会或座谈会、邀请专家学者进行解读等。应借助多种传播渠道，包括传统媒体、社交媒体、官方网站等，加强信息的传递和互动，确保信息的及时准确传达。

公众参与与反馈是建立良好公众关系的重要环节。教育机构应积极倾听公众的意见和建议，主动开展问卷调查、座谈会等形式的公众参与活动，了解公众的需求和期待，及时调整沟通策略和应对措施。建立专门的投诉处理机制，及时回应公众的疑问和不满，解决矛盾和纠纷，增强公众对教育机构的信任和支持。

实施危机公关是品牌恢复的关键环节。教育机构应建立专门的危机公关团队，制定详细的危机公关方案，明确危机处理的责任人和职责，统一口径，统一行动，有效应对各种可能发生的危机事件。要及时发布公关信息，回应公众关切，引导舆论导向，最大限度地减少危机对品牌形象的影响。

利用社交媒体是进行坦诚沟通和公众关系建立的重要手段。教育机构应充分利用微博、微信、抖音等社交媒体平台，建立官方账号和信息发布渠道，加强与公众的互动和沟通，及时发布品牌信息、解释政策措施、回应疑问质疑，提升品牌形象和美誉度。要加强对社交媒体舆情的监测和分析，及时发现并应对负面舆情，保护品牌形象和声誉。

（二）强化内部管理机制

了解强化内部管理机制的意义与目的是确保管理工作的有效性。强化内部管理机制可以提高组织的运作效率和管理水平，优化资源配置，提升服务质量，增强组织的竞争力和可持续发展能力。通过建立健全的内部管理机制，可以规范组织行为，防范和化解内部风险，维护品牌形象和声誉。

优化组织结构是强化内部管理机制的关键环节。活页式教材管理应根据实际情况和发展需求，合理调整组织结构，明确各部门和岗位的职责和权限，优化管理层次和流程。要注重横向和纵向的沟通协调，打破部门之间的壁垒，形成协同作战的工作氛围。

优化管理流程是强化内部管理机制的重要保障。活页式教材管理应对各项管理流程进行全面审查和优化，简化烦琐的流程和程序，提高办事效率和响应速度。建立健全的监督和评估机制，加强对管理流程的监控和改进，确保流程的顺畅和高效。

人员培训与激励是强化内部管理机制的重要环节。活页式教材管理应加强对员工的培训和学习，提升其业务水平和专业素养，增强其服务意识和团队精神。要建立激励机制，根据员工的工作表现和贡献，及时给予奖励和晋升，激发其工作积极性和创造性，提高组织的凝聚力和执行力。

加强内部沟通与协作是强化内部管理机制的重要手段。活页式教材管理应建立畅通的内部沟通渠道，加强部门之间和上下级之间的沟通与协作，促进信息的共享和交流，减少信息的阻碍和误解。要建立协作机制，鼓励员工之间相互支持和协作，形成良好的团队合作氛围。

制定业务规范是强化内部管理机制的重要保障。活页式教材管理应制定详细的业务规范和操作流程，明确各项业务的操作要求和标准，规范员工的行为和工作方式，保证业务的正常运行和质量稳定。要加强对业务规范的宣传和培训，提高员工的执行力和遵纪守法意识。

加强内部监督和检查是强化内部管理机制的重要环节。活页式教材管理应建立健全的内部监督机制，加强对各项管理活动和业务运行的监督和检查，发现和解决存在的问题和不足，及时调整和完善管理措施，确保内部管理机制的有效实施和运行。

（三）持续提升品牌价值

提升产品品质是持续提升品牌价值的基础。活页式教材管理应加大对产品研发和生产工艺的投入，不断改进产品设计和质量控制体系，确保产品符合国家标准和客户需求，提高产品的性能和可靠性。建立健全的产品检测和反馈机制，及时发现和解决存在的质量问题，提升产品的竞争力和市场认可度。

打造良好的品牌形象是持续提升品牌价值的关键。活页式教材管理应注重品牌文化的建设和传播，树立积极向上的品牌形象和价值观，树立良好的企业形象和社会形象。加强对品牌的宣传和推广，提高品牌的知名度和美誉度，增强品牌的市场影响力和竞争力。

优化市场推广策略是持续提升品牌价值的重要手段。活页式教材管理应根据市场需求和竞争情况，灵活调整和优化营销策略，包括产品定位、定价策略、渠道建设、广告宣传等方面。加强市场调研和竞争分析，了解市场动态和客户需求，及时调整营销策略，提高市场占有率和销售额。

加强客户关系管理是持续提升品牌价值的重要保障。活页式教材管理应建立健全的客户关系管理体系，加强对客户的了解和沟通，提高客户满意度和忠诚度。建立客户投诉处理机制，及时解决客户的问题和疑虑，改善客户体验，提升品牌口碑和信誉度。

持续创新与发展是持续提升品牌价值的根本动力。活页式教材管理应不断进行技术创新和产品创新，推出符合市场需求的新产品和新服务，提高产品的附加值和竞争力。加强对行业发展趋势和市场需求的研究和分析，及时调整产品结构和业务模式，保持品牌的活力和竞争力。

加强品牌文化建设是持续提升品牌价值的重要途径。活页式教材管理应注重员工的培训和教育，树立企业核心价值观和文化理念，营造和谐稳定的企业文化氛围，提高员工的归属感和认同感。加强对品牌文化的传播和宣传，吸引更多的优秀人才加入企业，为品牌的发展和壮大提供人才保障。

　　加强社会责任担当是持续提升品牌价值的重要方向。活页式教材管理应积极履行企业社会责任，关注环境保护、社会公益、员工福利等方面的问题，提升企业的社会形象和公众认可度。加强与各级政府、社会组织、公益机构等的合作，共同推动社会和谐稳定发展，为品牌的长期发展奠定良好基础。

第十一章 活页式教材管理的未来发展方向

第一节 活页式教材管理的未来发展趋势预测

一、活页式教材管理的技术发展趋势

（一）数字化教材普及

了解数字化教材的定义与特点对于理解其普及的意义至关重要。数字化教材是指利用计算机技术和多媒体技术对教材内容进行数字化处理，将教材内容以电子形式呈现在学生面前，包括文字、图片、音频、视频等多种形式。与传统纸质教材相比，数字化教材具有内容丰富、形式多样、互动性强、便捷灵活等特点，能够更好地满足学生个性化学习的需求。

数字化教材的普及得益于信息技术的快速发展和互联网的普及，同时也受到了教育教学改革和课程改革的推动。数字化教材相比传统教材具有诸多优势，包括内容更新快、交互性强、资源共享方便、环保节能等，能够提高教学效率和教学质量，满足学生个性化学习需求。

随着科技的不断进步和教育理念的不断更新，数字化教材将呈现出多样化、个性化、智能化的发展趋势。未来，数字化教材将更加注重内容的丰富性和深度，结合人工智能、大数据等技术，实现个性化定制和智能推荐，为学生提供更加个性化、精准化的学习体验。

数字化教材的应用场景包括学校教学、在线教育、移动学习等多个领域。在学校教学中，数字化教材可以替代传统纸质教材，提高教学效率和互动性。在在线教育中，数字化教材可以实现远程教学和自主学习，为学生提供更加灵活的学习方式。在移动学习中，数字化教材可以随时随地进行学习，方便快捷，适应现代人的生活方式。

数字化教材需要依托于计算机技术、多媒体技术、网络技术等多种技术手段。教育机构需要建立完善的数字化教育平台，包括数字化教材库、教学资源库、学习管理系统等，为教师和学生提供全方位的学习支持和服务。

了解数字化教材普及的影响与挑战是了解其发展过程中面临的问题和困难。数字化教材的普及对教育教学产生了积极影响，但同时也面临着内容质量、知识版权、安全保

障等方面的挑战。教育机构需要加强对数字化教材的质量监管和内容审核,保障教学质量和学生权益。

(二)自适应学习系统

了解自适应学习系统的定义与原理是理解其意义和作用的基础。自适应学习系统是一种基于学习者个性化需求和学习特点的智能化教学系统,通过收集、分析学习者的数据和行为,利用人工智能和大数据技术,实现个性化教学内容和学习路径的智能调整,以满足学生的个性化学习需求和提高学习效果。

探讨自适应学习系统的发展动态是了解其发展趋势和重点的重要途径。随着信息技术和人工智能技术的不断发展,自适应学习系统在教育领域得到了广泛的应用和推广。越来越多的教育机构和在线学习平台开始引入自适应学习系统,为学生提供个性化、高效率的学习服务,取得了良好的效果和反响。

深入探讨自适应学习系统的优势与特点是了解其相对于传统教学模式的优势和特点。自适应学习系统具有个性化教学、高效率学习、灵活性强、互动性强等诸多优点。它能够根据学生的学习情况和特点,智能地调整教学内容和学习路径,提高学生的学习效率和学习成效,增强学生的学习兴趣和动力。

自适应学习系统适用于各个教育阶段和各个学科领域,包括学校教育、在线教育、企业培训等多个领域。在学校教育中,自适应学习系统可以替代传统教材,为学生提供个性化、高效率的学习服务。在在线教育中,自适应学习系统可以实现远程教学和自主学习,为学生提供灵活、便捷的学习方式。在企业培训中,自适应学习系统可以根据员工的职业需求和学习能力,定制个性化的培训计划和学习内容,提高员工的工作效率和绩效水平。

自适应学习系统的技术支持是了解其推广和应用的基础。自适应学习系统的实现依托于人工智能技术、大数据技术、机器学习技术等多种技术手段。教育机构需要建立完善的自适应学习系统平台,包括学生数据采集与分析系统、智能教学内容生成系统、学习路径优化系统等,为学生提供个性化、智能化的学习服务。

自适应学习系统的挑战与未来发展是了解其发展过程中面临的问题和困难。自适应学习系统的发展面临着内容质量、数据隐私、算法优化等方面的挑战。教育机构需要加强对自适应学习系统的质量监管和内容审核,保障学习资源的质量和安全。需要不断优化算法和模型,提高系统的智能化水平和学习效果。

二、活页式教材管理的内容发展趋势

(一)跨学科教材

了解跨学科教材的定义与特点是理解其作用和意义的基础。跨学科教材是指将不同学科的知识内容有机地结合在一起，打破了学科间的界限，提供更加综合和全面的学习内容。跨学科教材的特点包括内容丰富、知识综合、学科整合、教学灵活等，能够帮助学生更好地理解和应用知识，提高学习效果和学习兴趣。

探讨跨学科教材的发展动态是了解其发展趋势和重点的重要途径。随着教育教学理念的不断更新和教育改革的不断深化，跨学科教育逐渐受到了越来越多的关注和重视。越来越多的教育机构和教育者开始设计和编写跨学科教材，为学生提供更加丰富和多样化的学习资源，推动学科之间的融合和交叉。

深入探讨跨学科教材的优势与意义是了解其相对于传统教材的优势和意义。跨学科教材能够帮助学生更好地理解和应用知识，培养学生的综合素质和创新能力，提高学生的综合分析和解决问题的能力。跨学科教材能够促进学科之间的交流和合作，打破学科间的壁垒，推动学科整合和教学改革。

探讨跨学科教材的应用场景是了解其实际应用和推广情况。跨学科教材适用于各个教育阶段和各个学科领域，包括学校教育、在线教育、终身教育等多个领域。在学校教育中，跨学科教材可以帮助学生建立综合性知识体系，提高学生的学习效果和学习兴趣。在在线教育中，跨学科教材可以实现跨地域、跨时间的学习，为学生提供更加灵活和便捷的学习方式。

深入探讨跨学科教材的设计原则是了解其编写和实施的基础。跨学科教材的设计原则包括内容整合、知识融通、学科交叉、教学灵活等。教育机构和教育者需要结合学生的学习需求和学科发展的趋势，设计和编写符合实际情况的跨学科教材，为学生提供更加全面和深入的学习内容。

（二）项目式学习资源

了解项目式学习资源的定义与特点是理解其作用和意义的基础。项目式学习资源是一种基于项目和任务的学习模式，将学习内容和任务组织成项目，让学生在实际项目中学习和实践，提高学生的实践能力和解决问题的能力。项目式学习资源的特点包括任务驱动、实践性强、团队合作、问题导向等，能够促进学生的主动学习和综合能力的提高。

探讨项目式学习资源的发展背景是了解其发展趋势和重点的重要途径。随着教育理念的不断更新和教育改革的不断深化，项目式学习逐渐受到了越来越多的关注和重视。越来越多的教育机构和教育者开始设计和编写项目式学习资源，为学生提供更加贴近实际的学习内容和任务，推动学生的全面发展和综合素质的提高。

深入探讨项目式学习资源的优势与意义是了解其相对于传统教学模式的优势和意义。项目式学习资源能够培养学生的实践能力和解决问题的能力，提高学生的创新精神和团队合作能力，促进学生的综合素质和终身学习能力的提高。项目式学习资源能够提高学生的学习兴趣和学习动力，激发学生的学习热情和探索精神。

探讨项目式学习资源的设计原则是了解其编写和实施的基础。项目式学习资源的设计原则包括任务设置、资源整合、学习评价等。教育机构和教育者需要根据学科特点和学生需求，设计和编写符合实际情况的项目式学习资源，为学生提供丰富多样、贴近生活的学习内容和任务，促进学生的全面发展和综合素质的提高。

了解项目式学习资源的应用场景是了解其实际应用和推广情况。项目式学习资源适用于各个教育阶段和各个学科领域，包括学校教育、在线教育、终身教育等多个领域。在学校教育中，项目式学习资源可以替代传统教材，为学生提供更加贴近实际、具有挑战性的学习任务，提高学生的实践能力和解决问题的能力。在在线教育中，项目式学习资源可以实现跨地域、跨时间的学习，为学生提供更加灵活和便捷的学习方式。

深入探讨项目式学习资源的实施挑战是了解其发展过程中面临的问题和困难。项目式学习资源的实施面临着任务设计、教学管理、学生评价等方面的挑战。教育机构和教育者需要加强对项目式学习资源的研究和探索，不断完善教学内容和任务设计，提高教师的教学能力和素质，推动项目式学习资源的深入发展。

（三）实时更新机制

了解实时更新机制的定义与特点是理解其作用和意义的基础。实时更新机制是指通过网络和数字技术，及时更新教材内容，保持其与最新知识的同步。与传统印刷教材相比，实时更新教材具有内容更新快、信息更新及时、反馈交流方便等特点，能够更好地满足学生和教师的学习和教学需求。

探讨实时更新机制的应用场景是了解其实际应用和推广情况。实时更新机制适用于各个教育阶段和各个学科领域，包括学校教育、在线教育、终身教育等多个领域。在学校教育中，实时更新教材可以为学生提供最新的学习内容和信息，保持教育教学与时俱进。在在线教育中，实时更新教材可以实现即时更新和自主学习，为学生提供更加灵活和便捷的学习方式。

深入探讨实时更新机制的优势与挑战是了解其相对于传统教材的优势和面临的困难。实时更新教材的优势包括内容更新快、信息更新及时、学习反馈及时等，能够提高学生的学习效率和学习质量。但是，实时更新教材也面临着内容质量、知识版权、数据安全等方面的挑战，需要加强对教材内容和信息的审核和管理，保障教育教学的质量和安全。

探讨实时更新机制的技术支持是了解其推广和应用的基础。实时更新教材的实现依托于网络技术、数字技术、大数据技术等多种技术手段。教育机构需要建立完善的教育信息化平台，包括教材更新系统、学习管理系统、数据分析系统等，为教师和学生提供全方位的学习支持和服务。

了解实时更新机制的实施策略是了解其推广和应用的具体措施。实时更新教材的实施需要建立健全的管理机制，包括教材更新机制、内容审核机制、信息反馈机制等。

教育机构和教育者需要加强对教材内容和信息的监管和管理，保障教育教学的质量和安全。

第二节 活页式教材管理的创新与转型策略

一、活页式教材管理的创新策略

（一）数字化转型创新

了解数字化转型创新的定义与特点是理解其作用和意义的基础。数字化转型创新是指利用信息技术和互联网技术，将传统的纸质教材转化为数字化形式，为学生提供更加丰富、灵活和个性化的学习资源。与传统教材相比，数字化教材具有内容丰富、交互性强、便携性好等特点，能够提高学生的学习效率和学习体验。

随着信息技术和互联网技术的不断发展，数字化转型在教育领域得到了广泛的应用和推广。越来越多的教育机构和教育者开始采用数字化教材，为学生提供更加丰富和个性化的学习资源，推动教育教学的变革和创新。

数字化教材的优势包括内容丰富、交互性强、学习资源丰富等，能够提高学生的学习效率和学习体验。但是，数字化教材也面临着内容质量、技术支持、版权保护等方面的挑战，需要加强对教材内容和信息的审核和管理，保障教育教学的质量和安全。

探讨数字化转型创新的实施策略是了解其推广和应用的具体措施。数字化转型创新的实施需要从技术、管理、教学等多个方面进行全面推进。教育机构和教育者需要建立完善的数字化教育平台，包括教材编写系统、学习管理系统、教学评价系统等，为学生提供全方位的学习支持和服务。还需要加强教师的培训和能力建设，提高教师应对数字化教学的能力和水平。

（二）数据驱动管理创新

了解数据驱动管理的定义与特点是理解其作用和意义的基础。数据驱动管理是指通过收集、分析和利用大量的数据，进行科学决策和管理，以提升效率和优化业务流程的管理方式。与传统的经验主义管理相比，数据驱动管理更加科学、客观和高效，能够为管理者提供更加准确和及时的决策支持。

数据驱动管理适用于教育管理的各个环节和领域，包括学生管理、教学管理、资源配置、课程设计等。在学生管理方面，可以利用学生数据进行学习情况分析、行为预测和个性化辅导，帮助学生更好地实现个性化发展。在教学管理方面，可以利用教学数据进行课程评估、教学效果分析和教学质量改进，提高教学质量和学习效果。

深入探讨数据驱动管理的优势与挑战是了解其相对于传统管理方式的优势和面临的困难。数据驱动管理的优势包括决策科学、资源优化、效率提升等，能够为教育管理者提供更加科学和客观的决策支持，提高管理效率和管理水平。但是，数据驱动管理也面临着数据质量、数据安全、数据隐私等方面的挑战，需要加强对数据的管理和保护，保障教育数据的安全和可靠性。

数据驱动管理的实施需要建立完善的数据管理和分析体系，包括数据收集、数据存储、数据分析、数据应用等环节。教育机构和教育管理者需要加强对教育数据的收集和管理，提高数据分析和应用的能力，推动数据驱动管理在教育管理中的深入应用。

二、活页式教材管理的转型策略

（一）扁平化管理

扁平化管理是指将传统的复杂的管理层级结构简化为较少的层级，减少管理层级之间的垂直沟通，增强管理层级之间的水平沟通和协作，提高管理效率和灵活性。与传统的层级管理相比，扁平化管理更加灵活、高效，能够更快地适应环境变化和管理需求。

探讨扁平化管理的实施动机是了解其推动因素和背景。教育管理者和教育机构之所以采取扁平化管理的举措，主要是为了应对日益复杂和变化的教育环境，提高管理效率和灵活性，促进教育教学的创新和发展。扁平化管理还可以提高教育管理者和教育工作者的工作满意度和工作积极性，激发组织的创新和活力。

深入探讨扁平化管理的优势与挑战是了解其相对于传统管理方式的优势和面临的困难。扁平化管理的优势包括减少管理层级、提高管理效率、促进组织创新等，能够为教育管理者提供更加灵活和高效的管理方式，提高教育教学的质量和效益。但是，扁平化管理也面临着沟通协调困难、权责不清、员工发展受限等挑战，需要加强对组织文化和组织氛围的建设，提高组织成员的自我管理能力和团队协作能力。

探讨扁平化管理的实施策略是了解其推广和应用的具体措施。扁平化管理的实施需要建立灵活高效的组织结构和管理流程，包括简化管理层级、优化决策流程、加强沟通协作等。教育机构和教育管理者需要根据实际情况和管理需求，制定相应的扁平化管理方案，推动管理体制和管理机制的改革和创新。

（二）跨部门协作

在现代教育中，活页式教材管理的需求不断增加。各个部门之间的协作对于教材的高效管理和使用至关重要。学术部门与图书馆的合作是转型策略的关键。学术部门需要明确教学需求，而图书馆则负责资源的收集和整理。两者协同，可以确保教材资源的及时更新与共享。

技术部门的支持不可或缺。活页式教材的数字化管理需要强大的技术后台。技术部门应开发和维护一个易于操作的数字平台，方便教师和学生查找和使用教材。这种技术支持不仅提高了资源的利用效率，还增强了用户体验。

财务部门的配合也是成功转型的保障。活页式教材的采购和维护需要资金支持。财务部门应与学术部门密切沟通，确保资金的合理分配和使用。制定合理的预算计划，以保证教材资源的持续更新和完善。

人力资源部门也在转型过程中扮演着重要角色。人力资源部门应负责培训和考核教师和学生，确保他们能够熟练使用活页式教材管理系统。通过定期的培训和考核，可以提高使用效率，增强用户的满意度。

管理层的决策和支持是推动转型的核心力量。管理层应制定明确的政策和标准，确保各部门的工作方向一致。定期召开跨部门会议，了解和解决在实施过程中遇到的问题，确保项目的顺利推进。

跨部门的沟通与协调尤为重要。各部门应建立有效的沟通机制，确保信息的及时传递和共享。通过定期的沟通，可以及时发现和解决问题，提高工作的协同效率。

在这个过程中，用户反馈的收集和分析也不可忽视。通过对教师和学生的反馈进行分析，可以不断优化教材管理系统，满足用户的需求。用户反馈不仅是改进系统的重要依据，也是衡量系统成效的重要指标。

数据的安全与隐私保护也是转型过程中需要关注的重点。技术部门应制定和实施严格的数据安全措施，确保用户数据的安全和隐私不受侵犯。这不仅保护了用户的权益，也提高了系统的可信度。

跨部门的合作还应关注教材内容的多样性和包容性。学术部门应与各学科的专家合作，确保教材内容的科学性和全面性。通过引入多元化的教材内容，可以满足不同学生的学习需求，促进教育公平。

（三）灵活工作机制

随着教育领域的不断发展，活页式教材管理成为各大院校和教育机构关注的热点。为了更好地适应教学需求，灵活工作机制在活页式教材管理中的应用显得尤为重要。具体而言，制定灵活的工作机制可以有效提高教材管理的效率和质量。

灵活的工作机制需要打破传统的固定工作模式。各部门应根据实际情况灵活安排工作时间和任务分配，以确保教材管理工作的高效开展。图书馆和学术部门可以采用弹性工作制，让员工在不影响工作的前提下，合理安排工作时间，提高工作效率。

跨部门的协作机制需要更加灵活。传统的部门界限往往限制了工作的高效开展，建立跨部门的协作机制显得尤为重要。各部门应建立起畅通的信息交流渠道，定期召开跨部门会议，讨论教材管理中的问题和解决方案。这种灵活的协作机制可以确保各部门的工作方向一致，减少不必要的摩擦和重复劳动。

技术支持是灵活工作机制的重要保障。为了实现灵活的教材管理，必须依赖于强大的技术支持。技术部门应开发和维护一个灵活、高效的数字平台，方便各部门进行信息共享和协同工作。通过技术手段，可以实现教材的快速更新和高效管理，提高整体工作效率。

灵活的工作机制还需要注重员工的培训和发展。人力资源部门应制定灵活的培训计划，根据员工的实际情况进行针对性的培训。通过灵活的培训机制，可以提高员工的专业技能和工作效率，确保教材管理工作的顺利进行。

在资金管理方面，灵活的预算编制和资金使用机制也是必不可少的。财务部门应根据实际需求，灵活调整预算计划，确保资金的合理分配和使用。通过灵活的资金管理，可以确保教材资源的及时更新和维护，提高教材管理的效率和质量。

用户反馈机制也需要更加灵活。为了更好地了解用户的需求和意见，各部门应建立起灵活的反馈机制，及时收集和分析用户反馈。通过灵活的反馈机制，可以不断优化教材管理系统，满足用户的需求，提高用户满意度。

灵活的工作机制还需要注重团队建设和员工激励。各部门应根据实际情况，制定灵活的团队建设计划，增强团队的凝聚力和协作能力。通过灵活的激励机制，可以提高员工的工作积极性和主动性，确保教材管理工作的高效开展。

灵活的工作机制需要建立起科学的绩效考核体系。人力资源部门应根据实际情况，制定灵活的绩效考核标准和方法，确保员工的工作表现得到公平、公正的评价。通过灵活的绩效考核，可以激发员工的工作热情和创造力，提高整体工作效率。

数据管理方面，灵活的数据存储和使用机制也是转型过程中需要关注的重点。技术部门应根据实际需求，灵活调整数据存储和使用策略，确保数据的安全和高效管理。通过灵活的数据管理，可以提高数据的利用效率，支持教材管理工作的顺利进行。

灵活的工作机制需要注重风险管理和应急预案。各部门应根据实际情况，制定灵活的风险管理和应急预案，确保在突发情况下，能够迅速响应和解决问题。通过灵活的风险管理，可以提高教材管理工作的安全性和稳定性。

第三节　活页式教材管理的可持续发展路径探讨

一、活页式教材管理的可持续发展策略

（一）采用可再生材料

在现代教育体系中，活页式教材管理的可持续发展成为各大教育机构和出版社关注的焦点。为实现这一目标，采用可再生材料制作教材是一种行之有效的方法。这样的举措不仅能够减少对环境的负面影响，还能提升教材的经济和社会价值。

采用可再生材料有助于减少环境污染。传统教材多采用纸质材料，而纸张的生产过程需要大量的木材、水资源和化学品，造成了严重的环境污染。相比之下，可再生材料如再生纸、生物塑料等具有更低的环境负担，可以有效减少资源消耗和污染排放。

可再生材料具有良好的循环利用性。传统纸质教材在使用后往往被丢弃，造成资源的浪费。而采用可再生材料制作的教材可以在使用后进行回收再利用，形成资源的循环使用。这不仅节约了资源，还减少了废弃物的产生，有助于实现教材管理的可持续发展。

采用可再生材料可以降低生产成本。随着技术的进步，可再生材料的生产成本不断降低。采用这些材料制作教材，不仅可以减少对传统资源的依赖，还能降低教材的生产成本，提高经济效益。这对于教育机构和出版社来说，都是一种双赢的选择。

采用可再生材料制作教材，可以提升教材的创新性和多样性。可再生材料具有多种形式和特性，如再生纸、生物塑料、可降解聚合物等，可以为教材的设计和制作提供更多的选择。通过采用这些创新材料，可以制作出更具创意和吸引力的教材，提升学生的学习兴趣和效果。

采用可再生材料有助于提升社会责任感。现代社会对环境保护和可持续发展的关注度不断提高，教育机构和出版社作为社会的一部分，也应积极履行社会责任。通过采用可再生材料制作教材，可以向社会传递环保和可持续发展的理念，增强社会责任感和公众认可度。

从教育的角度来看，采用可再生材料制作教材，可以培养学生的环保意识。通过使用这些环保教材，学生可以更直观地感受到环保的重要性，增强环保意识和责任感。这对于培养下一代的环保观念和行为习惯，具有重要的教育意义。

在政策支持方面，政府和相关部门应积极推动可再生材料在教材制作中的应用。通过制定相应的政策和标准，鼓励和支持教育机构和出版社采用可再生材料制作教材。可以提供资金和技术支持，帮助解决在推广过程中遇到的实际问题，推动这一策略的全面实施。

采用可再生材料制作教材需要相关技术的支持和发展。技术部门应加大对可再生材料技术的研究和开发，提升材料的性能和应用范围。通过技术创新，可以提高可再生材料的质量和可操作性，为教材的制作提供有力的技术支持。

在实施过程中，需要建立起完善的管理和评价体系。各教育机构和出版社应制定相应的管理规范和评价标准，确保可再生材料在教材制作中的应用达到预期效果。通过定期的检查和评估，可以及时发现和解决问题，确保策略的顺利实施。

公众宣传和教育也是推动这一策略的重要手段。通过广泛的宣传和教育活动，可以提高公众对可再生材料和环保教材的认识和接受度。通过社会的共同努力，可以推动教材管理的可持续发展，建设更加绿色和环保的教育体系。

(二)经济可行性

在现代教育系统中,活页式教材管理的可持续发展策略不仅需要环保性,还需具备经济可行性。经济可行性是实现这一策略的关键因素,因为只有在经济上可行,才能广泛推广和应用。通过具体分析,可以更好地理解其经济可行性。

活页式教材的使用寿命更长。传统教材的使用往往受到其整体性和耐久性的限制,而活页式教材则由于其模块化设计,可以根据需要进行局部更新和替换。这种方式不仅延长了教材的使用寿命,还减少了整体更换的频率,从而降低了长期成本。

活页式教材的制作成本相对较低。虽然初期投入可能略高,但由于可以分批次印刷和按需更新,避免了传统教材大批量印刷和库存积压的问题。尤其是在教育需求变化较快的情况下,活页式教材的灵活性可以有效减少资源浪费和库存成本。

活页式教材有助于减轻学生的经济负担。学生可以根据课程需要购买部分教材内容,而不必一次性购买整套教材。这种按需购买的方式不仅减少了教材费用,还提高了资源利用效率,减轻了家庭的经济压力。

活页式教材便于二手市场的流通。由于其模块化设计,学生可以更方便地将不再需要的部分教材转卖或交换,增加了教材的循环利用率。这不仅为学生提供了经济上的便利,也促进了教材的再利用和资源节约。

活页式教材的印刷和制作可以利用数字印刷技术。数字印刷技术不仅提高了印刷的效率和质量,还减少了印刷成本。通过按需印刷,可以避免传统印刷方式中的大量浪费和过剩库存,从而降低总成本。

从出版商的角度来看,活页式教材的推广有助于减少退货和库存管理的压力。传统教材的退货和库存管理往往需要大量的人力和财力,而活页式教材由于其灵活的更新和订购方式,可以有效减少这一负担,提高经营效率。

在政策层面,政府和教育机构可以通过补贴和激励措施,支持活页式教材的推广和使用。可以通过提供财政补贴或税收优惠,降低出版社和学校的初期投入成本,促进这一可持续发展策略的实施。

技术进步是实现经济可行性的关键。随着印刷和数字技术的发展,活页式教材的制作成本将不断降低,质量不断提高。这不仅使其在经济上更加可行,还提高了教材的使用体验和教学效果。

活页式教材的推广需要良好的市场环境。通过市场调研和推广,可以提高教师和学生对活页式教材的认可和接受度。市场需求的增加将推动规模化生产,进一步降低成本,实现经济可行性。

从长期来看,活页式教材的可持续发展策略将带来显著的经济效益。通过降低生产和使用成本,提高资源利用效率,活页式教材不仅在经济上可行,还将推动教育资源的优化配置和教育质量的提升。

在此过程中，跨部门合作是实现经济可行性的保障。教育机构、出版商、政府和技术公司需要共同努力，制定合理的策略和措施，确保活页式教材管理的可持续发展目标得以实现。

二、活页式教材管理的发展路径

（一）构建创新文化

随着教育改革的深入，活页式教材管理日益受到关注和重视。为了使这种新型教材管理方式更好地服务于教育教学，构建创新文化成为推动其发展的重要路径。通过多方面的创新，可以有效提升活页式教材管理的效率和质量。

创新文化需要从理念上进行革新。教育机构和出版社应树立创新思维，打破传统教材管理的固有模式，积极探索和尝试新的管理方式和技术。只有在理念上实现创新，才能为后续的具体实践奠定坚实基础。

技术创新是推动活页式教材管理的重要动力。现代信息技术的飞速发展为教材管理提供了丰富的工具和手段。通过引入先进的数字化技术，可以实现教材的高效管理和使用。利用云计算和大数据技术，可以建立起覆盖全校的教材管理平台，方便教师和学生随时随地查阅和使用教材。

内容创新是提升活页式教材吸引力和实用性的关键。教材内容应与时俱进，不断更新和优化，确保其科学性和前沿性。教育机构应鼓励教师和专家参与教材的编写和修订工作，确保教材内容能够满足不同学科和课程的需求，提高教学效果。

形式创新可以增强教材的互动性和趣味性。活页式教材的模块化设计为形式创新提供了广阔的空间。可以通过增加多媒体元素，如视频、音频、动画等，丰富教材的表现形式，提升学生的学习兴趣和参与度。这种互动性和趣味性的提升，有助于激发学生的学习动机，提高学习效果。

管理创新是实现活页式教材高效运作的保障。教育机构应建立起完善的管理机制，明确各部门的职责和分工，确保教材管理工作的有序开展。可以设立专门的教材管理部门，负责教材的采购、存储、分发和更新等工作。建立起严格的考核和评价机制，确保教材管理工作的质量和效率。

从教师的角度来看，教学方法的创新也至关重要。活页式教材的灵活性为教师提供了更多的教学方法选择。可以根据学生的学习进度和兴趣，灵活调整教学内容和方式，实施个性化教学。这种教学方法的创新，不仅提高了教学效果，还增强了学生的学习体验。

在政策支持方面，政府和教育主管部门应积极推动创新文化的建设。通过制定相应的政策和标准，鼓励和支持教育机构和出版社进行创新。可以提供资金和技术支持，帮助解决在创新过程中遇到的实际问题，推动活页式教材管理的全面发展。

为了更好地构建创新文化，人才培养和引进也是不可忽视的环节。教育机构应注重创新型人才的培养，通过开展各种培训和交流活动，提高教师和管理人员的创新意识和能力。可以引进具备创新能力和经验的专业人才，增强教材管理队伍的创新力。

跨部门协作是构建创新文化的重要保障。各部门应建立起有效的沟通和协作机制，确保信息的及时传递和共享。学术部门、技术部门、财务部门和人力资源部门应紧密合作，共同推动活页式教材管理的创新和发展。通过跨部门的协作，可以形成合力，提高工作的整体效率和质量。

在实施过程中，创新文化的构建还需要不断总结和反思。教育机构应定期对教材管理工作进行总结和评估，及时发现和解决问题，不断优化和改进管理方式和措施。通过总结和反思，可以不断积累经验，提高创新文化的建设水平。

构建创新文化还需要广泛的社会参与和支持。教育机构应加强与社会各界的联系和合作，借鉴和吸收各方面的创新经验和做法。可以与科技公司、高校和科研机构合作，开展联合研究和开发项目，推动活页式教材管理的创新和发展。

（二）强化社会责任

在现代教育体系中，活页式教材管理不仅要注重教学效果和经济效益，还应当强化社会责任。强化社会责任是提升教材管理水平的重要途径，对于教育机构、出版社和整个社会而言都具有深远的意义。通过多方面的努力，可以全面推进活页式教材管理的社会责任建设。

强化社会责任需要树立明确的责任意识。教育机构和出版社应当深刻认识到自身在教材管理中的社会责任，不仅仅是提供高质量的教学资源，还要关注教材的环保性、可持续性和社会影响。只有树立明确的责任意识，才能在实际工作中践行社会责任。

环保责任是社会责任的重要组成部分。活页式教材在生产和使用过程中，应当尽可能减少对环境的负面影响。可以采用环保材料和绿色印刷技术，减少有害物质的排放和资源的浪费。通过环保措施，可以减少教材对环境的影响，践行可持续发展的理念。

社会责任还包括关注教材的公平性和普及性。教育资源的公平分配是社会责任的重要体现，活页式教材应当努力实现资源的公平普及。教育机构和出版社应当通过多种途径，确保不同地区和不同社会阶层的学生都能够获得优质的教育资源。可以通过公益项目、捐赠活动等方式，帮助贫困地区和家庭获得教材资源。

教材的安全性也是社会责任的体现。活页式教材的设计和制作应当符合相关的安全标准，避免使用有害物质，确保学生在使用教材时的安全。在选择纸张和印刷材料时，应当优先选择无毒、无害的环保材料，保障学生的健康。

社会责任还体现在对教育质量的不断追求上。活页式教材管理应当始终以提升教育质量为目标，不断优化和更新教材内容，确保其科学性和前沿性。教育机构应当鼓励教师和专家参与教材的编写和修订工作，提高教材的专业水平和教学效果。

从长远来看，社会责任还包括对未来教育发展的支持和推动。活页式教材管理应当注重前瞻性，关注教育的发展趋势和需求，积极探索和尝试新的教育模式和技术。可以通过数字化和智能化手段，提升教材的互动性和个性化，推动教育的现代化和信息化发展。

在政策层面，政府和教育主管部门应当积极推动社会责任的建设。通过制定相应的政策和标准，鼓励和支持教育机构和出版社强化社会责任。可以通过政策引导和资金支持，推动环保教材的研发和推广，提升教育资源的公平性和普及性。

为了更好地践行社会责任，教育机构应当加强与社会各界的合作。通过与环保组织、公益机构、高校和科研机构的合作，可以借鉴和吸收各方面的经验和做法，提升教材管理的社会责任水平。可以联合开展环保宣传和教育活动，提高学生和公众的环保意识和社会责任感。

在实施过程中，社会责任的强化需要完善的管理机制和评价体系。教育机构和出版社应当建立起完善的社会责任管理机制，明确各部门的职责和分工，确保社会责任的有效落实。建立起严格的评价体系，对社会责任的落实情况进行定期检查和评估，及时发现和解决问题，确保社会责任的全面落实。

人才培养和引进也是强化社会责任的重要环节。教育机构应当注重社会责任型人才的培养，通过开展各种培训和交流活动，提高教师和管理人员的社会责任意识和能力。可以引进具备社会责任意识和经验的专业人才，增强教材管理队伍的社会责任力。

在教材内容方面，强化社会责任还包括增加社会责任教育的内容。教材应当融入环保、可持续发展、社会公平等方面的内容，培养学生的社会责任意识和行为习惯。可以通过案例分析、社会实践等方式，引导学生关注社会问题，增强社会责任感。

公众参与和社会监督也是强化社会责任的重要保障。教育机构应当加强与学生、家长和社会各界的沟通和互动，听取各方面的意见和建议，提升教材管理的透明度和公众参与度。通过公众参与和社会监督，可以提高社会责任的落实效果，推动活页式教材管理的不断进步。

（三）以用户为中心

在现代教育体系中，活页式教材管理的发展路径需要紧紧围绕以用户为中心的理念。用户在这里主要指教师和学生，作为教材的直接使用者，他们的需求和反馈对教材管理的优化和发展具有重要意义。通过多方面的改进和创新，可以有效提升活页式教材的使用体验和教学效果。

以用户为中心意味着需要深入了解用户需求。教育机构和出版社应通过调研、访谈、问卷等方式，全面了解教师和学生在教材使用过程中的实际需求和遇到的问题。只有充分了解用户需求，才能有针对性地进行改进和优化。

活页式教材的设计应注重用户体验。教材的排版、印刷、内容编排等都应充分考虑用户的使用便利性。教材的字体大小、颜色搭配、插图和图表的设计等，应符合人体工学和阅读习惯，提升用户的阅读体验。

内容的更新和维护应以用户为导向。教师和学生的反馈对教材内容的改进具有重要参考价值。教育机构应建立反馈机制，及时收集和分析用户的意见和建议，根据实际情况对教材内容进行更新和优化，确保其科学性和前沿性。

活页式教材的灵活性和个性化是以用户为中心的重要体现。教材应能够根据不同的教学需求进行灵活调整和组合，满足不同学科和课程的需要。可以通过模块化设计，使教师能够根据教学进度和学生水平，自由选择和组合教材内容，实施个性化教学。

数字化技术的应用可以大大提升教材的用户体验。通过数字化平台，教师和学生可以随时随地访问和使用教材资源。可以通过电子书、在线学习平台、移动应用等方式，提供丰富的数字化教材内容和辅助资源，提升学习的便捷性和互动性。

从教师的角度来看，以用户为中心还意味着提供更多的教学支持。教育机构应为教师提供丰富的教学资源和培训，提高其使用活页式教材的能力和效果。可以通过教学研讨会、在线课程、教师培训等方式，帮助教师掌握活页式教材的使用方法和教学技巧，提升教学质量。

学生是教材的主要用户，他们的学习效果直接关系到教材的使用效果。以用户为中心的教材管理应注重提升学生的学习兴趣和参与度。可以通过增加多媒体元素、互动内容、实践活动等方式，激发学生的学习动机，提高学习效果。

在政策层面，政府和教育主管部门应积极支持以用户为中心的教材管理。通过制定相应的政策和标准，鼓励和支持教育机构和出版社进行用户调研和反馈机制的建设。可以提供资金和技术支持，帮助解决在实施过程中遇到的实际问题，推动以用户为中心的教材管理全面发展。

技术创新是实现以用户为中心的重要保障。随着信息技术的发展，教材管理的数字化和智能化成为可能。教育机构应积极引入先进的技术手段，提升教材的数字化水平和智能化程度。可以通过大数据分析、人工智能等技术，提供个性化的学习推荐和辅导服务，提升用户体验。

在实施过程中，以用户为中心的教材管理需要建立起完善的管理机制和评价体系。教育机构应制定明确的管理规范和评价标准，确保教材管理工作的有序开展和用户需求的及时响应。可以设立专门的用户服务部门，负责用户需求的收集和处理，提高用户满意度。

跨部门协作是实现以用户为中心的重要途径。各部门应紧密合作，共同推动教材管理的优化和改进。学术部门、技术部门、市场部门和客服部门应建立起有效的沟通和协作机制，确保信息的及时传递和问题的快速解决，提高工作效率和用户体验。

为了更好地以用户为中心，教育机构应注重用户教育和引导。通过开展各种宣传和教育活动，提高用户对活页式教材的认识和接受度。可以通过宣传手册、培训课程、使用指南等方式，帮助用户了解和掌握活页式教材的使用方法和优势，提升用户满意度。

以用户为中心的教材管理还需要不断总结和反思。教育机构应定期对教材管理工作进行总结和评估，及时发现和解决问题，不断优化和改进管理方式和措施。可以通过用户满意度调查、使用效果评估等方式，了解用户的实际体验和反馈，持续提升教材管理水平。

第四节 活页式教材管理的社会责任与使命

一、活页式教材管理的社会责任

（一）教育公平

在现代教育体系中，活页式教材管理不仅是提升教学质量和效率的重要手段，更承载着促进教育公平的重要社会责任。教育公平意味着每一个学生，无论其家庭背景或地理位置，都应当有平等的机会获得优质的教育资源。通过多方面的努力，活页式教材管理可以在实现教育公平方面发挥积极作用。

教育公平需要从资源分配的公平性入手。教育机构应确保活页式教材能够普及到各个地区，尤其是偏远和贫困地区的学校。通过合理的资源分配和政策支持，确保每一个学生都能获得所需的教材资源，缩小城乡教育差距。

价格的可负担性是实现教育公平的关键。活页式教材的一个显著优势在于其模块化设计，使得学生可以按需购买教材内容，而不必一次性支付整套教材的高昂费用。这种灵活的购买方式，不仅降低了学生的经济负担，还提高了资源利用效率。

活页式教材的灵活性为个性化教育提供了可能。每个学生的学习进度和需求各不相同，活页式教材可以根据学生的实际情况进行灵活组合和调整，满足不同学生的个性化学习需求。这种个性化的教育方式，有助于每个学生在其最佳状态下学习，提升学习效果。

教材的可获得性是实现教育公平的重要保障。通过建立完善的教材供应和分发机制，确保教材能够及时送达各个学校和学生手中。可以通过建立教材配送中心、开展教材捐赠活动等方式，提高教材的可获得性，确保学生能够及时获得所需教材。

数字化技术的应用可以大大提升教材的普及性和公平性。通过数字化平台，学生可以随时随地访问和使用教材资源。可以通过电子书、在线学习平台、移动应用等方式，提供丰富的数字化教材内容和辅助资源，提升教材的普及性和使用便捷性。

从教师的角度来看，教学资源的公平分配同样重要。教育机构应为教师提供均等的培训和资源支持，帮助教师更好地使用活页式教材，提高教学质量。可以通过在线培训课程、教学研讨会、教师交流平台等方式，促进教师之间的经验交流和资源共享，提升整体教学水平。

在政策层面，政府和教育主管部门应积极推动教育公平的实现。通过制定相应的政策和标准，确保教育资源的公平分配和使用。可以通过财政补贴、政策支持等方式，帮助贫困地区和家庭获得教材资源，缩小教育差距。

社会各界的参与是实现教育公平的重要力量。教育机构应加强与社会各界的合作，借助社会资源推动教育公平。可以与企业、公益组织、高校和科研机构合作，开展教育公益项目、教材捐赠活动等，帮助更多学生获得优质教育资源。

技术创新是实现教育公平的有力工具。随着信息技术的发展，教材管理的数字化和智能化成为可能。教育机构应积极引入先进的技术手段，提升教材的数字化水平和智能化程度。可以通过大数据分析、人工智能等技术，提供个性化的学习推荐和辅导服务，提升教育公平性。

在实施过程中，教育公平的实现需要建立起完善的管理机制和评价体系。教育机构应制定明确的管理规范和评价标准，确保教材管理工作的有序开展和教育公平的实现。可以设立专门的教育公平部门，负责教育资源的分配和使用，提高教育公平水平。

教育公平还需要通过用户教育和引导来实现。教育机构应通过宣传和教育活动，提高学生和家长对教育公平的认识和重视。可以通过宣传手册、培训课程、使用指南等方式，帮助用户了解和掌握活页式教材的使用方法和优势，提升教育公平意识。

教育公平的实现还需要不断总结和反思。教育机构应定期对教育公平工作进行总结和评估，及时发现和解决问题，不断优化和改进管理方式和措施。可以通过用户满意度调查、使用效果评估等方式，了解教育公平的实际情况和效果，持续提升教育公平水平。

（二）环境保护

在当前全球环境问题日益严峻的背景下，活页式教材管理应当承担起相应的社会责任，积极推动环境保护工作。环境保护不仅是对未来世代的责任，也是对我们自身生存和发展的重要保障。活页式教材管理通过减少资源消耗、降低碳排放、推动循环利用等方式，可以有效促进环境保护的工作。

活页式教材管理应致力于减少资源消耗。传统纸质教材的制作需要大量的木材、水资源和能源，对环境造成较大压力。而活页式教材采用可重复使用的材料，如塑料或金属环装，可以减少对自然资源的开采和消耗，有利于保护森林资源和水资源。

活页式教材管理应注重减少碳排放。传统纸质教材的制作过程中会产生大量的二氧化碳，加剧了温室气体的增加和气候变化问题。而活页式教材的可重复使用性和数字化应用，可以减少纸张的使用量，降低碳排放，减缓气候变化的影响。

　　活页式教材管理应促进循环利用和废弃物处理。传统纸质教材一旦使用完毕，往往成为废弃物，对环境造成污染和负担。而活页式教材可以多次使用，减少了废弃物的产生，同时应推动废弃教材的分类回收和再利用，促进循环经济的发展。

　　数字化技术的应用也是推动环境保护的重要手段。活页式教材可以通过电子书、在线学习平台、移动应用等数字化方式传播和使用，减少了纸张的消耗和碳排放，降低了对自然资源的需求，有利于推动数字化教育的发展和环境保护的实现。

　　在教材生产过程中，应注重节能减排和环保技术的应用。教材生产企业应推广清洁生产技术，减少生产过程中的能源消耗和排放，提升生产效率和资源利用率。应加强对供应商的环境保护要求，鼓励使用环保材料和技术，减少环境污染和生态破坏。

　　教育机构和出版社在教材选择和推广过程中，应考虑环境友好性。优先选择符合环保标准和认证的活页式教材产品，鼓励学校和教师使用环保教材，提升教育行业的环境保护意识和行动力。

　　在政策层面，政府和相关部门应加强对活页式教材管理的环境监管和政策支持。建立和完善相关的环保法律法规和标准，推动教材生产和使用的环保化、数字化和可持续发展，加强对环保技术和创新的支持和鼓励。

　　社会各界应加强环境保护意识的宣传和教育，培养公民的环境责任意识和行动力。通过开展环保宣传活动、组织环保志愿服务等方式，引导公众关注环境问题，支持环保行动，共同推动环境保护工作的开展。

　　活页式教材管理应积极参与环境保护的公益事业。教育机构和出版社可以开展环保主题教育活动，组织环保知识竞赛、绿色校园建设等活动，引导学生和社会各界关注环境保护，积极参与环保行动，共同守护地球家园。

二、活页式教材管理的使命

（一）个性化学习支持

　　活页式教材管理在教育领域扮演着重要角色，其使命之一是为个性化学习提供支持。个性化学习强调根据学生的需求和能力差异，量身定制教学内容和方法，以达到更有效的学习效果。活页式教材管理通过灵活的教材设计、多样化的学习资源和个性化的教学支持，致力于实现个性化学习的目标。

　　传统固定版本的教材往往无法满足每个学生的学习需求，而活页式教材可以根据学生的实际情况进行灵活调整和组合，提供符合个性化学习需求的内容和资源。

个性化学习强调多样性和丰富性，教材管理者应提供多种形式的学习资源，包括文字、图片、视频、音频等多媒体内容，满足不同学生的学习偏好和风格。

活页式教材管理可以通过数字化技术实现个性化学习支持。数字化教材平台可以记录学生的学习数据和行为，通过大数据分析和人工智能算法，为学生提供个性化的学习建议和辅导服务，帮助他们更好地理解和掌握知识。

个性化学习支持还需要教师的专业指导和辅导。教育机构和教材管理者应为教师提供相关的培训和支持，帮助他们掌握个性化教学的方法和技巧，更好地实施个性化学习支持。

在教材设计和内容编排方面，应注重差异化和个性化。活页式教材应设计多个版本和不同难度级别的内容，以满足不同学生的学习需求。应注重学习任务的多样性和灵活性，鼓励学生通过自主选择和探究，实现个性化学习的目标。

个性化学习支持还需要注重学生的自主学习能力培养。教材管理者可以设计一些开放性的学习任务和项目，鼓励学生自主探索和学习，培养其解决问题和创新能力。

在技术支持方面，应积极借助先进的技术手段。活页式教材管理可以结合互联网、人工智能、大数据等技术，为个性化学习提供更加智能化和个性化的支持和服务。可以通过智能化学习平台，根据学生的学习表现和需求，推荐适合其个性化学习的教材和资源。

个性化学习支持还需要注重教育公平和包容性。活页式教材管理应确保每个学生都能够获得个性化学习的支持和资源，不论其学习能力和背景如何，都能够享受到优质的教育服务和支持。

在评估和反馈方面，应注重个性化学习效果的评估和反馈。教材管理者可以借助评估工具和技术，对学生的学习表现和进步进行评估和反馈，为个性化学习的持续优化提供参考和支持。

（二）技术与教育融合

活页式教材管理在当今教育领域扮演着至关重要的角色，其使命之一是促进技术与教育的融合。随着科技的发展和应用，教育已经进入了数字化、智能化的时代，活页式教材管理应当积极响应，推动技术与教育的有机结合，为学生提供更加优质、个性化的学习体验。

传统的纸质教材受到版面限制，难以展现丰富多样的内容形式。而活页式教材可以通过数字化技术，包括文字、图片、音频、视频等多媒体形式，丰富教学内容，提升学习的趣味性和吸引力。

数字化技术可以实现教材的电子化、在线化，使学生可以随时随地通过电脑、平板或手机等设备进行学习。智能化技术则可以根据学生的学习情况和反馈，提供个性化的学习建议和辅导服务，帮助学生更好地理解和掌握知识。

通过收集和分析学生的学习数据和行为，可以更好地了解每个学生的学习习惯、兴趣爱好、学习能力等特点，为教师提供个性化的教学建议和方案，帮助学生实现个性化学习目标。

通过建立数字化教材平台和资源库，教育机构和教材管理者可以共享和交流优质教学资源，促进教学资源的共享和利用，提高教学效率和质量。

在教育教学模式方面，活页式教材管理可以促进教育的个性化和自主化。传统的教学模式往往是一刀切的，难以满足不同学生的学习需求和节奏。而活页式教材可以根据学生的实际情况进行灵活调整和组合，支持个性化学习和自主学习，培养学生的自主学习能力和创新思维。

在教师教学能力方面，活页式教材管理可以提升教师的教学效率和水平。通过数字化教学工具和平台，教师可以更好地组织和管理教学内容和资源，提供个性化的教学服务，提高教学效果和学生学习成效。

在学校管理和教育决策方面，活页式教材管理可以提供数据支持和决策参考。通过数据分析和评估工具，可以了解教学过程和学生学习情况，为学校管理和教育决策提供科学依据和指导，优化资源配置和教学管理。

在学生学习体验方面，活页式教材管理可以提供更加丰富、个性化的学习体验。学生可以通过数字化教材平台和在线学习资源，获取更加多样化的学习内容和资源，自主选择学习路径和方式，提升学习兴趣和积极性。

在家长家庭教育方面，活页式教材管理可以提供家校互动和教育支持。家长可以通过数字化平台了解孩子的学习情况和表现，与教师进行沟通和互动，共同关注和支持孩子的学习发展。

（三）社会责任感培养

教材应当涵盖社会责任相关的知识和信息，如环境保护、公益活动、社会公正等内容，引导学生了解社会现实、关注社会问题，培养其对社会责任的认知和理解。

教材设计应包含丰富的社会实践案例和活动，如参与公益活动、志愿服务、社区互助等，通过实践活动让学生亲身体验社会责任的重要性，激发其积极参与社会的意愿和能力。

教材内容和教学方法应激发学生的社会责任意识和行动力，引导他们积极参与社会实践和公益活动，如组织义工队、参加环保行动、支持弱势群体等，培养其服务社会、关爱他人的意识和习惯。

教学评价不仅应关注学生的学术成绩，还应注重其社会责任表现和参与情况，通过评价和反馈激励学生更加积极地参与社会实践和公益活动，形成良好的社会责任习惯和品质。

在教师教学角色方面，活页式教材管理应鼓励教师成为社会责任的引导者和榜样。教师在教学过程中应积极传递社会责任的理念和价值观，引导学生正确认识社会责任，激发其社会责任感和行动力；教师也应以身作则，通过自身的言行和行动，树立良好的社会责任榜样，影响学生的价值观和行为习惯。

在学校教育环境和文化建设方面，活页式教材管理应营造积极向上的社会责任氛围。学校应建立和完善社会责任教育的制度和机制，组织开展各类社会实践和公益活动，鼓励学生和教师积极参与，形成学校和社会的良好互动和共融。

在家庭教育和社会环境方面，活页式教材管理应加强家校合作和社会资源整合。家长应关注孩子的社会责任教育，引导他们正确对待社会责任，鼓励他们参与社会实践和公益活动，营造家庭教育的社会责任氛围；社会各界应加强社会责任教育的宣传和引导，引导公众关注社会问题，积极参与社会公益事业，共同推动社会责任教育的发展和实践。

参考文献

[1] 张显锋. 高职新型活页式教材有效使用的影响因素模型与建议 [J]. 公关世界 ,2024(09):162-165.

[2] 柴彬. "三教"改革背景下汽车专业活页教材资源建设与开发——以汽车维护与保养课程为例 [J]. 汽车实用技术 ,2024,49(09):167-171.

[3] 凌华. 职业教育活页式教材审稿规范的几点思考 [J]. 传播与版权 ,2024(09):27-29.

[4] 施兰娟. 新时代职业教育教材出版专业化模式探析 [J]. 中国编辑 ,2024(05):61-68.

[5] 龙丽丽. "双高"建设背景下活页式教材的开发路径——以《工程力学》活页式教材开发为例 [J]. 现代职业教育 ,2024(13):101-104.

[6] 龙讯. 基于 OBE 理念的 "城市轨道交通车站运营综合实训" 活页式教材开发 [J]. 中国储运 ,2024(05):101-102.

[7] 艾立斯 , 周岩. "三教"改革背景下活页式教材的探索与实践——以物流管理专业经济法基础课程为例 [J]. 中国储运 ,2024(05):132-133.

[8] 欧阳英 , 皮俊 , 苏晓琼. "1+X"证书制度下新型活页式教材开发研究 [J]. 重庆电力高等专科学校学报 ,2024,29(02):75-78.

[9] 刘毅云. 二元制培养模式下闽剧新型活页式教材的探索与开发 [J]. 赤峰学院学报 (汉文哲学社会科学版),2024,45(04):35-38.

[10] 丁珏 , 刘颖. 工作过程导向视角下护理信息技术课程活页式教材的开发与实践 [J]. 电脑知识与技术 ,2024,20(12):137-139.

[11] 张丽 , 俞晓莉 , 宋朝辉 , 等.《单片机技术与应用》融媒体教材开发实践——以山西林业职业技术学院为例 [J]. 天津职业大学学报 ,2024,33(02):63-67.

[12] 车志丹. 校企合作背景下新型活页式教材的建设与研究——以高职院校学前教育专业《钢琴弹唱与伴奏》为例 [J]. 辽宁高职学报 ,2024,26(04):81-84.

[13] 汪牡丹 , 张毅 , 丁超. 基于护理临床思维能力培养的活页式教材开发策略——以《护理评估与诊断》为例 [J]. 科教文汇 ,2024(07):116-119.

[14] 王芳 , 阙晓南. 中职《宠物临床基础护理技术》课程教学实施报告 [J]. 湖南畜牧兽医 ,2024(02):42-45.

[15] 周丽萍. 编辑角度下的新形态教材开发思路对策研究 [J]. 新闻研究导刊 ,2024,15(07):237-240.

[16] 张军涛. 基于思政引领的专业精品课程建设——以"通信网络与综合布线"课程为例[J]. 西部素质教育,2024,10(07):183-186.

[17] 柳丽雅. 电工专业新型活页式教材的开发研究[J]. 农机使用与维修,2024(04):174-176.

[18] 李薇. 高职院校制造类专业新型活页式教材建设的路径研究[J]. 农机使用与维修,2024(04):159-161.

[19] 张忆雯,徐丽娟. 岗课赛证融合视域下职业教育活页式教材开发的问题与对策[J]. 职教通讯,2024(04):93-99.

[20] 汪秋. 基于"岗课赛证"融通的汽车专业新型活页式教材开发[J]. 时代汽车,2024(07):49-51.